WOLKENPOST

HARALD NAEGELI
WOLKENPOST

DIOGENES / STEIDL

Zürich, Oktober 2020

Liebe Freunde,

Wir sind aus solchem Stoff, aus dem man Träume macht;
und unser kleines Leben beginnt und schliesst ein Schlaf.

William Shakespeare: Der Sturm, 4. Akt, 1. Szene
Übersetzung: Joachim Lux (Burgtheater / Schauspielhaus Zürich / Barbara Frey)

So flüchtig und wolkig wie unsere Träume ist auch unser irdisches Dasein. Mit meinen Graffiti zeige ich, dass der Sinn der Kunst die Utopie ist. Ohne Anspruch auf Ewigkeit entspringen sie in dunkler Nacht den kahlen Wänden, schimmern und funkeln, erfreuen und empören und werden meist schnell wieder in unendlich viele kleine Partikel zerlegt, aus denen sie eben erst entstanden sind. In der Wolkenpost habe ich versucht, diese magischen Wegweiser einen Moment länger festzuhalten, um Freunde und Bekannte an meiner Utopie teilhaben zu lassen und sie zur Mitgestaltung anzuregen.

Die ewige Aufgabe aller Künstler ist die Aufklärung: nämlich dass es sinnvoller und menschenwürdiger ist, mit Flügeln an den Füssen durch Wälder, Wiesen, Wolken zu fliegen, statt folgsam mit dicken Stiefeln und tauben Augen durch den grauen Alltag oder gar in den Krieg zu stampfen. Wer das Erste tut, erfährt sich selbst und ein Glück, das ich allen wünsche.

Herzlich grüsst
Eure Wolke

von: harry wolke <urwolke@hotmail.com>
Betreff: das dennoch und trotzdem
Datum: 11.09.2013 um 13:30
an: Freunde der Wolke

liebe freunde,
im machtkampf der interessen zeige ich immer wieder, dass mit list, poesie und kunst das große dennoch oder trotzdem möglich ist.
herzliche grüße, eure wolke

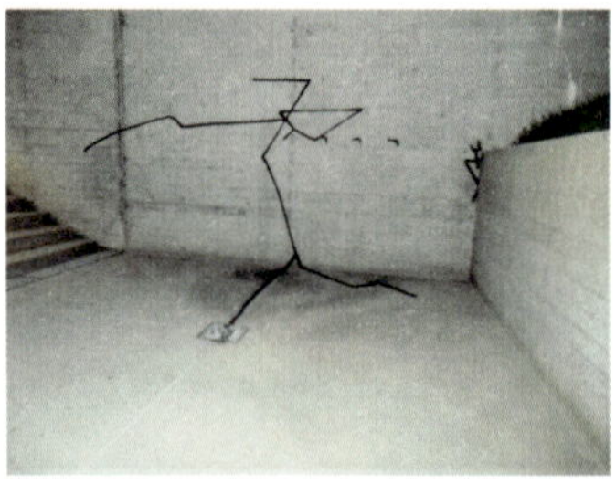
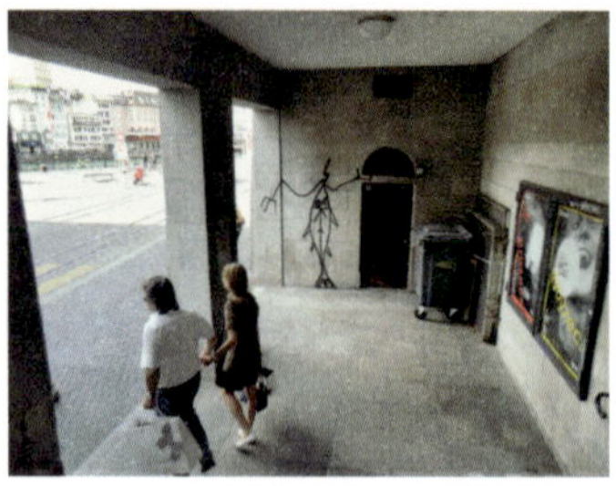
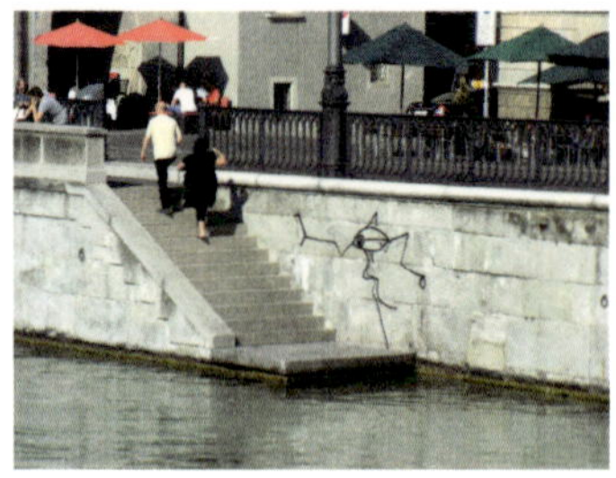
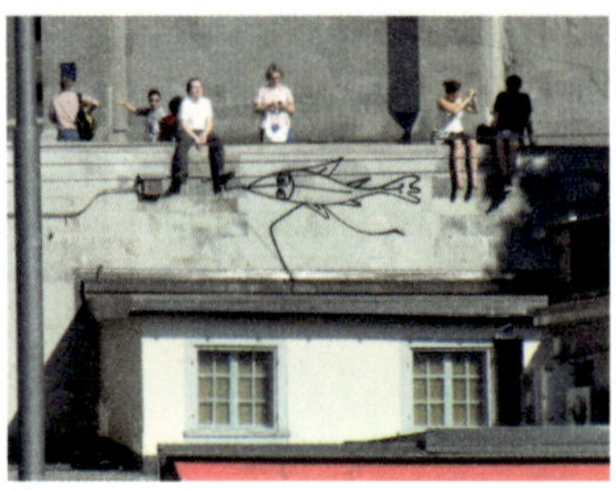
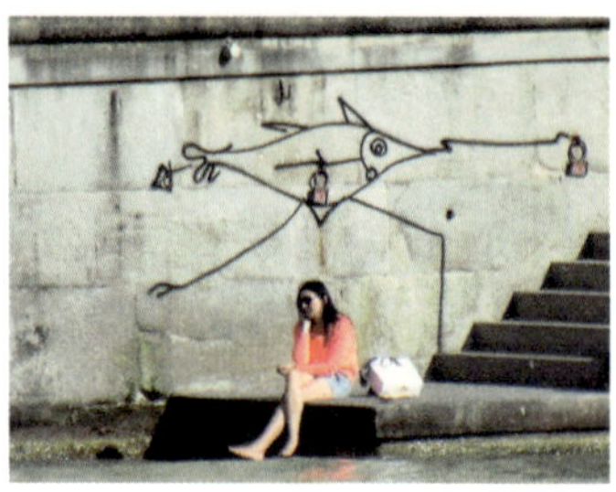

Von: harry wolke <urwolke@hotmail.com>
Betreff: debut
Datum: 06.10.2013 um 20:52
An: Freunde der Wolke

liebe freunde, dies mein debut von heute, sonntag in zürich.
herzlich, eure wolke

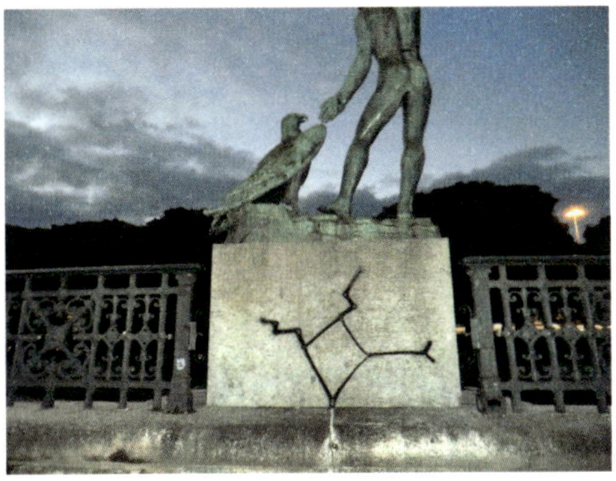

von: harry wolke <urwolke@hotmail.com>
Betreff: vom punkt zum fisch
Datum: 22.10.2013 um 23:57
an: Freunde der Wolke

liebe freunde,
mein ganzes geistiges leben ist der linie, dem punkt, dem winkel und den fischen gewidmet. der punkt ist bekanntlich nach Euklid ein Nichts (was keine teile hat, wie er sagt). er ruht also vollkommen passiv in sich, die Entelechie pur. aber ein funke im menschlichen gehirn oder von woanders reizen ihn, und eine linie entspringt! und so entsteht die tat! denn eben das Nichts ist es, was uns beunruhigt so lange wir leben.doch so entstehen die fische und die kunst.
herzlich, eure wolke

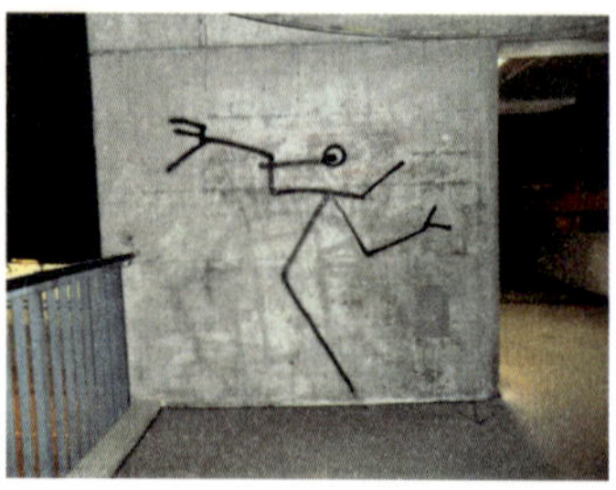

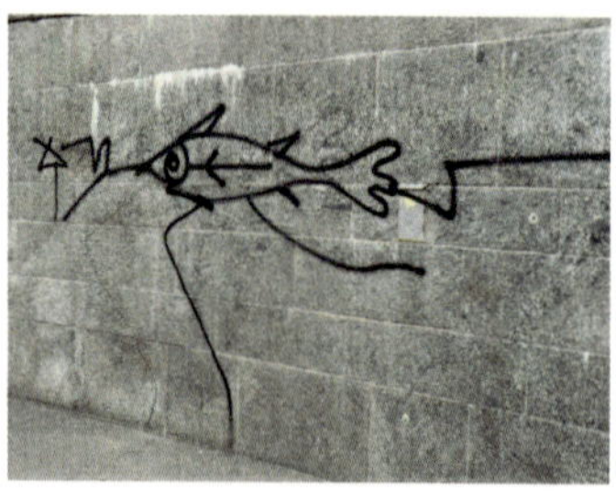

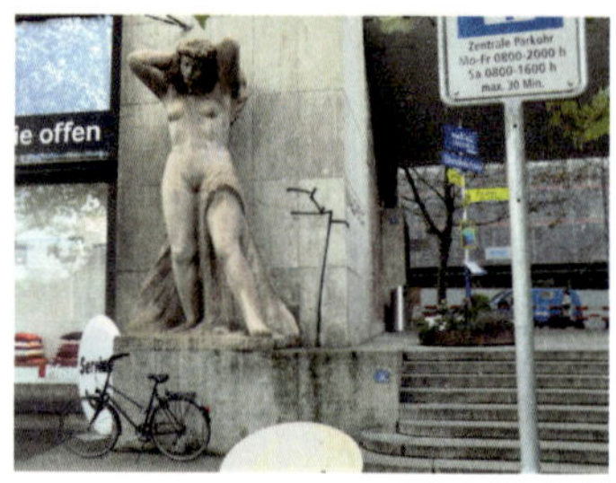

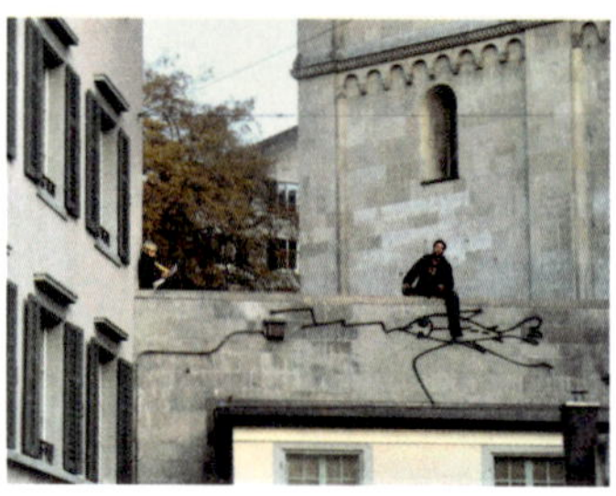

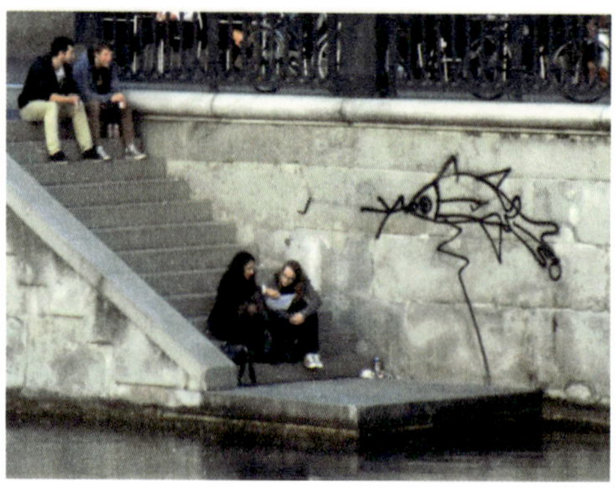

Von: harry wolke <urwolke@hotmail.com>
Betreff: vom raum und der fläche
Datum: 01.11.2013 um 11:52
An: Freunde der Wolke

liebe freunde,
gestern war ich im Kölner Zoo und besuchte die Elefanten nebst anderen 4- und 2-beinern. meine zeichnungen im elefantenhaus sind von den dickhäutern beinahe vollständig weggescheuert worden. selten ist es, dass die Kunst vor der Natur bestehen kann und die eitle Wissenschaft und Forschung schon gar nicht. ein wahrer Künstler misst sich aber nicht mit der natur, er liebt und studiert sie und bildet etwas neues und eigenes aus seinem menschengeist, was ihm genügt. heute haben die heiligen wieder einmal alle türen zu den lebensmittelgeschäften zugesperrt. herzlich, eure wolke

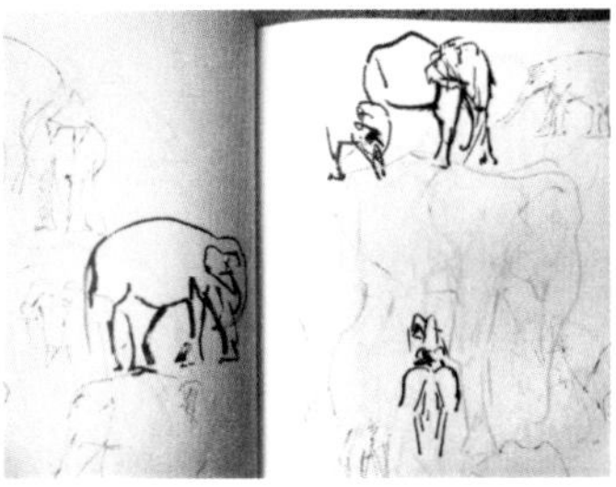

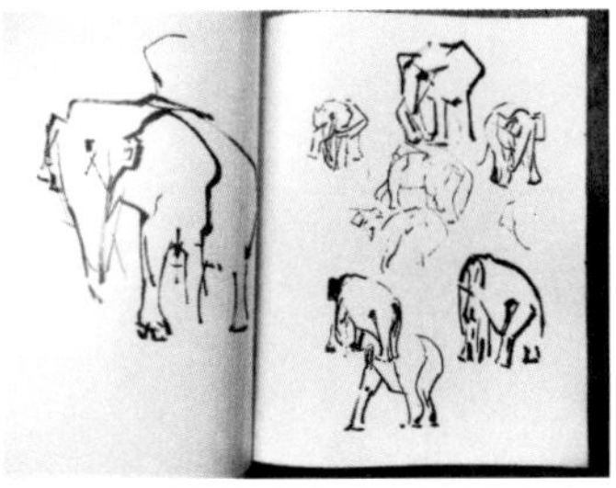

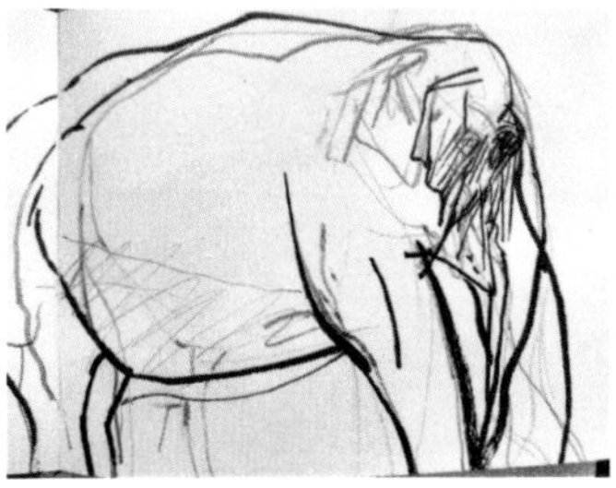

von: harry wolke <urwolke@hotmail.com>
Betreff: erster advent: dem fisch zum gruß
Datum: 01.12.2013 um 22:44
an: Freunde der Wolke

liebe freunde,
rechtzeitig kurz vor meinem 74igsten geburstag habe ich einen riesigen silbrigen fisch aus dem rhein gezogen. loslassen, ziehenlassen - heißt im alter meine maxime, und indem ich unbekümmert verschwinde, erscheine ich auch umso leichter wieder.
herzlich, eure wolke

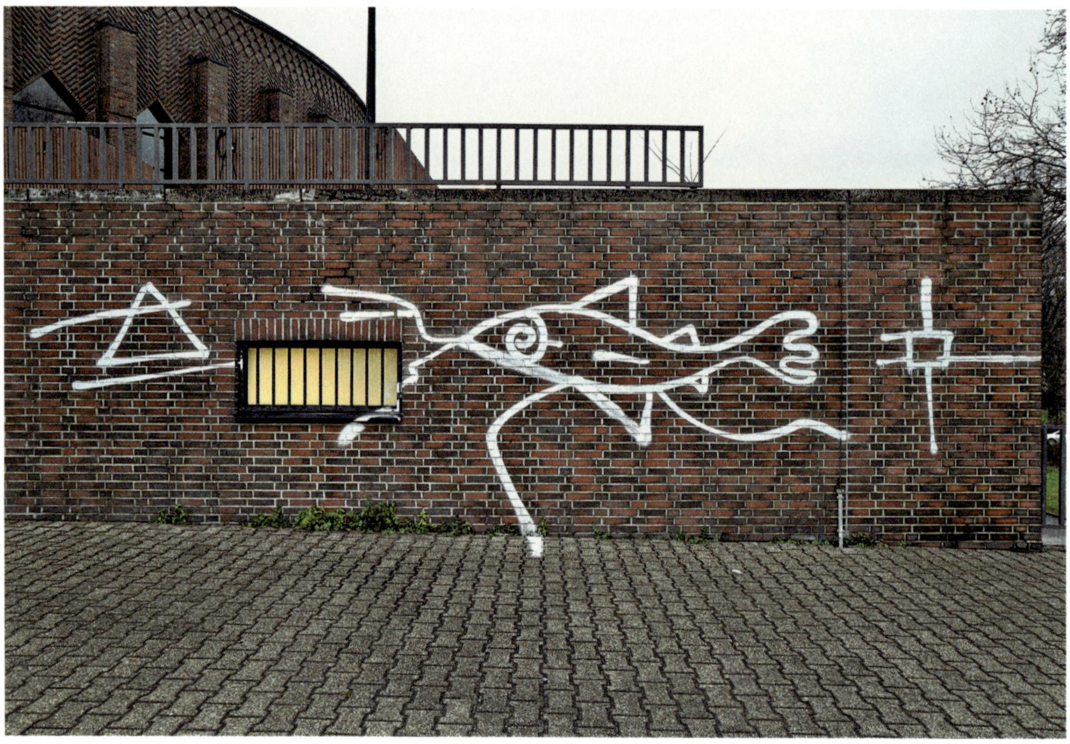

von: harry wolke <urwolke@hotmail.com>
Betreff: aus dem hirn einer wolke
Datum: 22.12.2013 um 16:02
an: Freunde der Wolke

liebe freunde,
seit zwei tagen schwebe ich wieder in und über meiner gehassten und geliebten Vater-Stadt Zürich, und habe bereits mit den ersten «erdungen» aus meinem gehirn angefangen. die «bodenblitze», wie ich diese liniengeister nenne.
ich wünsche euch allen schöne weihnachten.
liebe grüsse, eure wolke

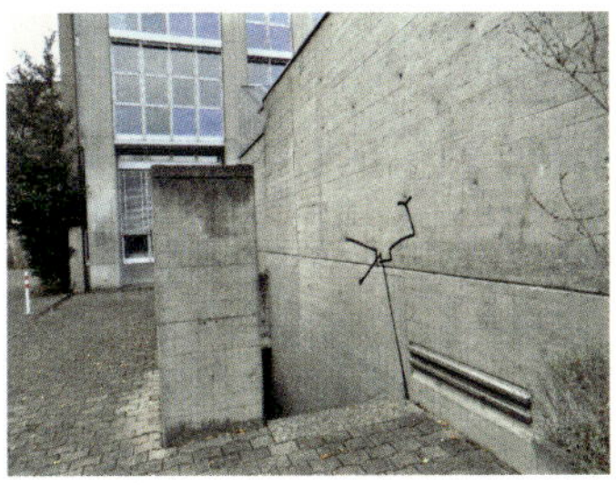
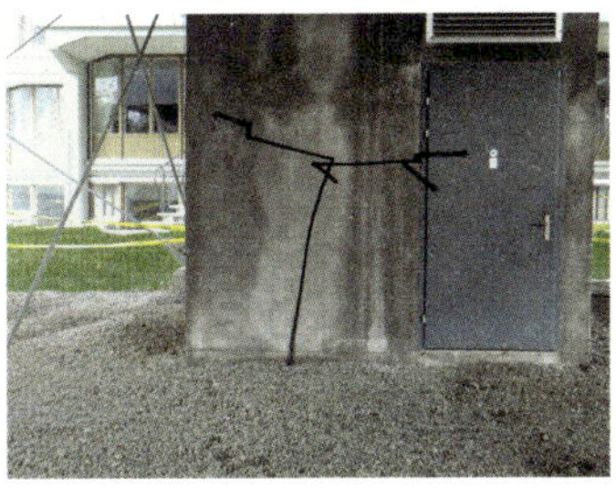
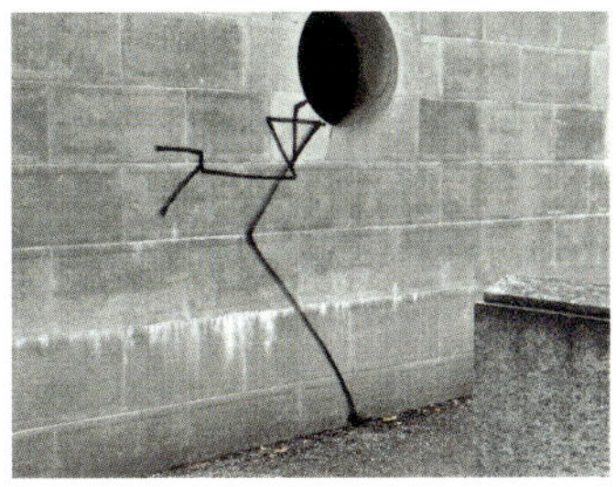
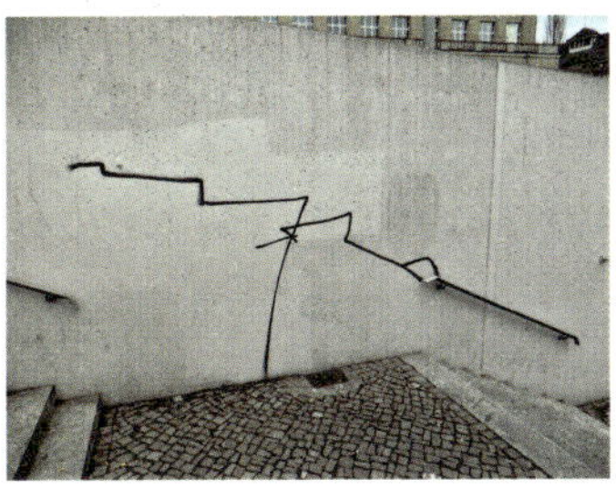
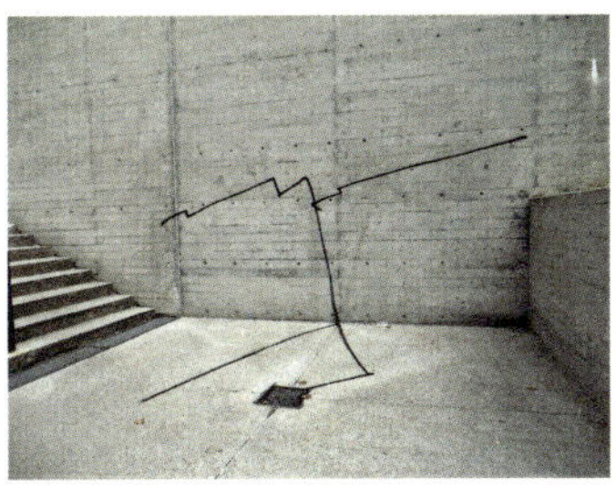
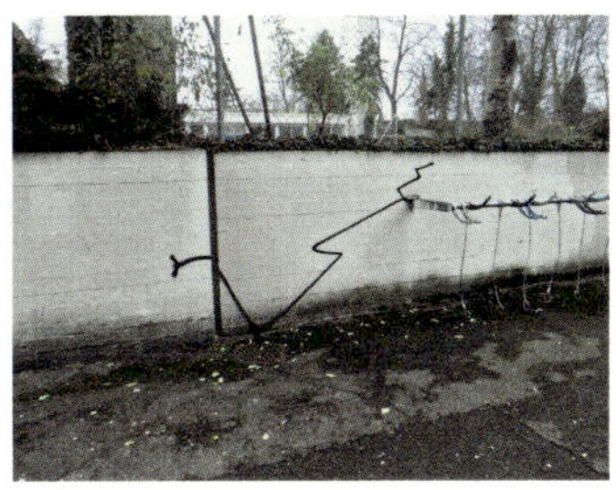

von: harry wolke <urwolke@hotmail.com>
Betreff: aus dem punkt entspringt ein fisch und der blitz
Datum: 07.01.2014 um 20:14
an: Freunde der Wolke

liebe freunde,
heute ging die wolke wieder einmal auf dem boden durch die stadt «spatzoren». sie stellte fest, dass die wasserpolizei sämtlichen großmünsterfischen den aufenthalt auf dem lande entzogen hatte. darauf braute sich in der wolke ein schöner blitz, der am lindenhof sich entlud, sodass der zorn ein wenig verraucht war.
liebe grüße, eure wolke

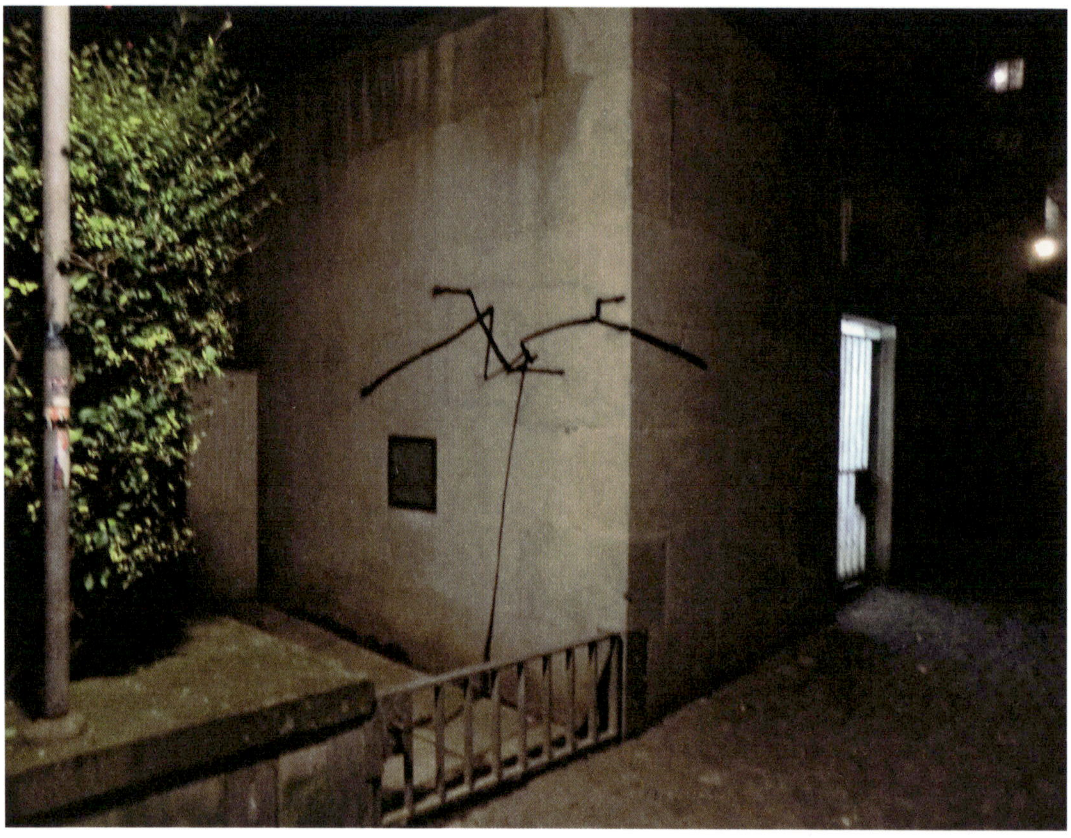

von: harry wolke <urwolke@hotmail.com>
Betreff: aus dem fisch der blitz
Datum: 09.01.2014 um 10:11
an: Freunde der Wolke

liebe freunde,
was ist die «philosophie» einer wolke?
erscheinen - verschwinden, alles festhalten - alles wieder loslassen!
heute früh beredete ich zwei fische, sich am schönen lindenhof aufzustellen, was sie gerne taten. ihnen war klar, zum dauerleben im wasser gehört auch ein kurzfristiger aufenthalt in der luft.
morgen schwebe ich wieder fort von zürich und blitze und fische wieder anderswo.
herzliche grüße, eure wolke

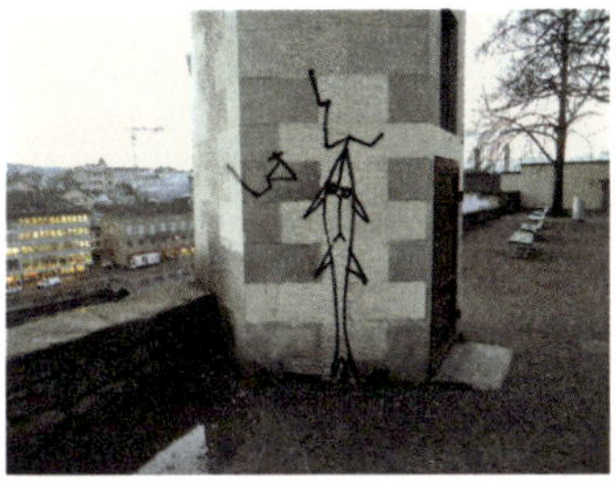

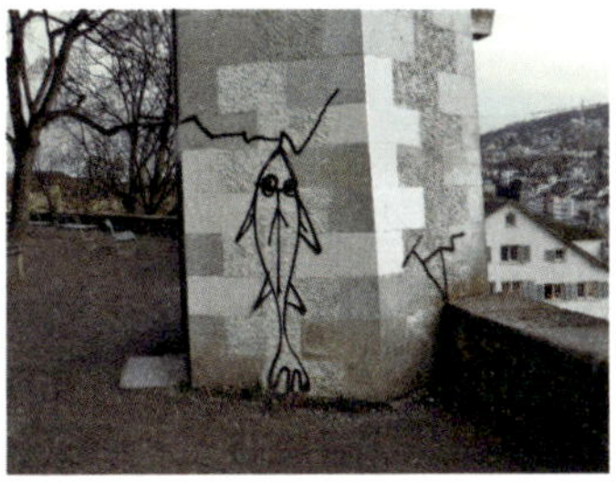

von: harry wolke <urwolke@hotmail.com>
Betreff: grüße der bodenblitze
Datum: 18.02.2014 um 17:22
an: freunde der Wolke

liebe freunde,
sobald die wolke über zürich schwebt, beginnen kurz über lang bodenblitze sie zu begrüßen. dieses geistige gewitter wird aber nur von den hellsten köpfen wahrgenommen, zu denen fraglos alle meine freunde zählen.
herzlich, eure wolke

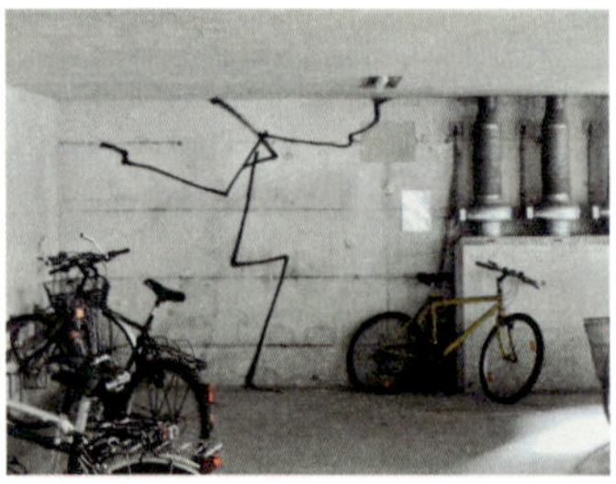

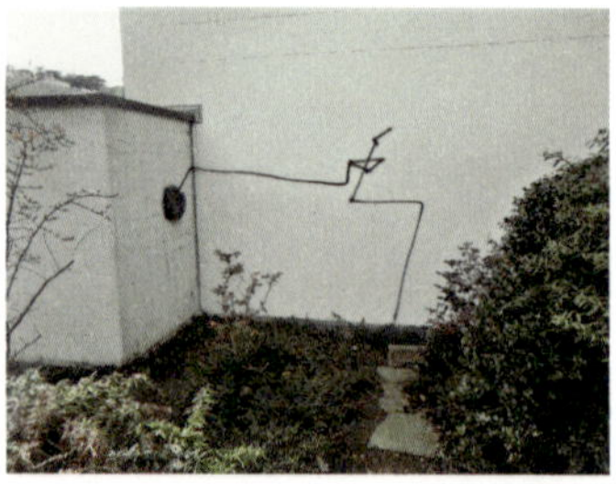

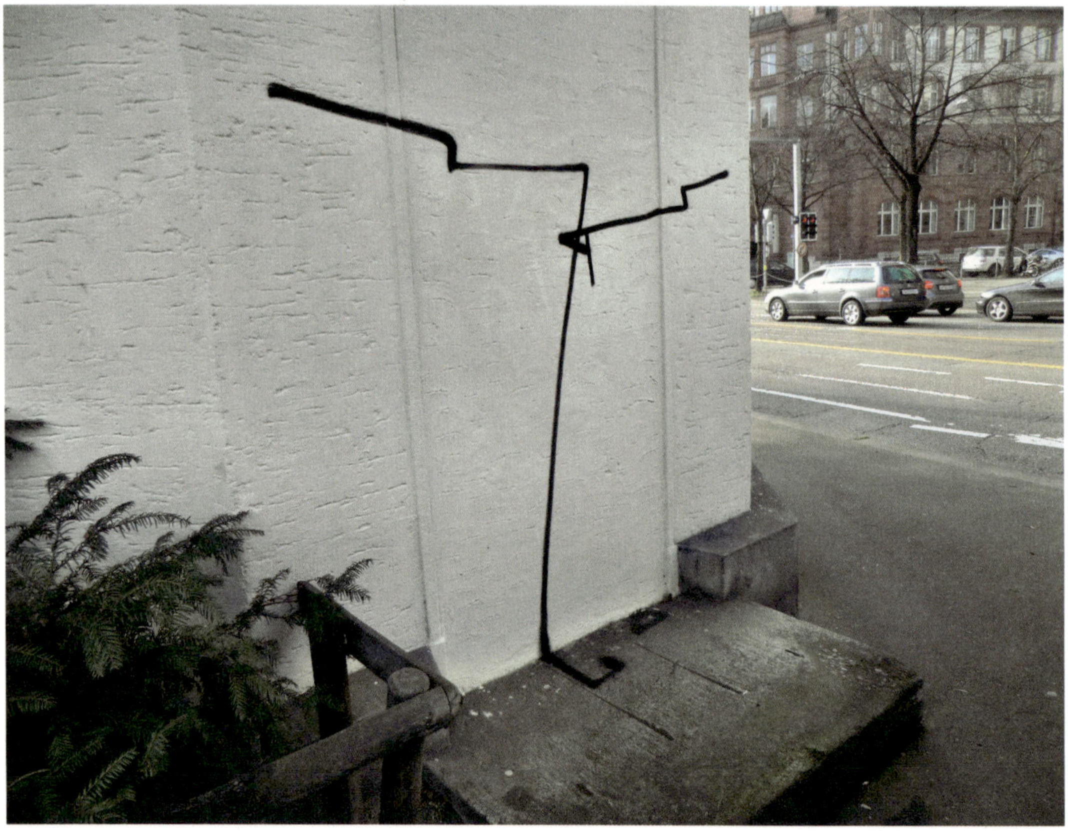

von: harry wolke <urwolke@hotmail.com>
Betreff: die blitze wandeln sich wie der fluss
Datum: 23.02.2014 um 14:58
an: Freunde der Wolke

liebe freunde,
die wolkenarbeit hat mit dem geheimnis ihrer erscheinungen auch noch den zauber der verwandlungen in der zeit und im licht, wie folgende beispiele zeigen.
herzlich, eure wolke

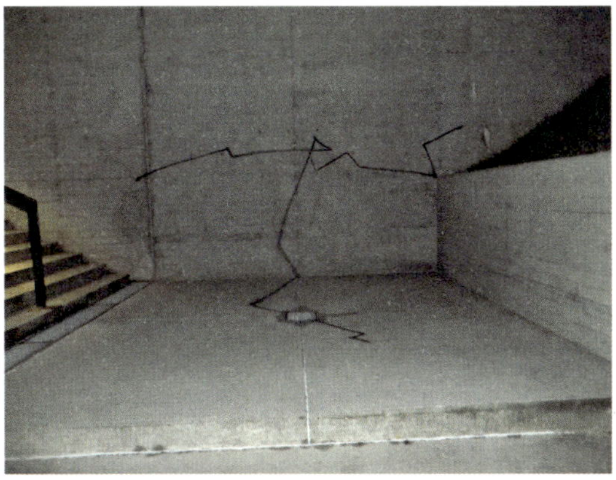

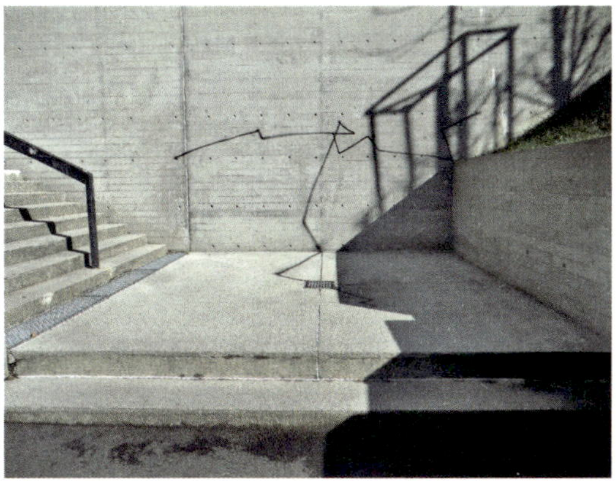

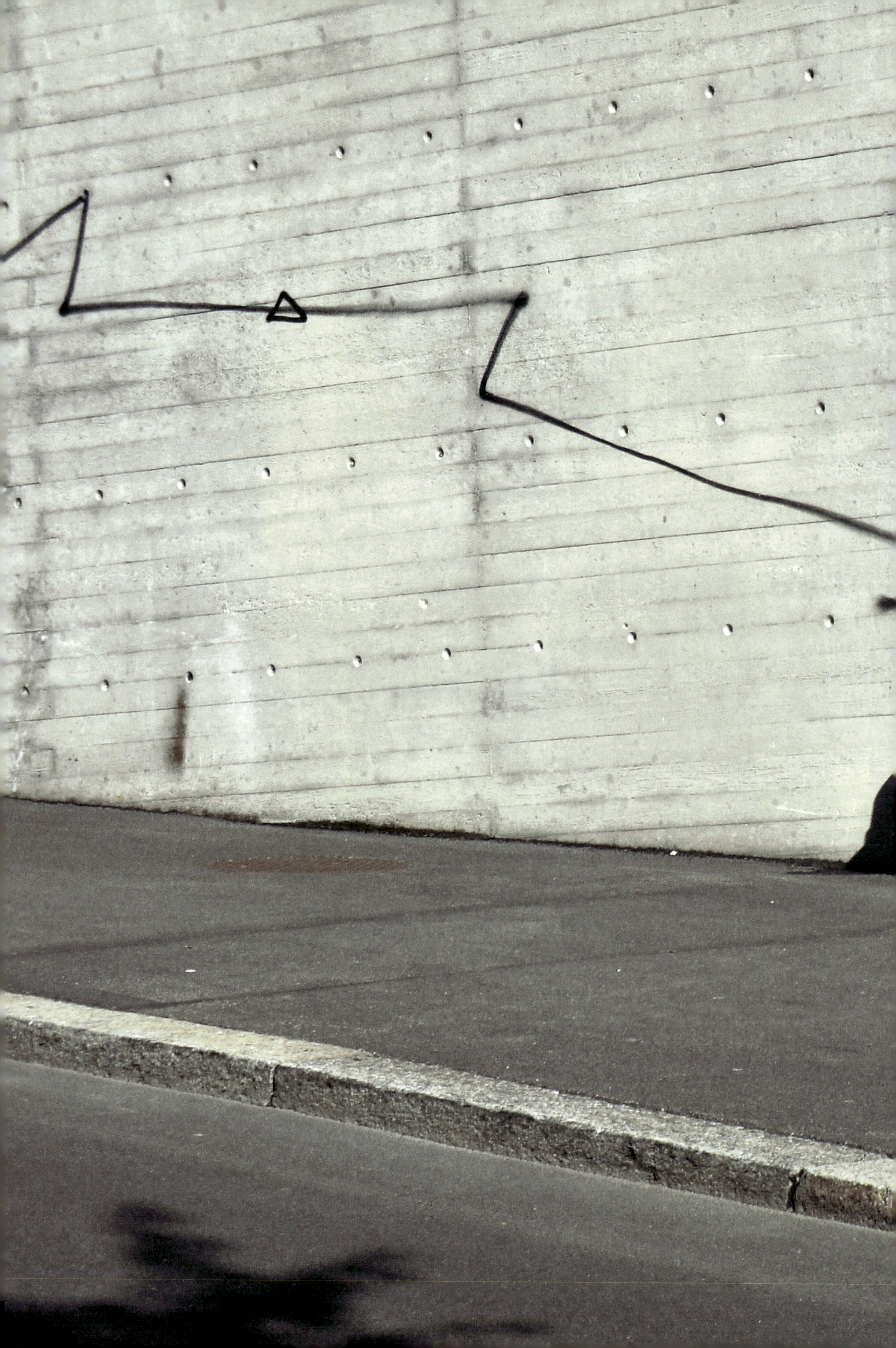

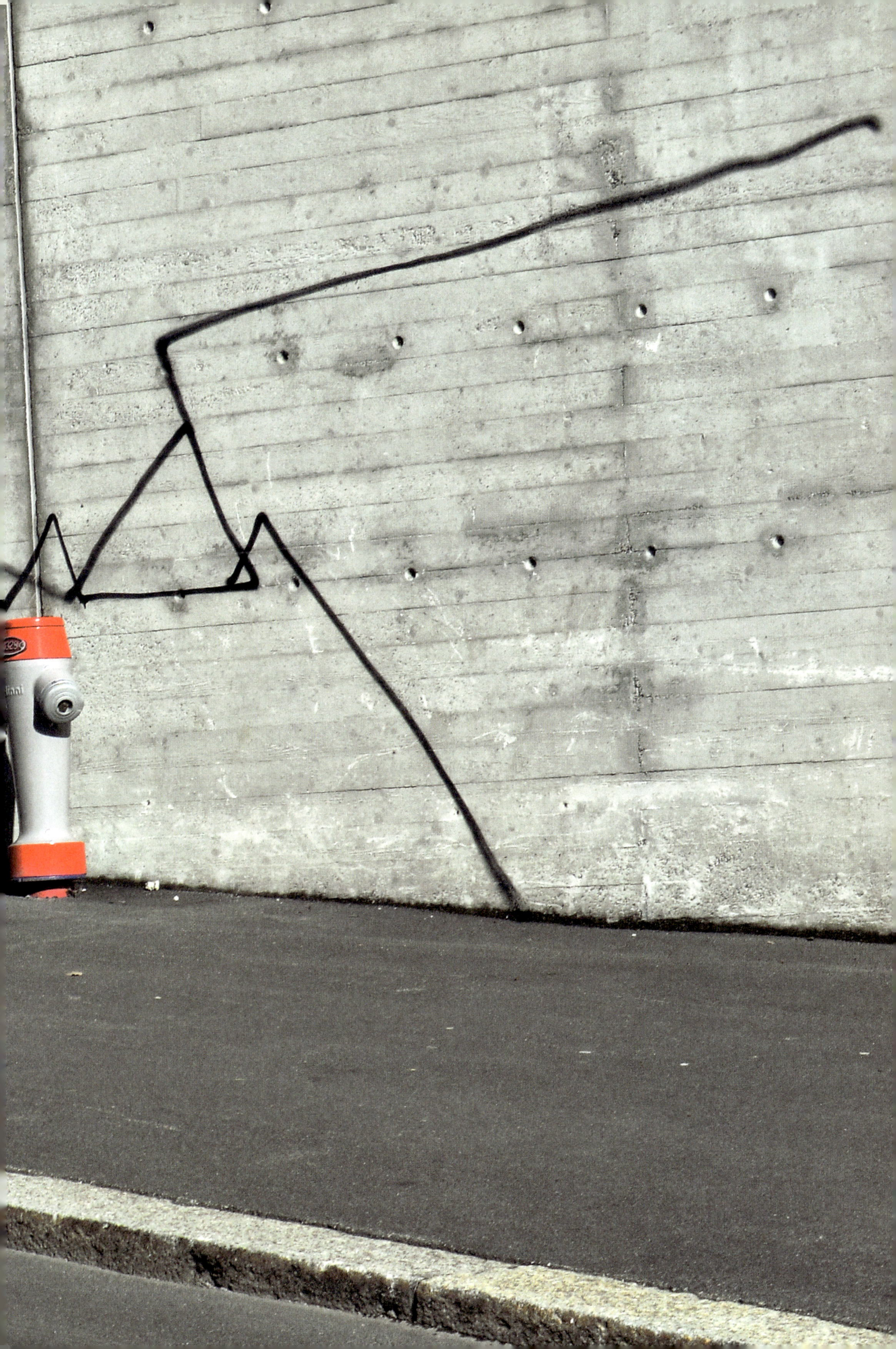

von: harry wolke <urwolke@hotmail.com>
Betreff: der zweibeinige fisch
Datum: 26.02.2014 um 18:13
an: Freunde der Wolke

liebe freunde,
bei tageslicht sieht er noch schöner aus.
besonders, wenn er mit anderen zweibeinern wetteifert.
herzlich, eure wolke

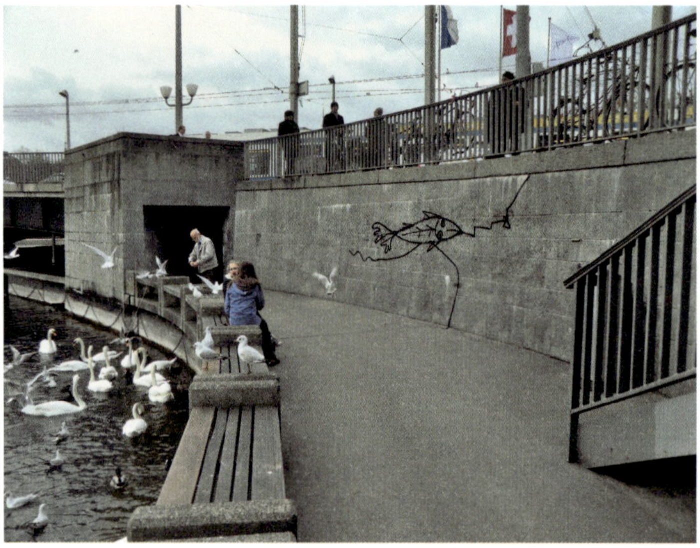

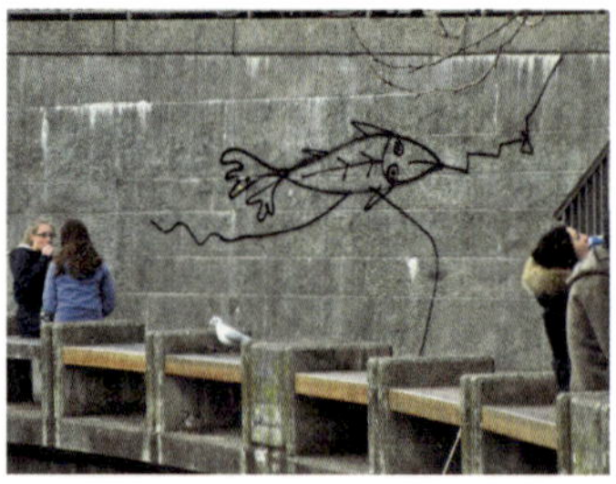

von: harry wolke <urwolke@hotmail.com>
Betreff: aus der wolke, nun im tageslicht
Datum: 02.03.2014 um 13:02
an: Freunde der Wolke

liebe freunde,
im inneren sind dauernd blitze, die nur durch eine günstige elektrizität in der sichtbaren welt erscheinen.
herzlich, eure wolke

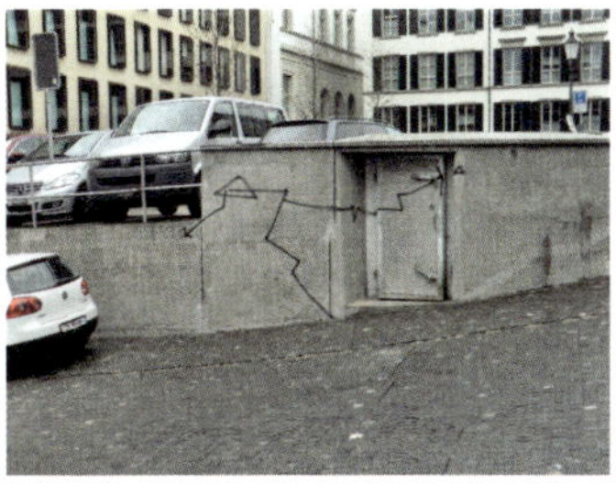

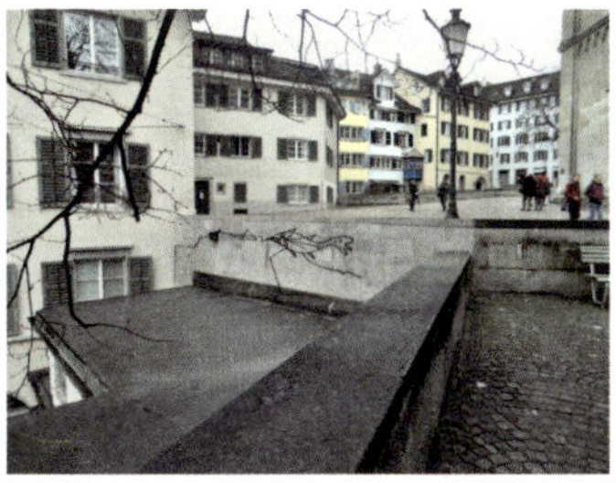

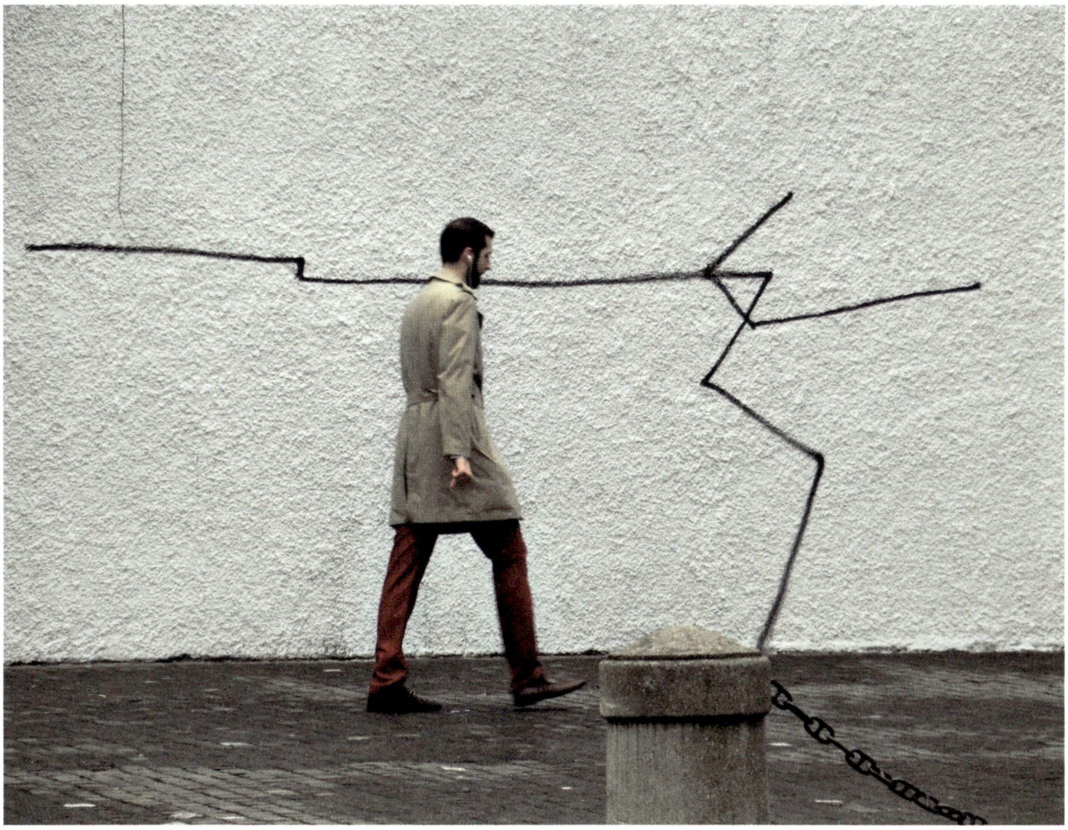

von: harry wolke <urwolke@hotmail.com>
Betreff: alles fließt! pandarei!
Datum: 06.03.2014 um 20:08
an: Freunde der Wolke

liebe freunde,
heute gab die Zürcher Wasserpolizei generalverbot an alle fische auf dem land und blitze auf dem boden. die fische waren mit beinen gut ausgerüstet, und es gefiel ihnen, auch neue erfahrungen auf dem land zu sammeln. die wolke war empört und bat einen fisch sogleich, sich wieder an land zu begeben, was er gerne tat. darauf betrachtete sie eine stunde lang den wasserverlauf der limmat gelassen und heiter und zeichnete. in der jugend hätte sie dies nicht gekonnt. herzlich, eure wolke

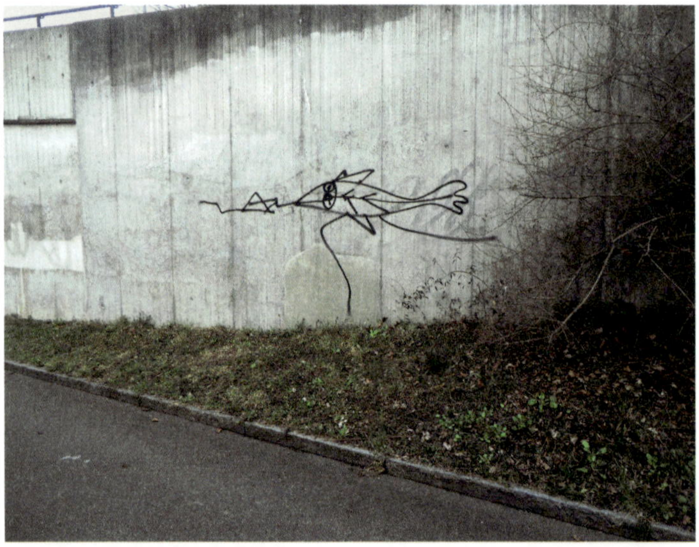

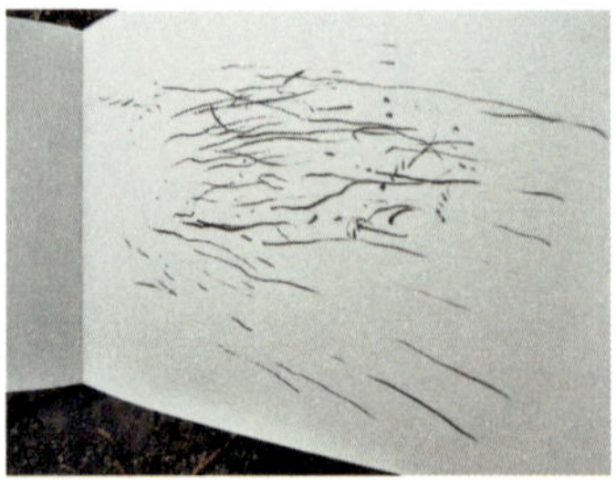

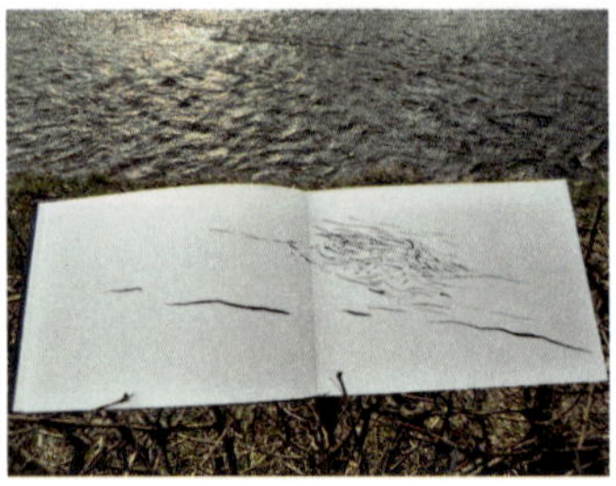

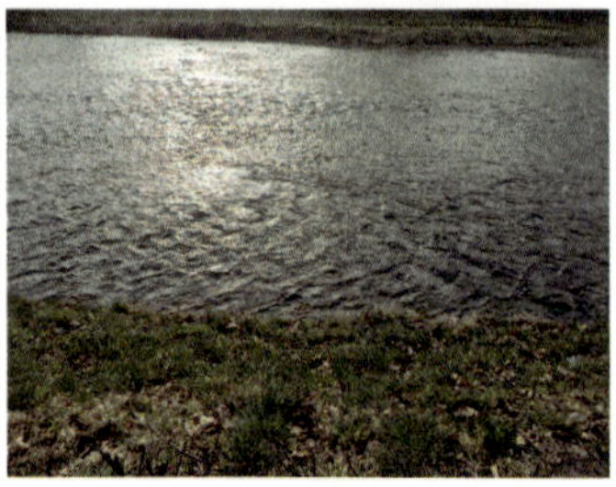

von: harry wolke <urwolke@hotmail.com>
Betreff: elefantenbach in zürich
Datum: 10.03.2014 um 21:33
an: Freunde der Wolke

liebe freunde,
heute ist mein letzter tag im schönen zürich. diesmal war mein ausflugsziel der sogenannte elefantenbach, mit dem elefant, den mein urgroßvater emil näf - ein baumeister und großrat in zürich - ende des 19. jhdt. gestiftet hatte. freude und stolz ergriffen mich, als ich nach langer wanderung ans ziel gelangte. es war schon dunkel, und der halbmond leuchtete, nur das rauschen des baches und einige vogelstimmen waren zu hören. kein mensch weit und breit, und der steinere elefant stand unbeweglich im gewässer. ich machte einige skizzen und vom gewässer auch welche.
es braucht wenig, um glücklich zu sein.
herzlich, eure wolke

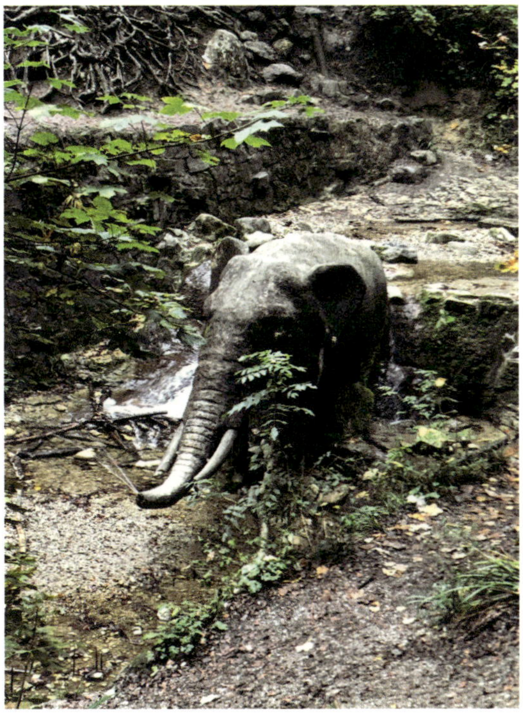

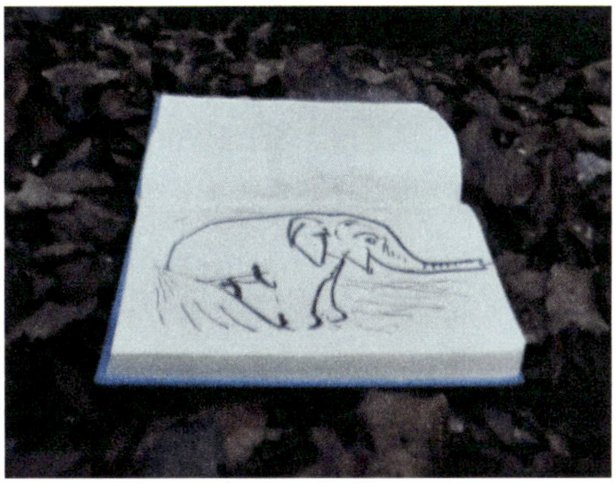

von: harry wolke <urwolke@hotmail.com>
Betreff: neues im rheinland
Datum: 16.03.2014 um 17:33
an: Freunde der Wolke

liebe freunde,
das lyrische ich der dichter beinhaltet auch ein du, wir und es. das steckt alles auch in der wolke, nebst einer menge zeichen, die sie aber nur auf erden sichtbar macht. vorerst als geist stecken sie alle im wolkenbauch. kaum berührt dieser die erde, so entsteht eine gestalt: blitz oder fisch oder was anderes.
herzlich, eure wolke

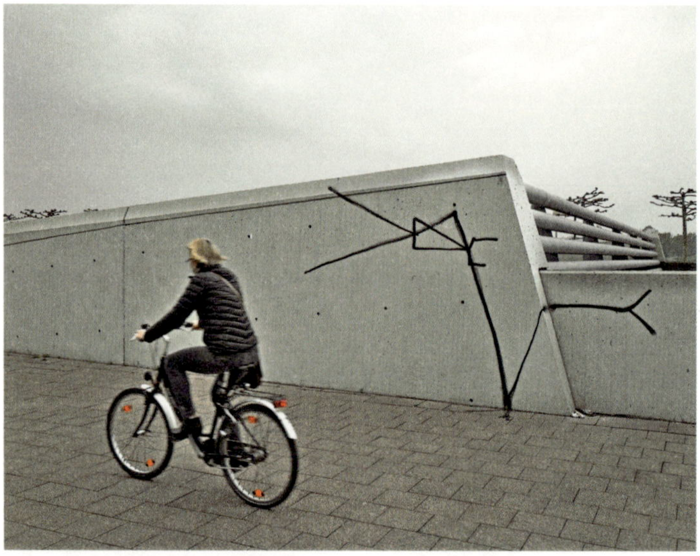

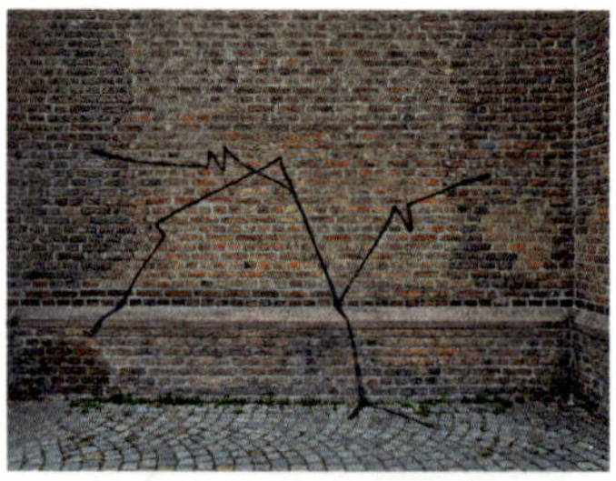

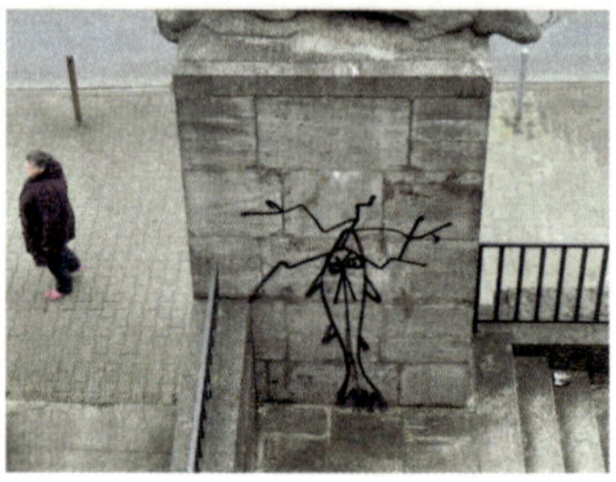

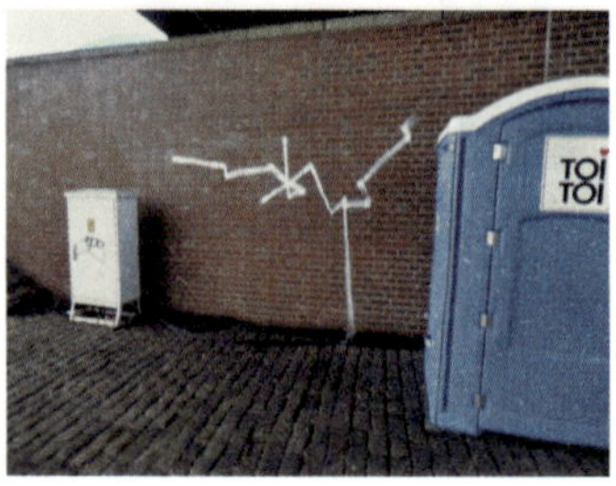

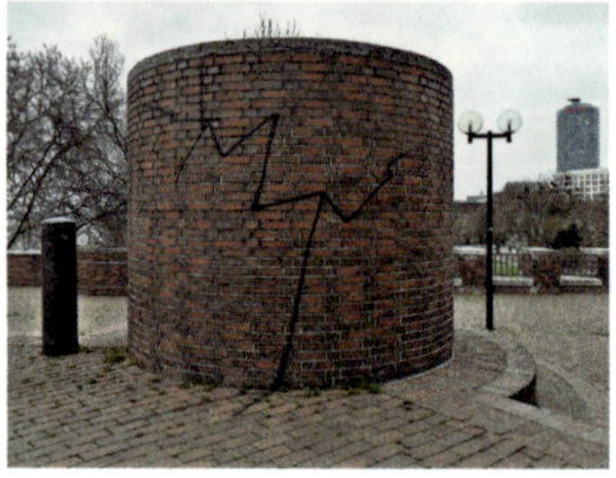

von: harry wolke <urwolke@hotmail.com>
Betreff: Vandalismus in NRW
Datum: 19.03.2014 um 20:49
an: Freunde der Wolke

liebe freunde,
längs der bahndämme und linien in düsseldorf sind hunderte große alte bäume gefällt. warum? weil die übergreifenden äste die stromkabel gefährden könnten. statt nun die relevanten äste zu coupieren, was zeitaufwendig ist, werden, um kosten zu sparen, gleich die ganzen bäume vernichtet. brutal, aber wie reagieren? mit einer linienplastik als hommage an den geist aller bäume!
herzlich, eure wolke.

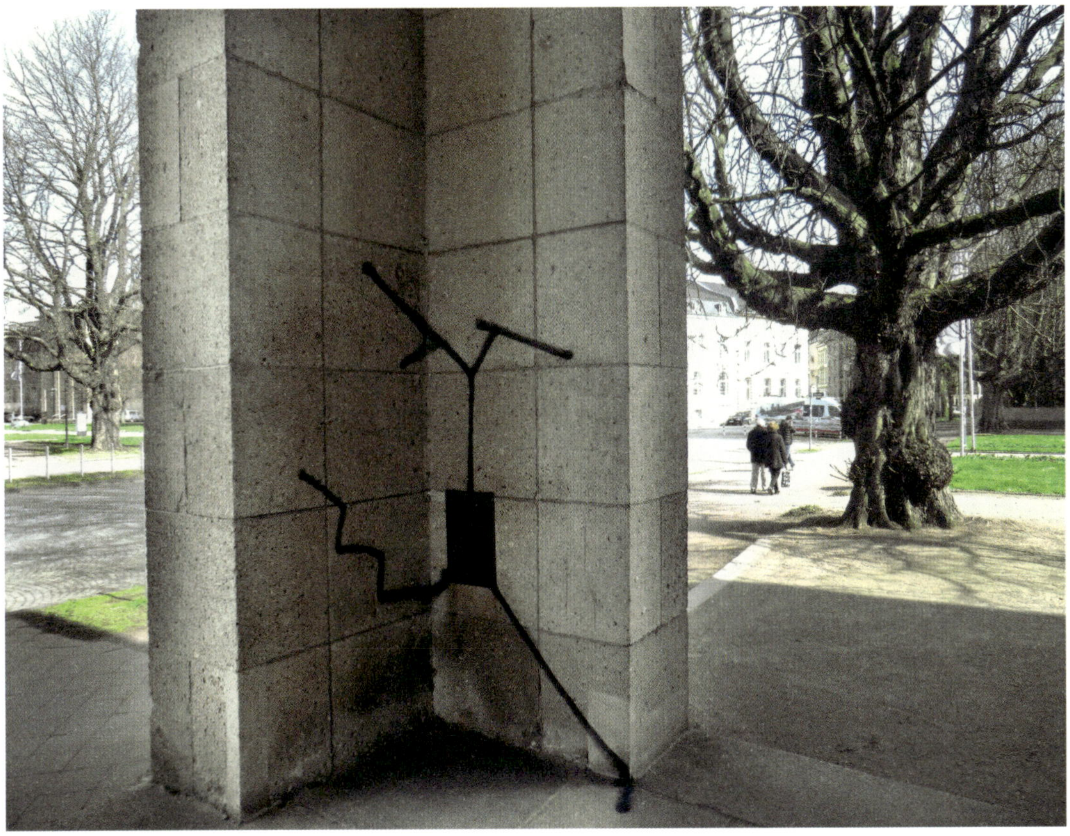

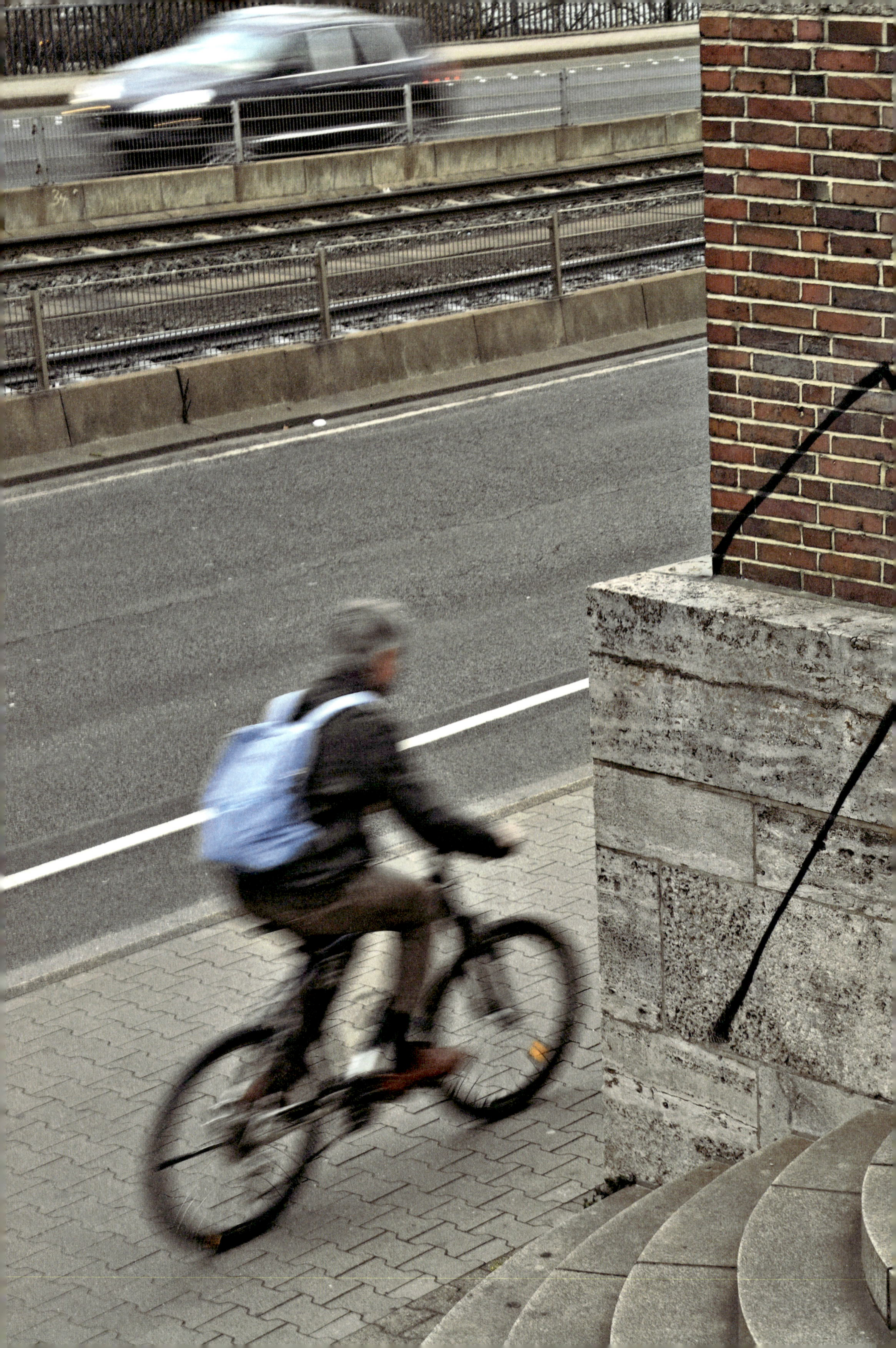

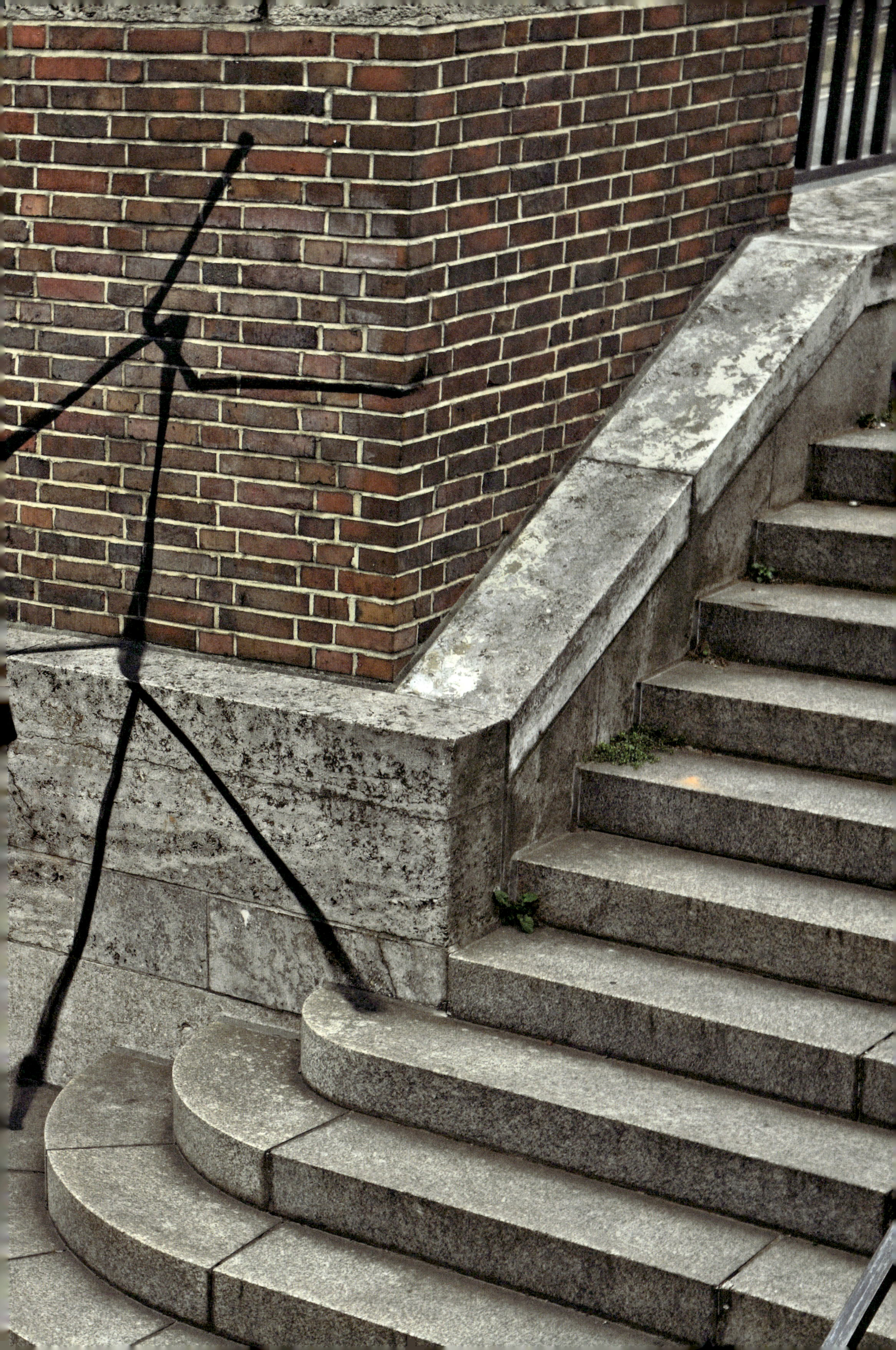

von: harry wolke <urwolke@hotmail.com>
Betreff: blitze, fische aus dem bauch der wolke
Datum: 08.04.2014 um 07:30
an: Freunde der Wolke

liebe freunde,
nichts festhalten - alles loslassen, doch gestalten - umgestalten!
herzlich, eure wolke

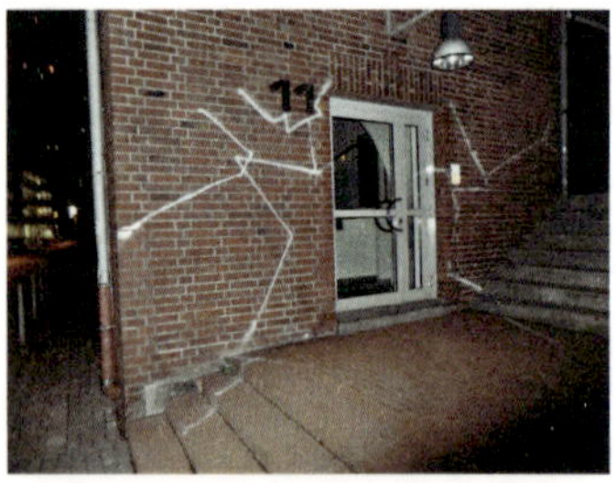

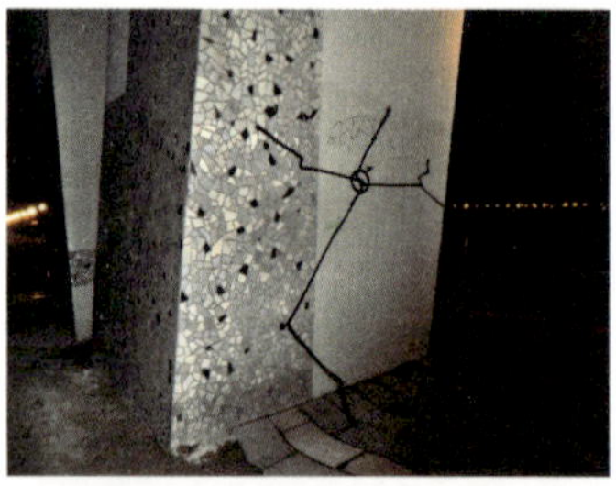

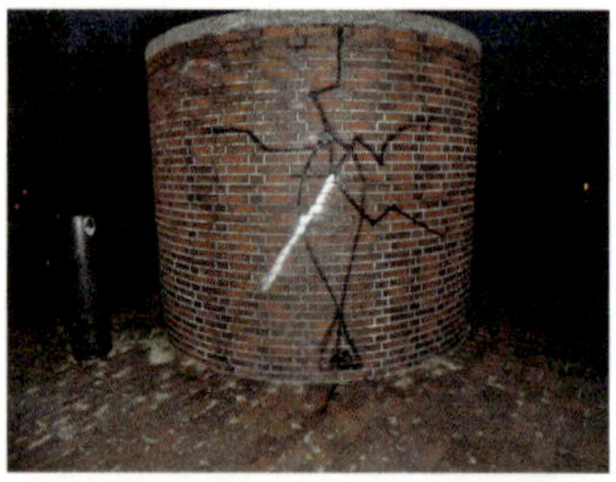

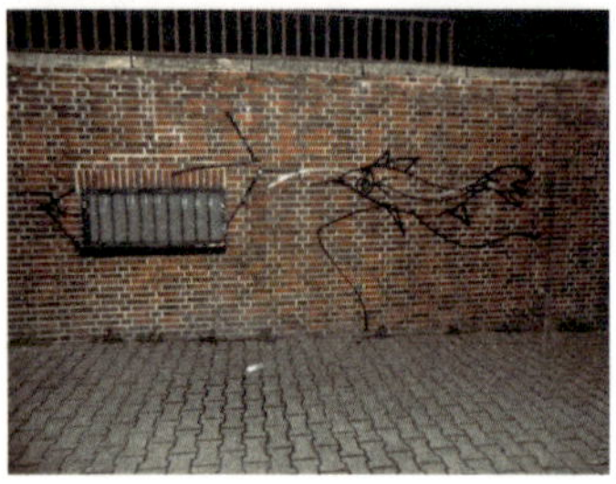

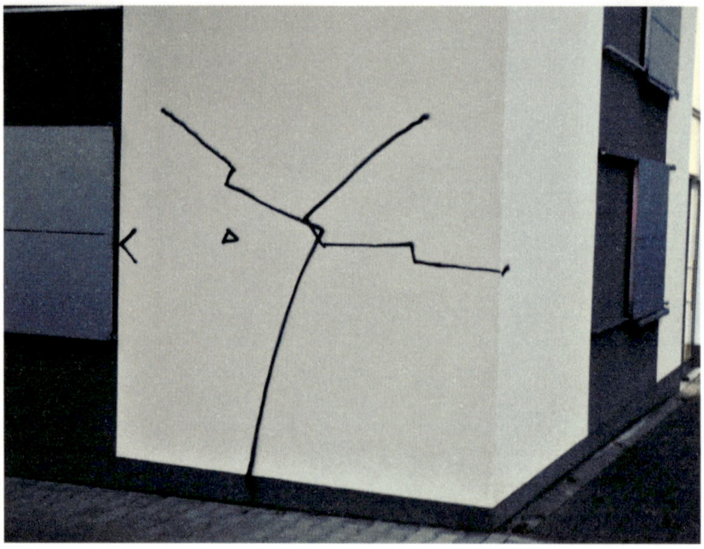

von: harry wolke <urwolke@hotmail.com>
Betreff: Wolkenarbeit
Datum: 22.04.2014 um 13:36
an: Freunde der Wolke

liebe freunde,
die wolke schwebt schon wieder richtung Düsseldorf, gestern bewegte sie sich im umfeld vom bahnhof Potsdam, entließ einen blitz, und im raum des kulturforums nochmals zwei. wobei der letzte nicht mehr fotografisch dokumentiert werden konnte, weil das wutgeschrei von berliner bürgern, die die nächtliche wolkenarbeit bemerkten, sie schnell wegscheuchten. mensch und erde sind eben gefährlich! als ersatz für den fehlenden blitz gebe ich euch das vasenbild eines griechischen speerwerfers, den die wolke im alten museum sah, und gemeinsamen geist fühlte. herzlich, eure wolke.

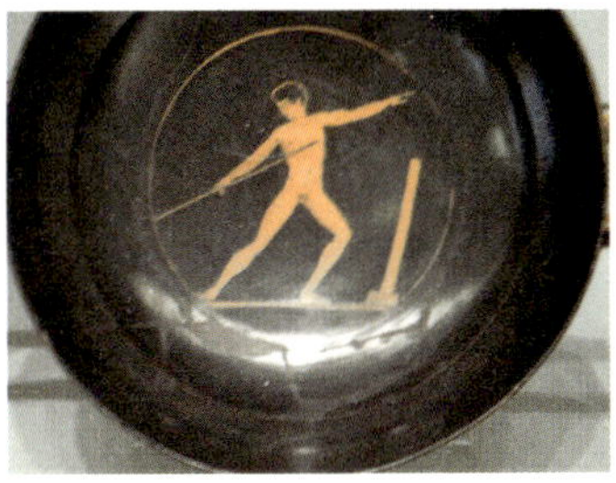
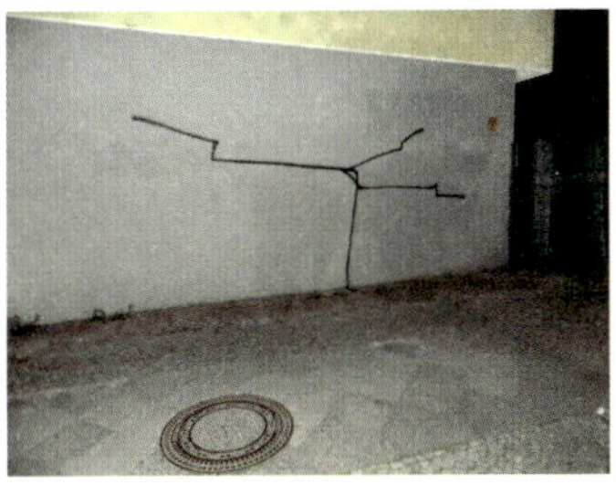
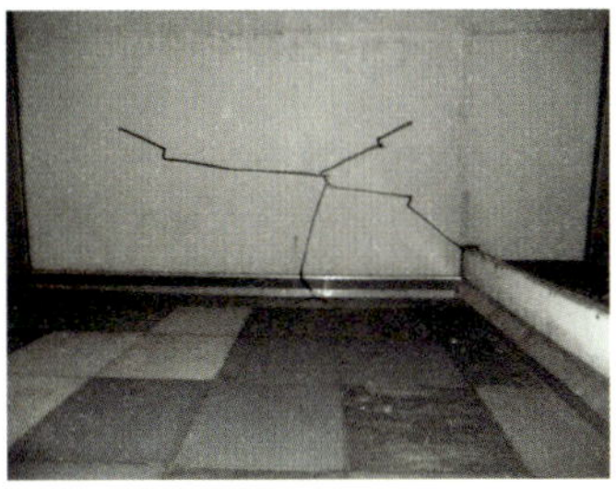

von: harry wolke <urwolke@hotmail.com>
Betreff:
Datum: 08.05.2014 um 11:11
an: Freunde der Wolke

liebe freunde,
nach einer meteorologischen kleinen störung, schickt euch die wolke, die jetzt gegen süden fliegt, liebe grüße

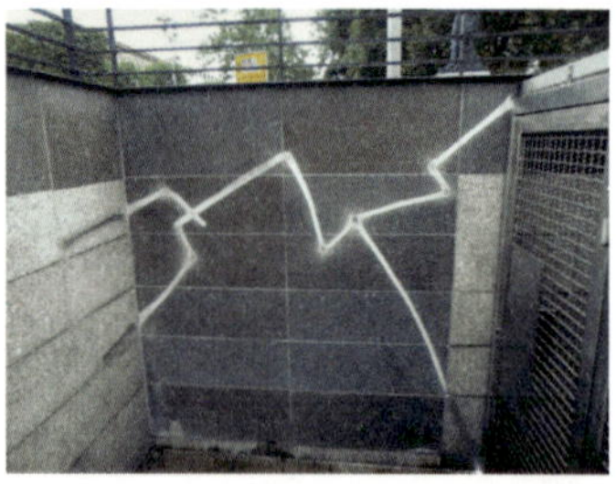

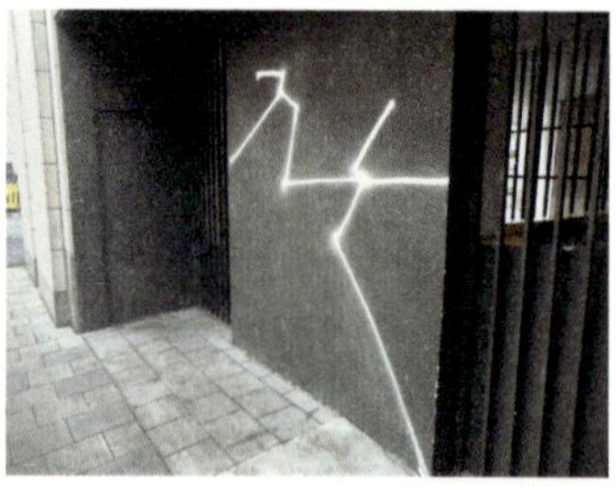

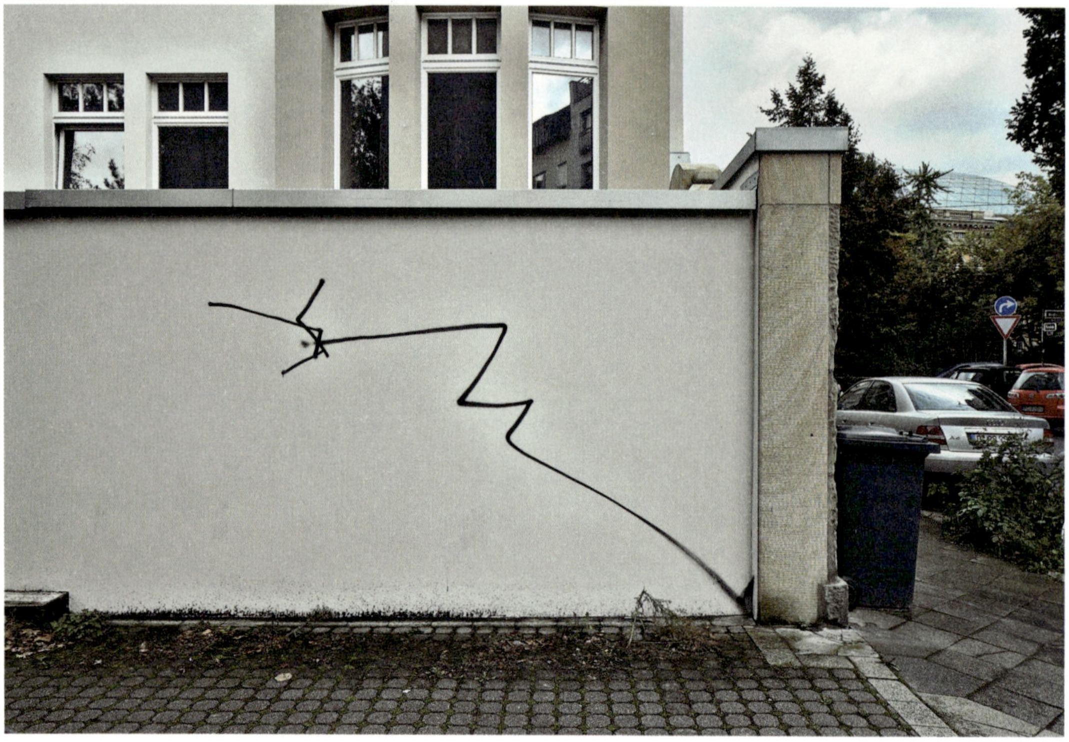

von: harry wolke <urwolke@hotmail.com>
Betreff: besen, besen, sei´s gewesen!
Datum: 11.05.2014 um 14:29
an: Freunde der Wolke

liebe freunde,
sonntagnachmittagblitze aus dem sauberen turicum!
beachten sie bitte, wie der letzte blitz in einer fahrradgarage mit seinem «fuß» das wahrzeichen und ursymbol dieser stadt, nämlich den besen, wegschiebt.

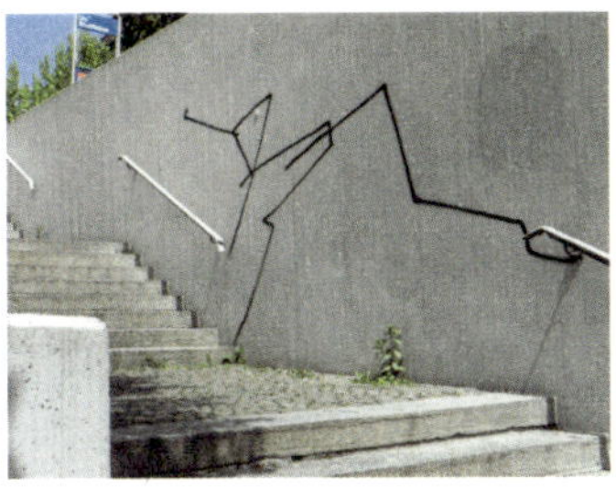

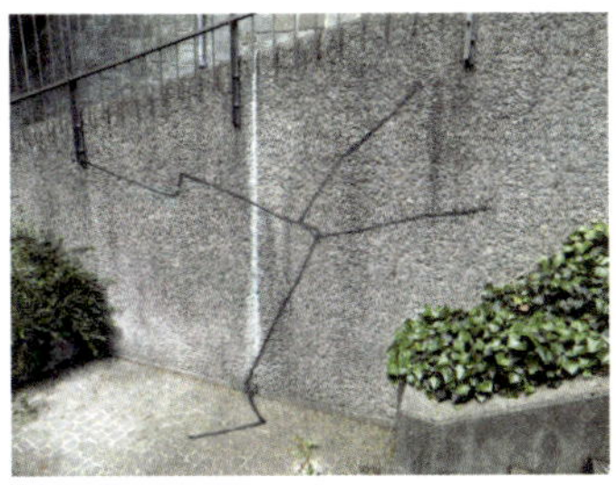

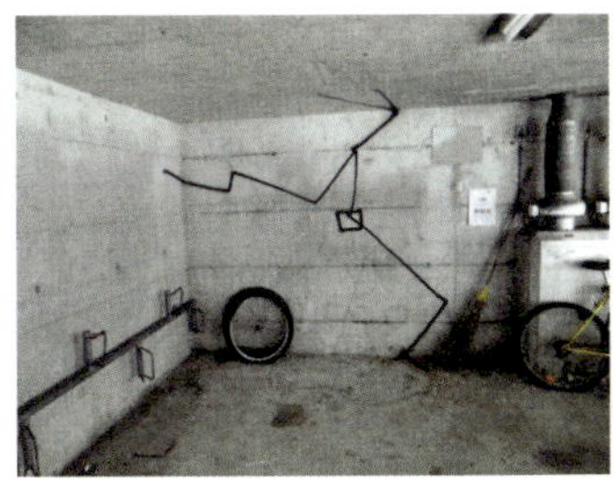

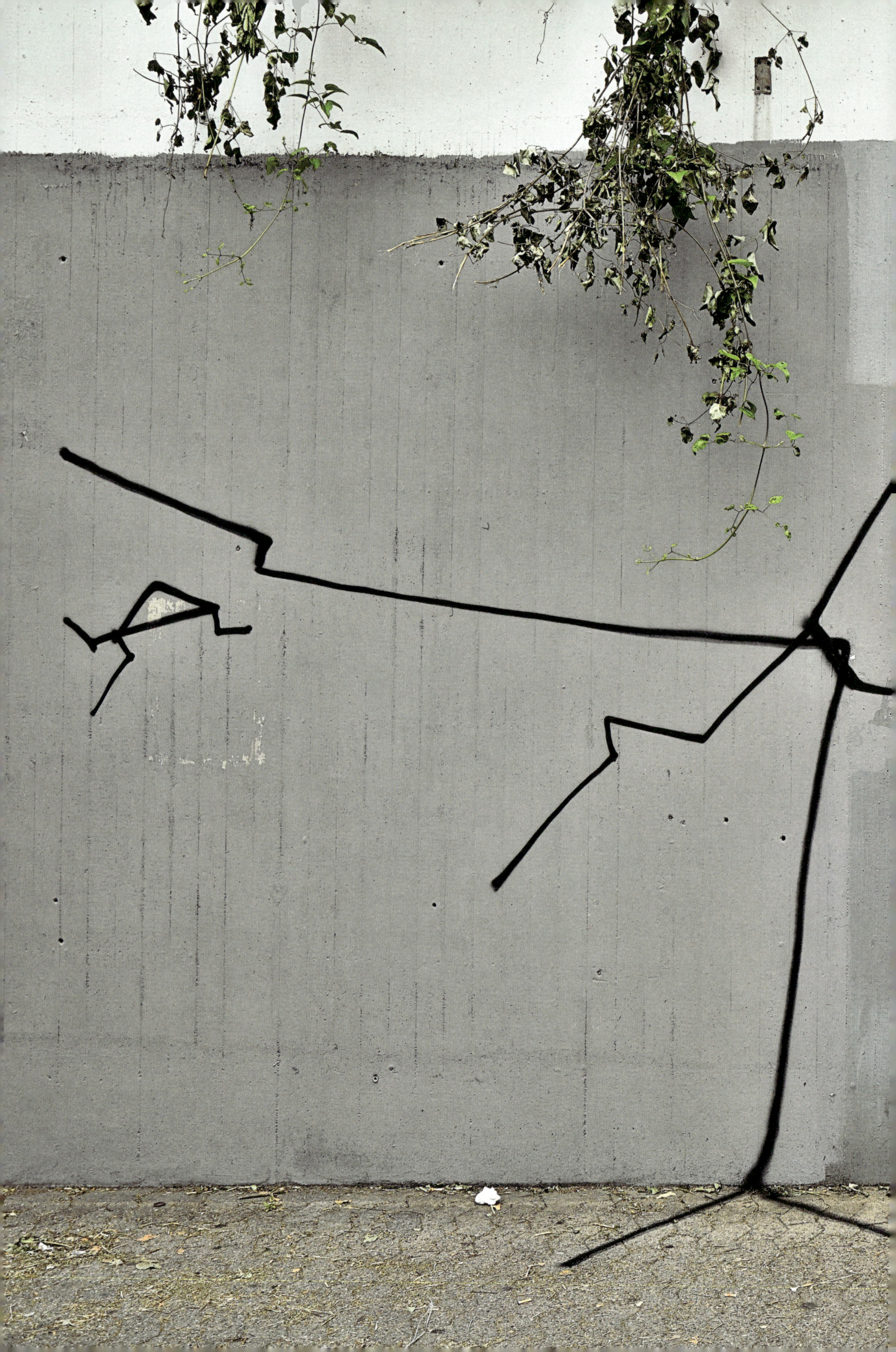

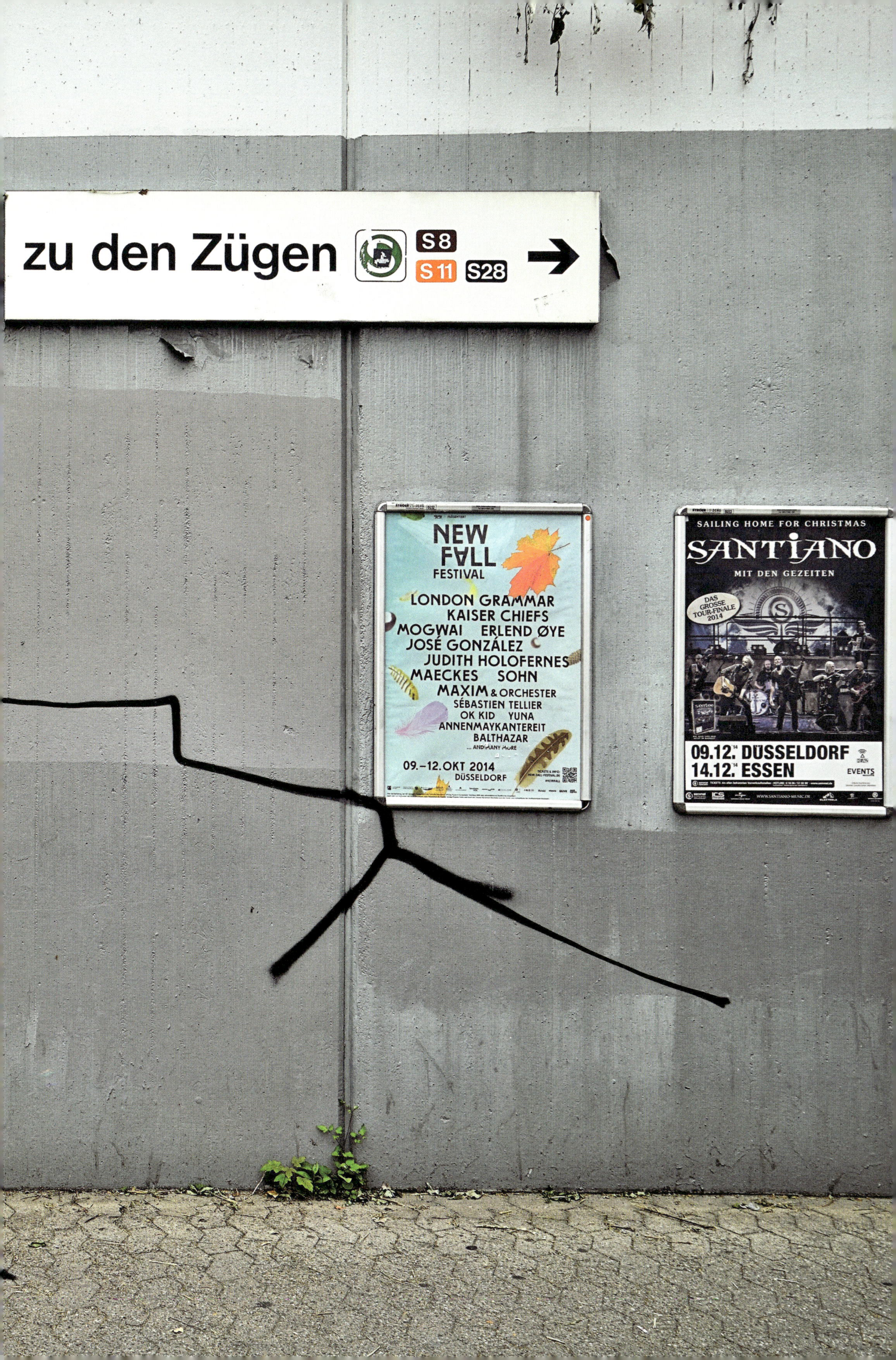
zu den Zügen
S8
S 11
S28
NEW FALL FESTIVAL
LONDON GRAMMAR
KAISER CHIEFS
MOGWAI
ERLEND ØYE
JOSÉ GONZÁLEZ
JUDITH HOLOFERNES
MAECKES
SOHN
MAXIM & ORCHESTER
SÉBASTIEN TELLIER
OK KID
YUNA
ANNENMAYKANTEREIT
BALTHAZAR
09.–12. OKT 2014
DÜSSELDORF
SAILING HOME FOR CHRISTMAS
SANTIANO
MIT DEN GEZEITEN
DAS GROSSE TOUR-FINALE 2014
09.12.14 DÜSSELDORF
14.12.14 ESSEN
EVENTS

von: harry wolke <urwolke@hotmail.com>
Betreff: buddha und wolkengeist
Datum: 16.05.2014 um 22:39
an: Freunde der Wolke

liebe freunde,
heute begab sich die wolke (in menschengestalt!) ins Museum Rietberg, um die werke eines zen-meisters namens sengai aus dem 15. jhdt zu besichtigen.
die werke dieses mönchs bezauberten sie vor allem durch Humor und Heiterkeit.
so geistig erfrischt, suchte sie eine dachterrasse auf, um den abendhimmel zu betrachten und zu zeichnen. ihre lieblingsbeschäftigung seit langem. denn leicht und mühelos wird sie zum buddha, selbst wenn sie gar nichts tut. liebe grüße, eure wolke

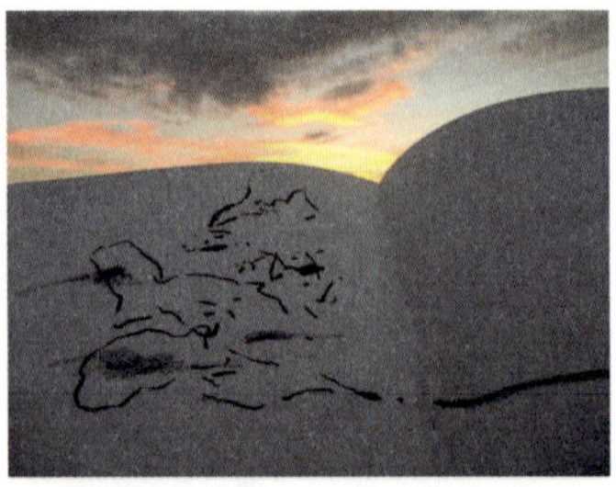

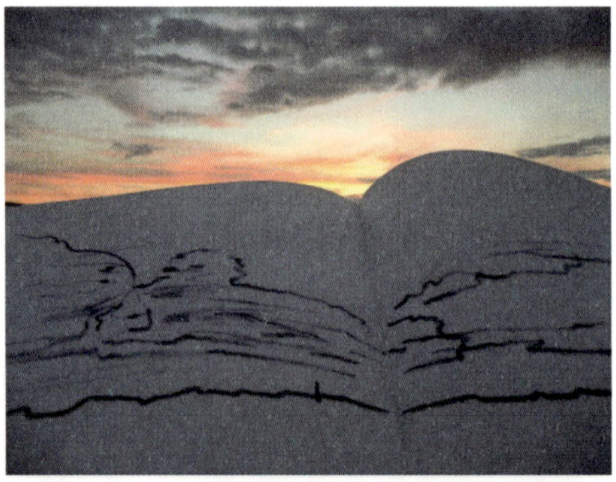

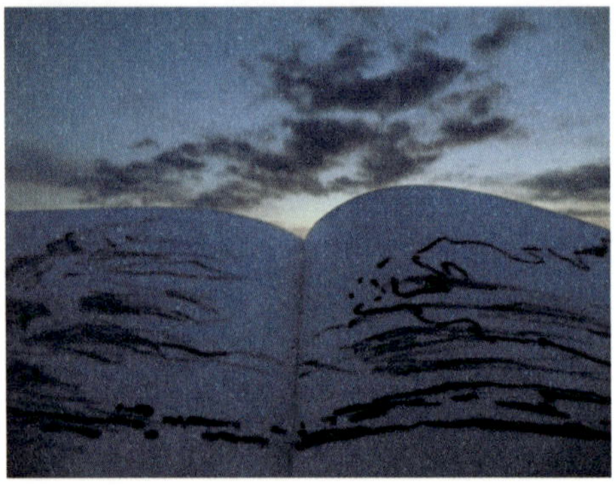

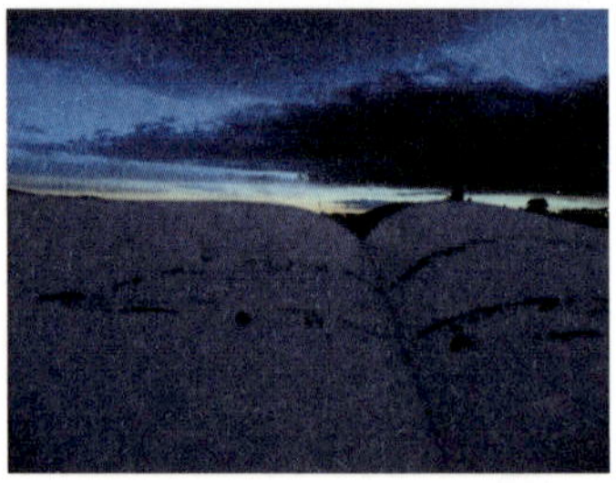

von: harry wolke <urwolke@hotmail.com>
Betreff: tanz der fische
Datum: 17.05.2014 um 11:23
an: Freunde der Wolke

liebe freunde,
in den frühen morgenstunden lieben es die fische,
an land zu springen, begleitet von blitzen.
herzlich, eure wolke

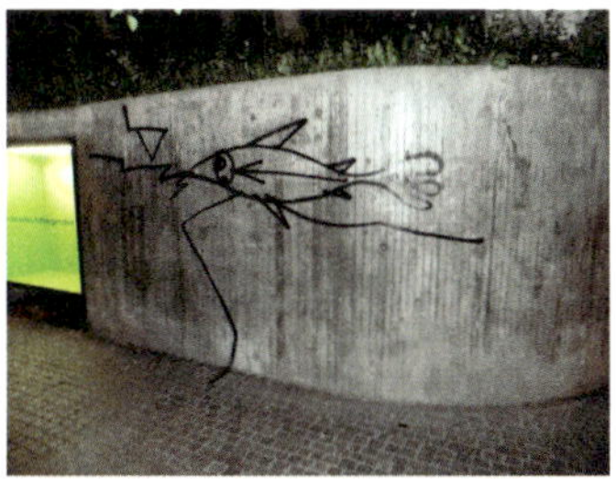
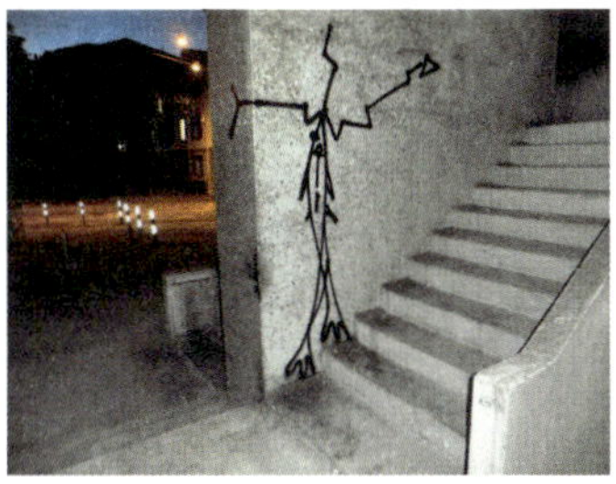
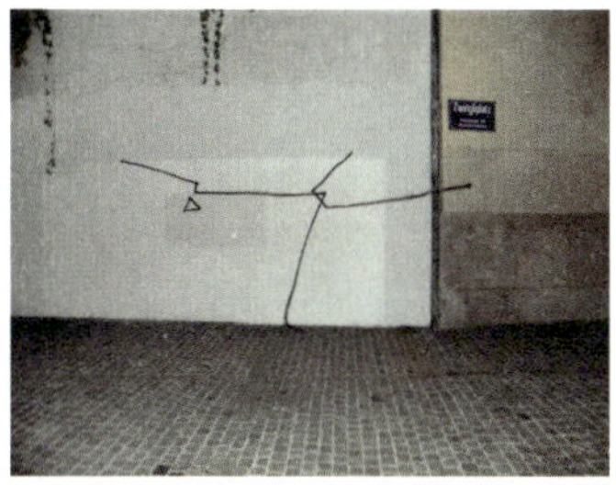
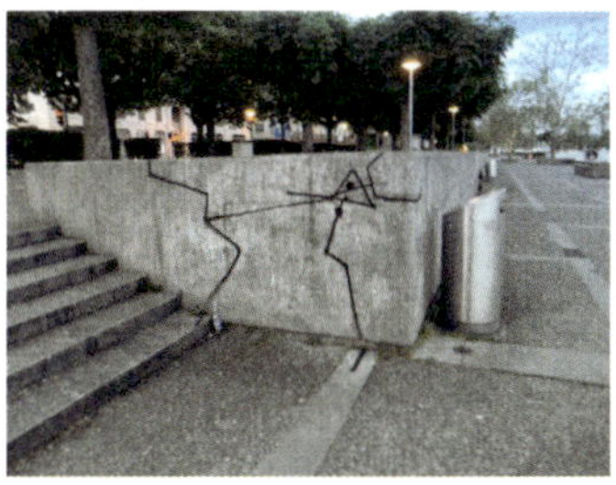
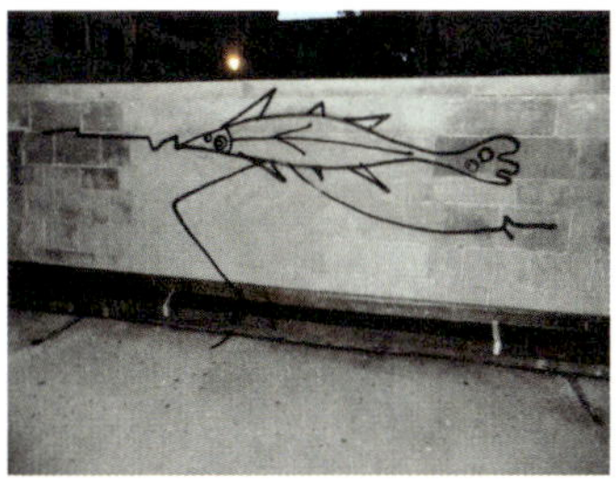
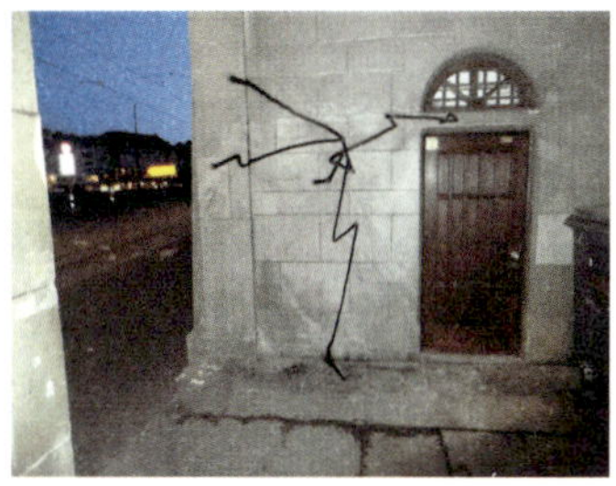
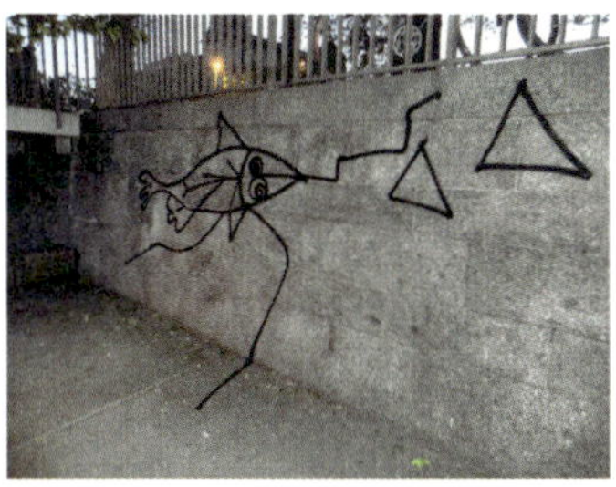
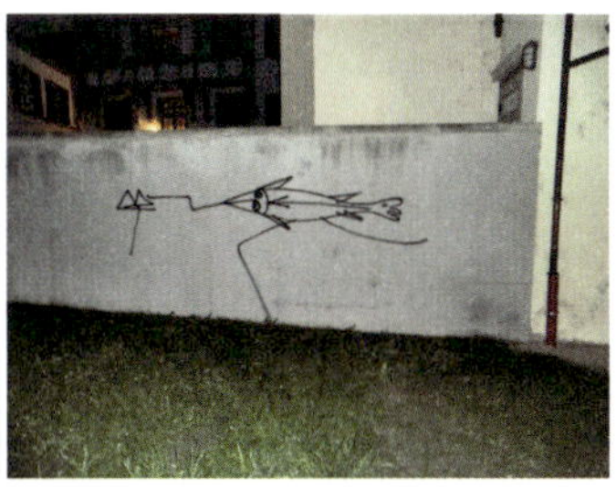

von: harry wolke <urwolke@hotmail.com>
Betreff: landschaften
Datum: 29.05.2014 um 20:53
an: Freunde der Wolke

liebe freunde,
ich bin wieder in D., ganz profan auf zwei füßen, mein geistwesen ist zwar meist in hohen lüften tätig und rezipierend, und dann finde ich alle städte liebenswert und schön, doch manchmal, auf dem boden mit füßen stehend, ziehe ich vergleiche und glaube, Z. sei die schönste stadt mit der schönsten landschaft!
natürlich ist das augenwischerei, denn nur die landschaften, die wir uns selbst bilden, sind es, die uns am meisten erheben und glücklich machen. herzlich, eure wolke

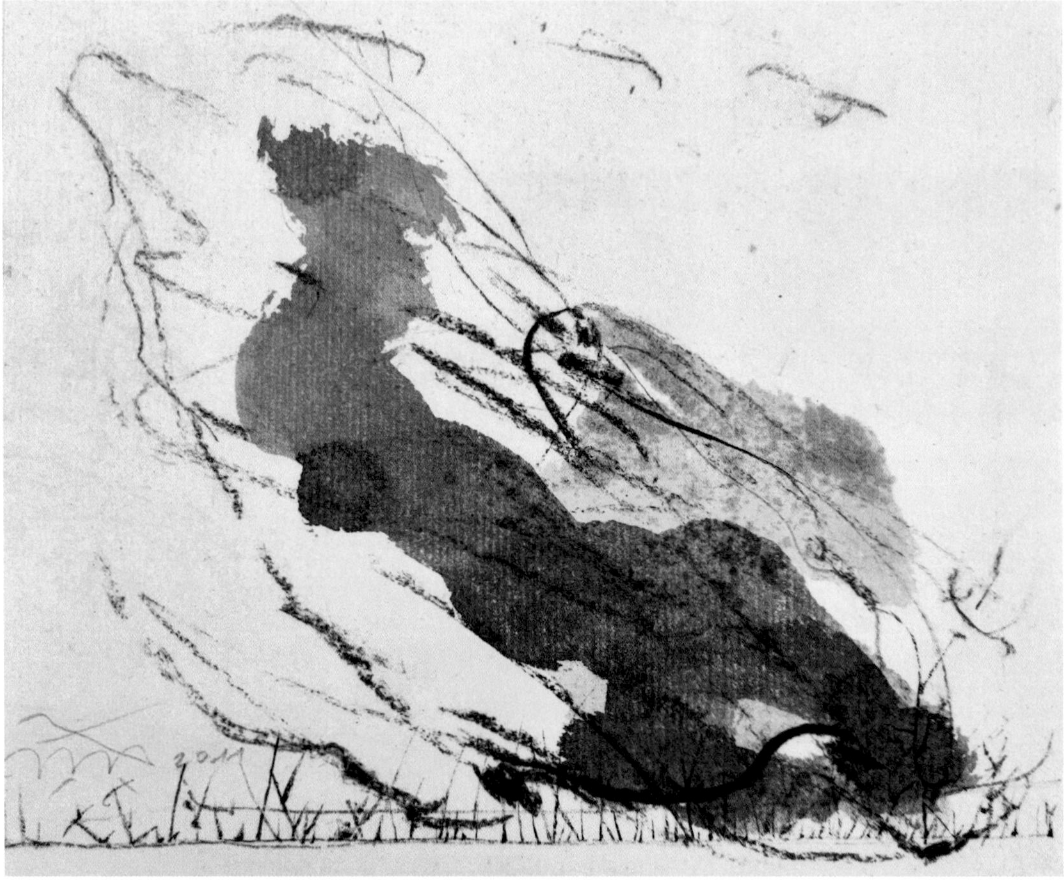

von: harry wolke <urwolke@hotmail.com>
Betreff: zauber aus dem beton
Datum: 07.06.2014 um 23:35
an: Freunde der Wolke

liebe freunde,
meine pfingstgrüße, rundum im freundeskreis.
vor drei tagen beobachtete ich einen fisch, der sich in einen fetisch verwandelte!
ganz in der nähe der wasserpolizei beim rhein. die natur ist voller wunder.
man muss nur genau hinschauen.

herzlich, eure wolke

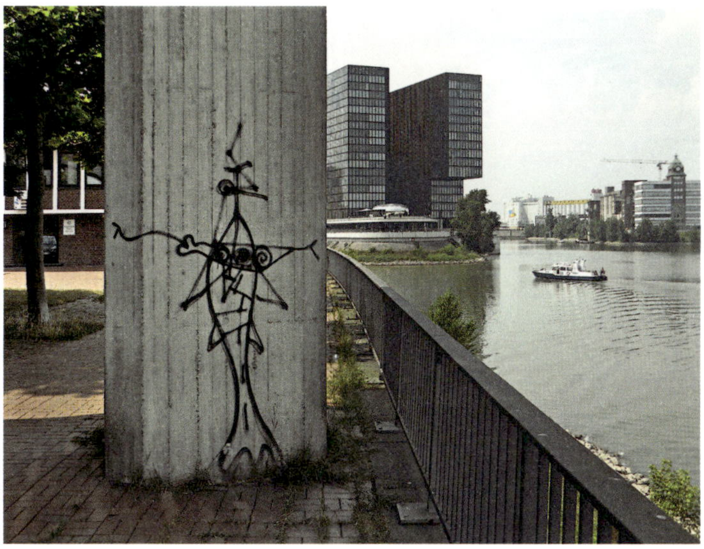

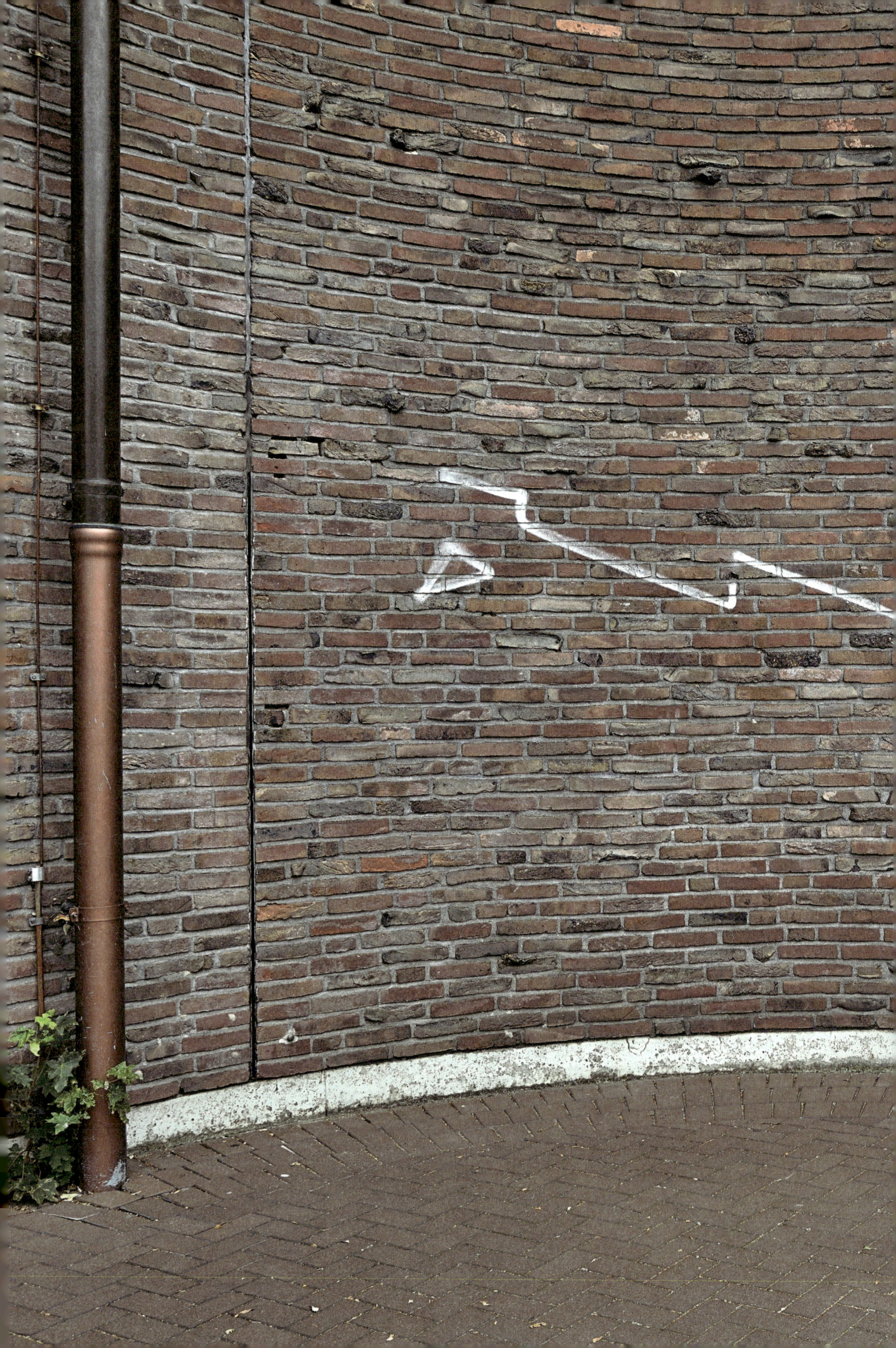

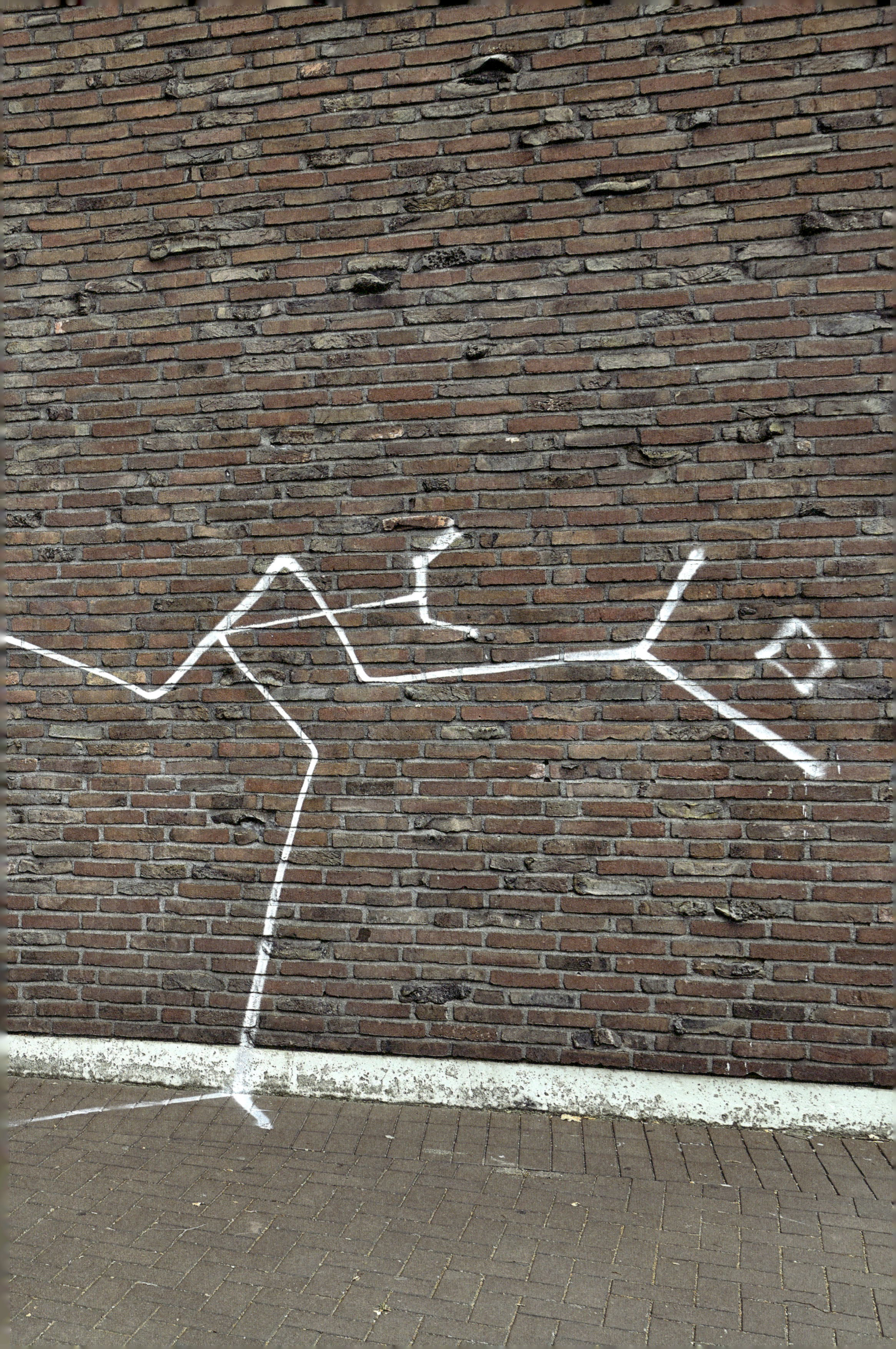

von: harry wolke <urwolke@hotmail.com>
Betreff:
Datum: 19.06.2014 um 22:08
an: Freunde der Wolke

liebe freunde,
wir stilisieren uns immer. besonders gerne vor freunden und bekannten, nämlich weil wir immer etwas sein oder scheinen wollen. besonders gerne tun es die künstler. doch ist es nur schein oder doch schon sein? das ist natürlich die frage!
mein alter ego, so denke ich, ist aber gewiss die wolke, denn stets, wenn sie die erde berührt, gibt es einen anstoß, eine geistige explosion, wie man ganz real sehen kann. denn es entstehen blitze, antennen oder riesige spinnen. alles «handgreiflich» sichtbar und real. herzlich, eure wolke

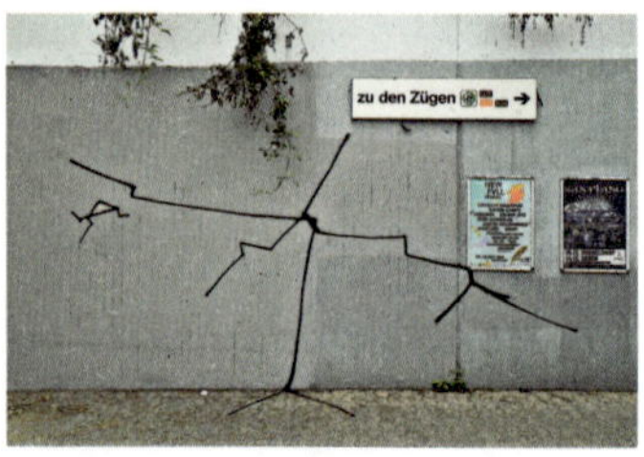

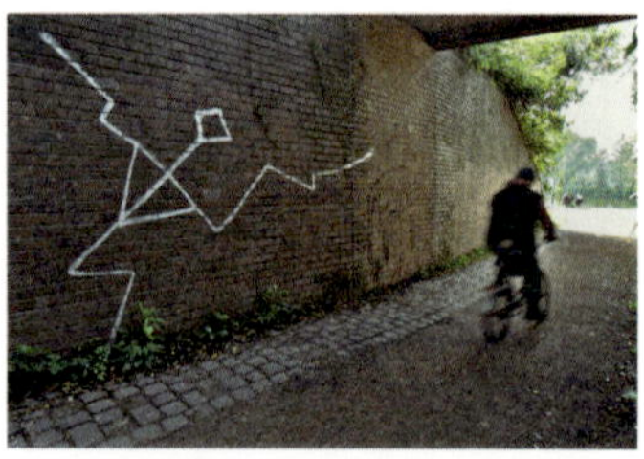

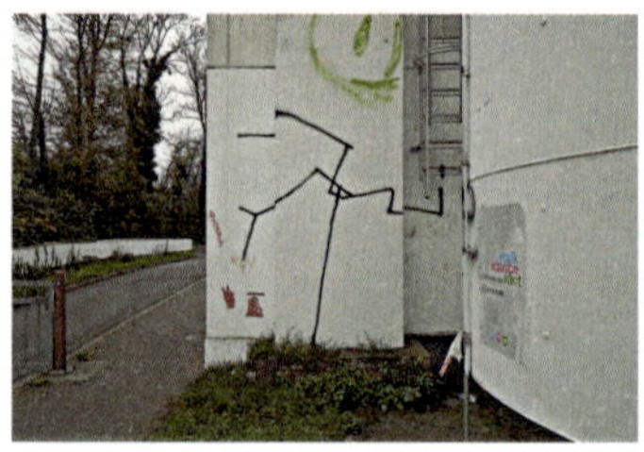

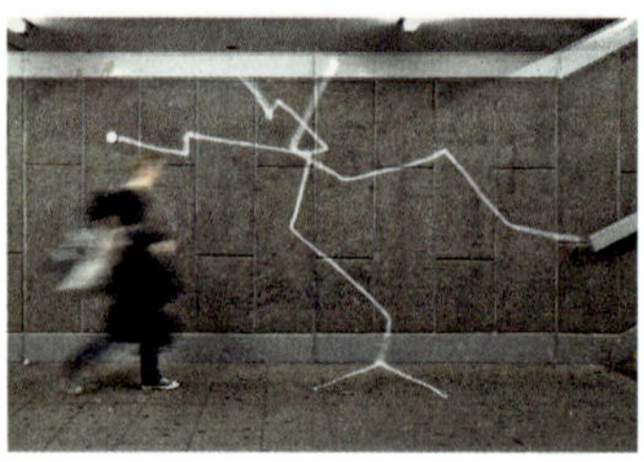

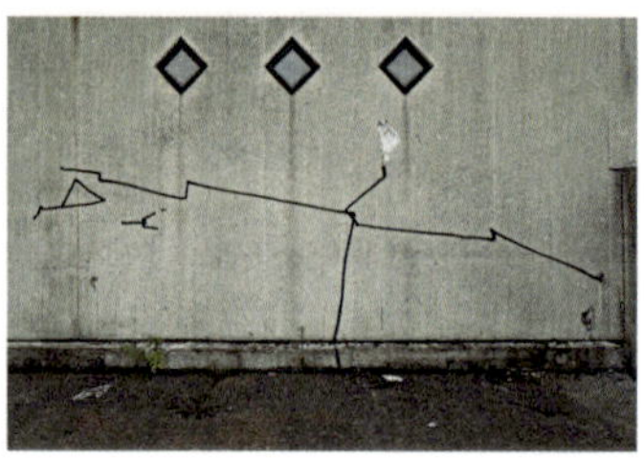

von: harry wolke <urwolke@hotmail.com>
Betreff: von den lüften und aus dem stillen kämmerlein
Datum: 29.06.2014 um 21:44
an: Freunde der Wolke

liebe freunde,
heute am sonntag zog es mich wieder auf den boden zu den menschen.
mit zwei blitzen kündigte ich mich an. hernach, schon ganz menschengestalt,
trieb mich ein dämon ins «stille Kämmerlein», auch atelier genannt.
aus erinnerungen, die mir geblieben, zeichnete und lavierte ich drei landschaften.
die zeichnungen sind nicht größer als meine handfläche, wie die meisten meiner
zeichnungen. aber das ganze raum- und bewegungspotential steckt in ihnen.
herzlich, eure wolke

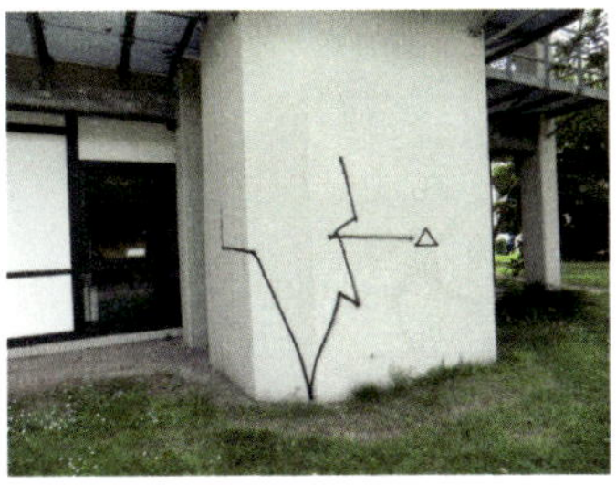

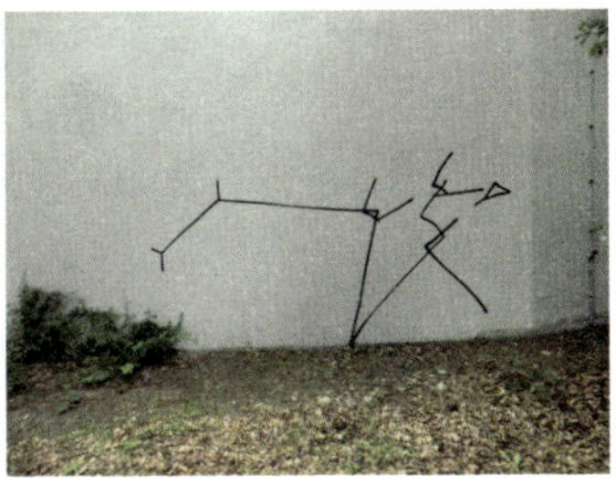

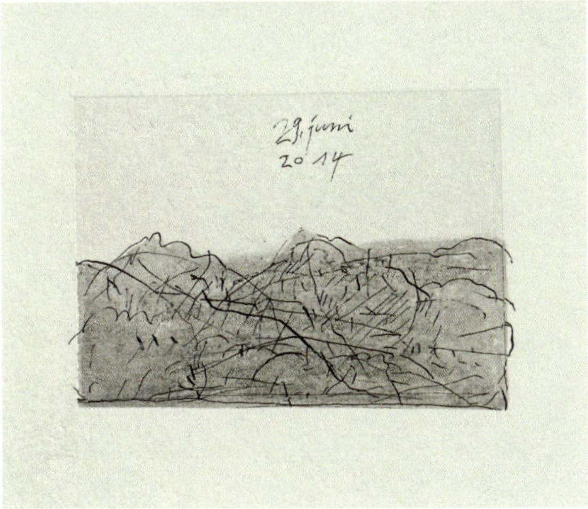

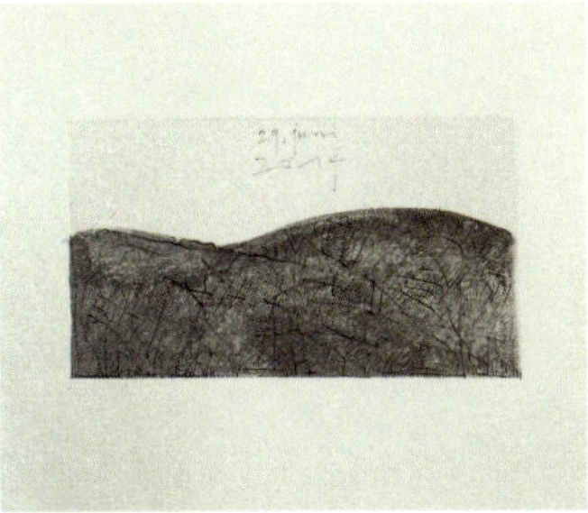

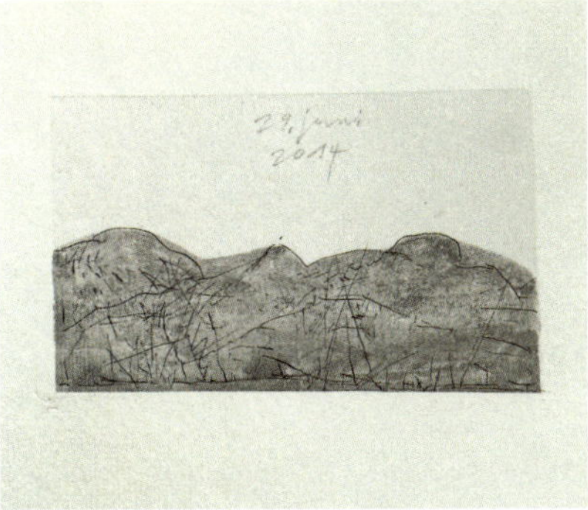

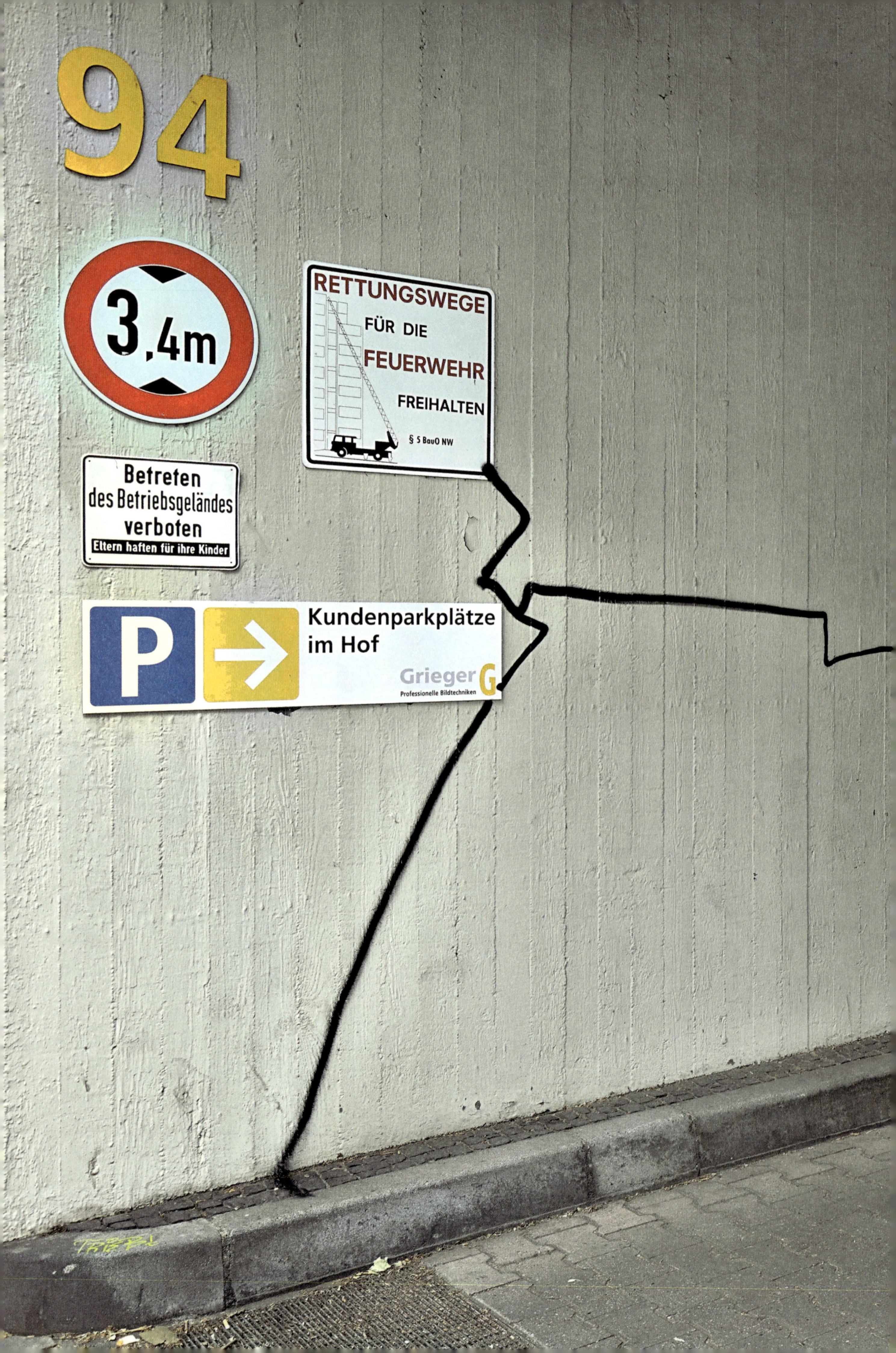
94
3,4m
RETTUNGSWEGE
FÜR DIE
FEUERWEHR
FREIHALTEN
§ 5 BauO NW
Betreten
des Betriebsgeländes
verboten
Eltern haften für ihre Kinder
P
Kundenparkplätze
im Hof
Grieger G
Professionelle Bildtechniken

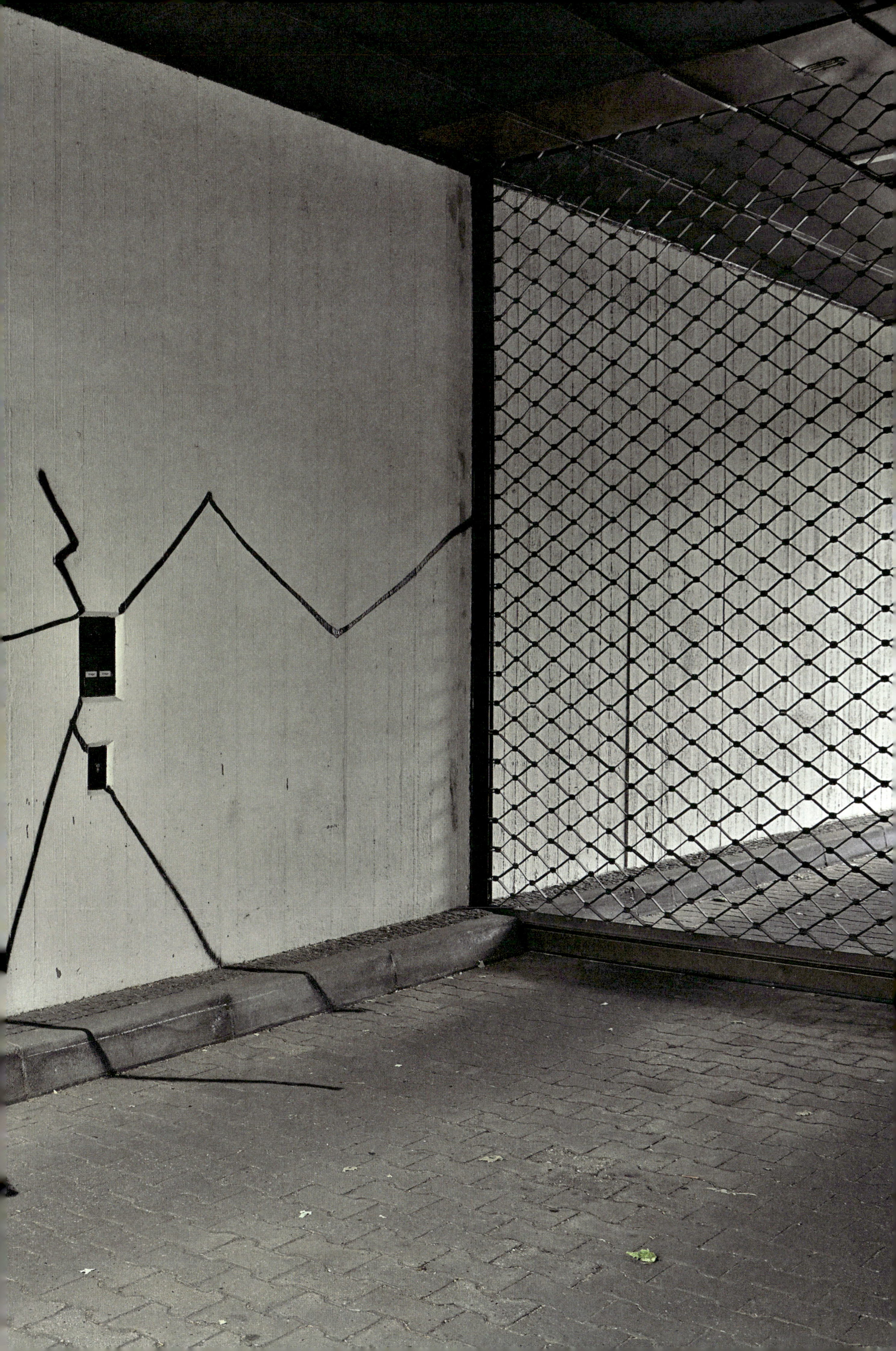

von: harry wolke <urwolke@hotmail.com>
Betreff: wir spielen, bis der tod uns abholt! (kurt schwitters)
Datum: 30.06.2014 um 22:06
an: Freunde der Wolke

liebe freunde,
ich bin bald wieder auf dem weg in den süden. heute morgen ist der wolke eine herrliche blitzfigur gelungen, streng geometrisch und doch charmevoll.
prüft, schaut, bewundert und bleibt mir gewogen!
herzlich, eure wolke

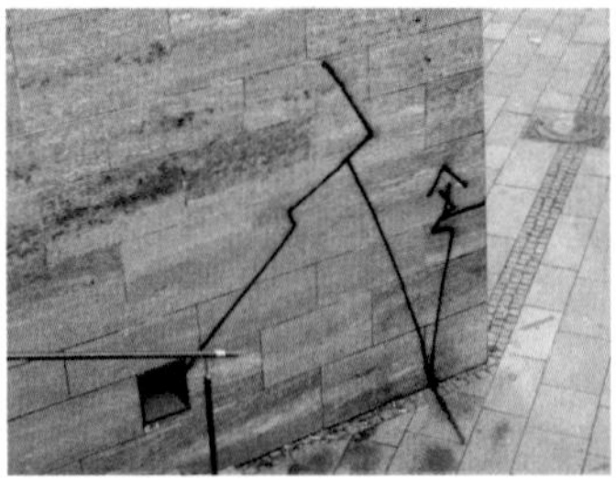

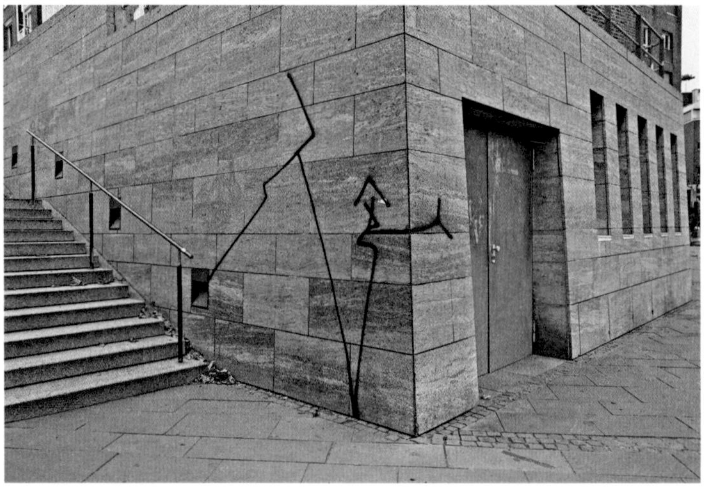

von: harry wolke <urwolke@hotmail.com>
Betreff:
Datum: 05.07.2014 um 23:12
an: Freunde der Wolke

liebe wolkenfreunde und liebe seminarschüler, heute saß ich über 2 stunden auf einer dachterrasse, mit nichts anderem beschäftigt als mit betrachten und zeichnen der wolken über mir am blauen himmel. die seele atmet und strömt, und der kopf denkt an nichts als an kommen, erscheinen, verschwinden. und die hand braucht nicht zu studieren, sie wird von den lüften geführt.

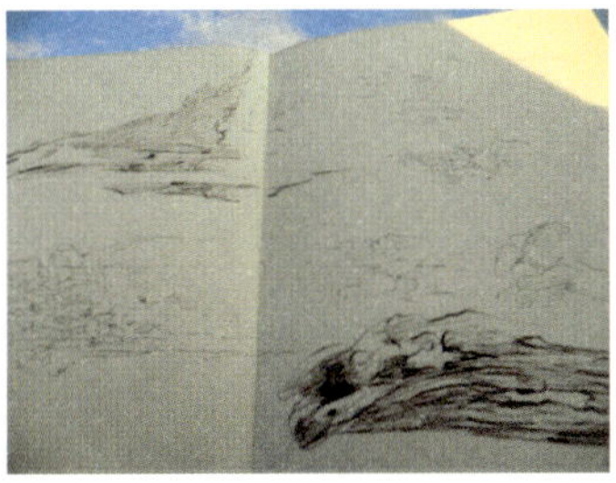

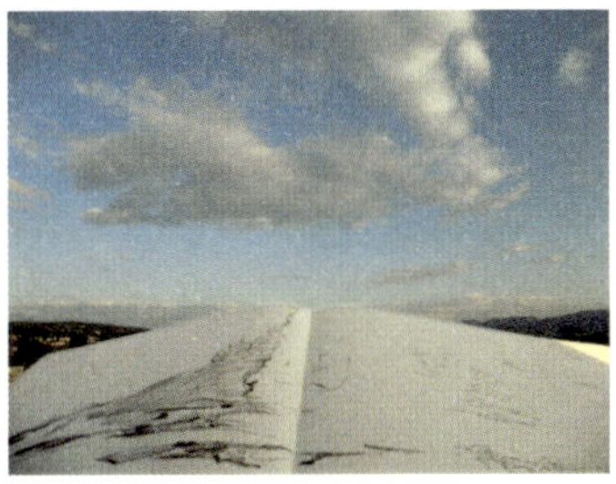

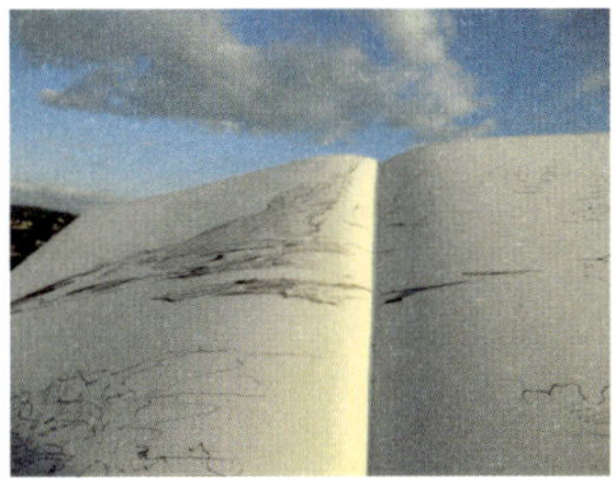

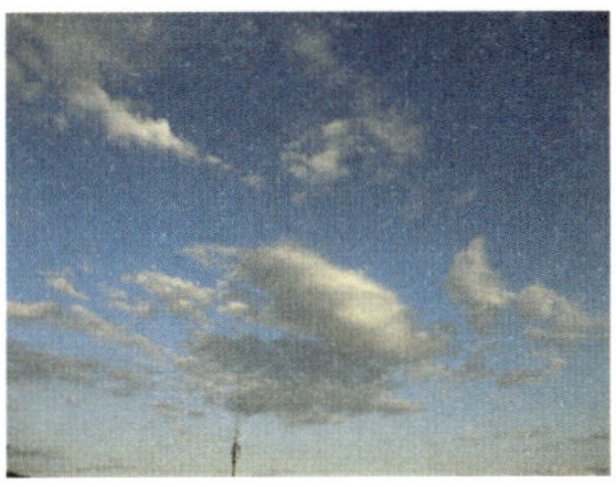

von: harry wolke <urwolke@hotmail.com>
Betreff: der alte künstler der zeitlosen wolke
Datum: 09.07.2014 um 22:09
an: Freunde der Wolke

liebe freunde,
neue skizzen der wolke, wenn auch vom boden und mit menschlichen beinen.
ich bin jetzt in vorbereitung zu einem auftritt bei einem musikfestival, das übermorgen stattfindet. nämlich im hotel schweizerhof in flims, wo ich vor knapp 60 jahren in einem knabeninstitut ein zögling war. oft gingen wir im herrlichen caumasee - umrundet von zauberhaften waldungen - baden. das wollte ich jetzt wiedersehen und zeichnen. jetzt als ein greiser künstler, aber mit einer innere muße und geduld, sowie einen blick auf das wesentliche, wovon ich als knabe nichts wusste.
herzlich, eure wolke

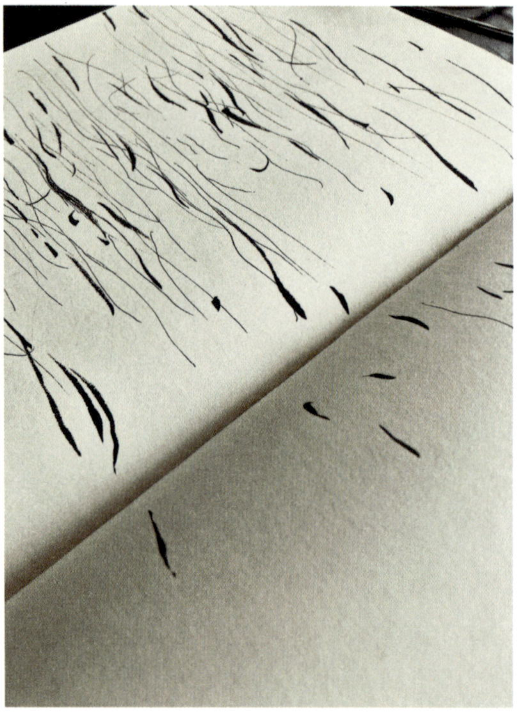

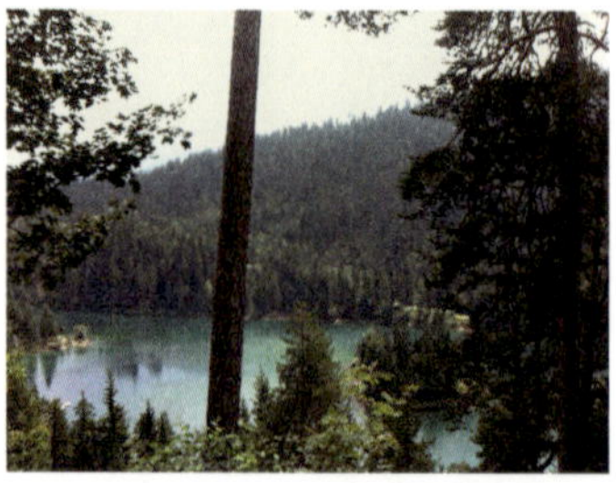

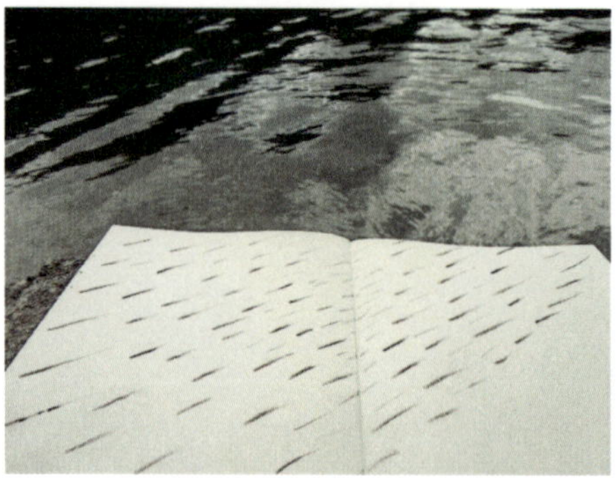

von: harry wolke <urwolke@hotmail.com>
Betreff:
Datum: 10.07.2014 um 21:06
an: Freunde der Wolke

liebe freunde, heute war ich wieder am caumasee zum skizzieren und meditieren. morgen ist mein auftritt in diesem luxushotel, wo einst albert einstein und die kaiserin zita von österreich abstiegen. gott im himmel, was soll ich performen auf einer 8 meter langen papierschlange? ich weiß es wahrhaftig noch gar nicht, doch es wird mir wohl etwas einfallen. wahrscheinlich mache ich lauter striche, die ich eben gelernt habe. ich schicke euch eine skizze von heute und ein foto vom see. herzlich, eure wolke

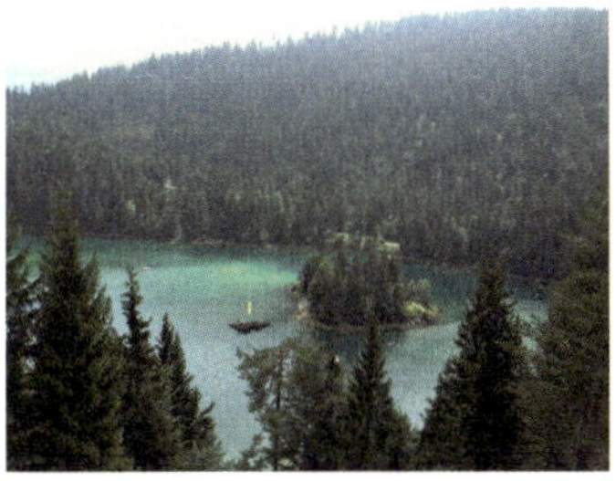

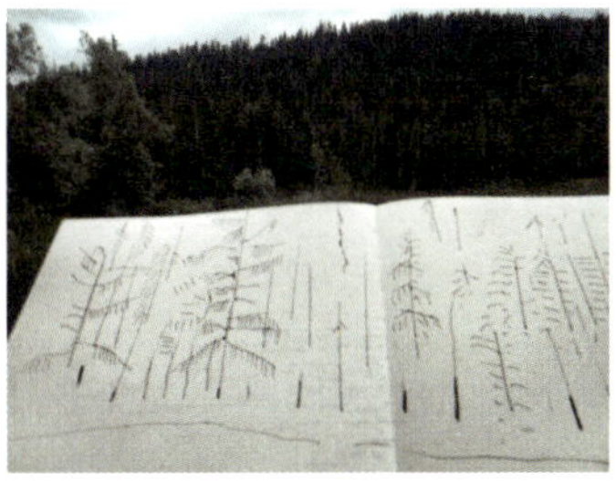

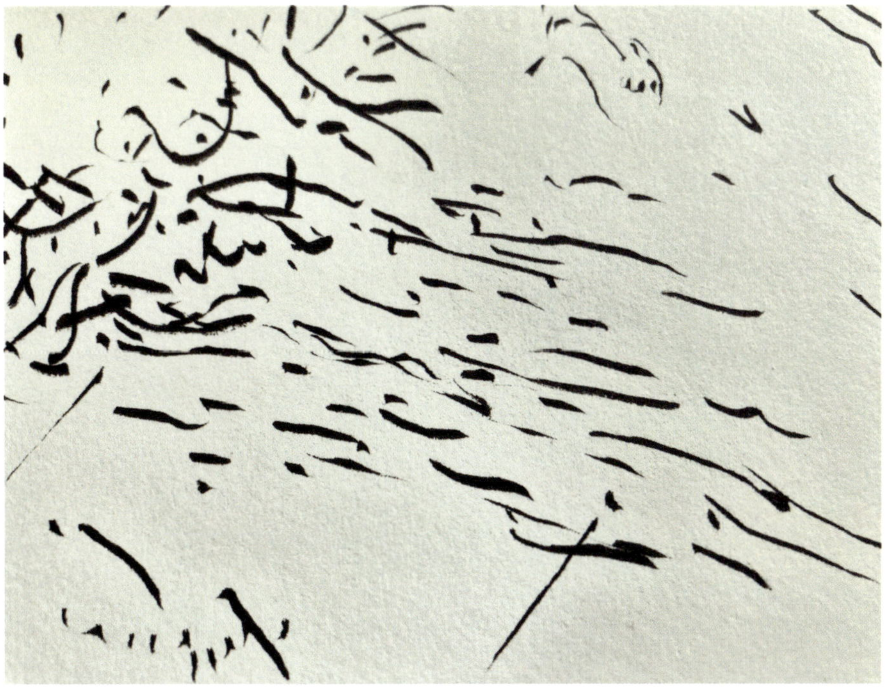

von: harry wolke <urwolke@hotmail.com>
Betreff:
Datum: 14.07.2014 um 21:11
an: Freunde der Wolke

alle meditation mit der natur beginnt mit dem punkt, mit der ganz kleinen bewegung, oft nur ein unscheinbares gekritzel, aus dem aber bei bedarf auch die politisch motivierte, raumgreifende, urbane geste entspringt. herzlich, eure wolke

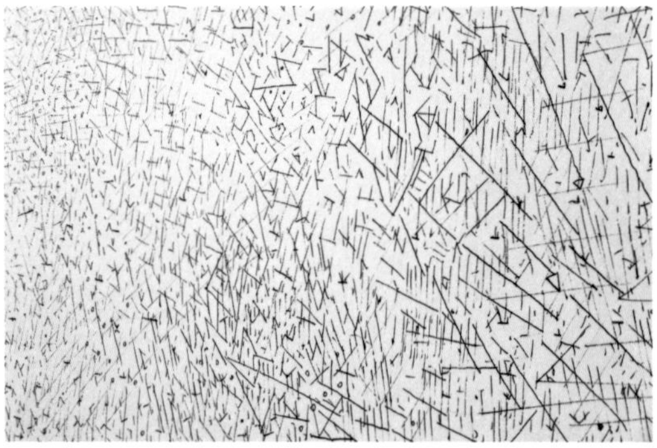

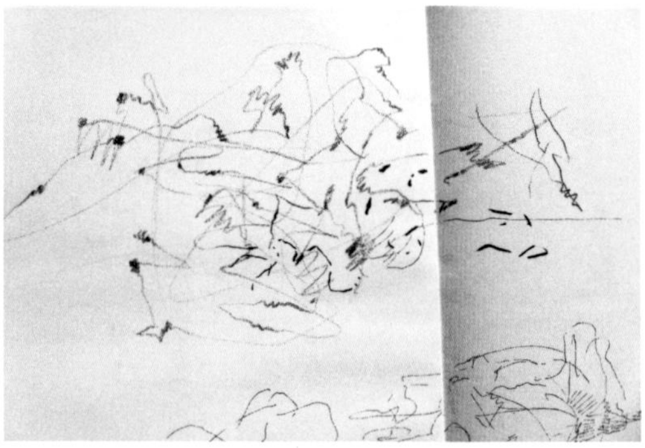

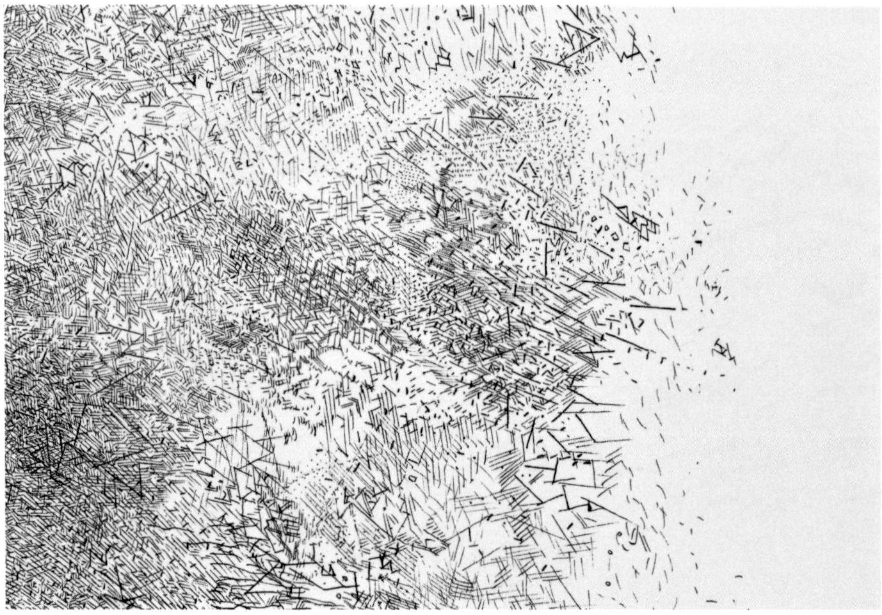

von: harry wolke <urwolke@hotmail.com>
Betreff: kleine landschaften
Datum: 30.07.2014 um 15:49
an: Freunde der Wolke

liebe freunde,
eben habe ich meine kleine ausstellung besucht. für die, die nicht kommen können, schicke ich per mail vier bilder, genannt «kleine landschaften».
ich bin sehr zufrieden, dass mir im alter diese entrückung und stille vielleicht überhaupt erst möglich ist, mindestens in der zeichnung!
liebe grüße, eure wolke

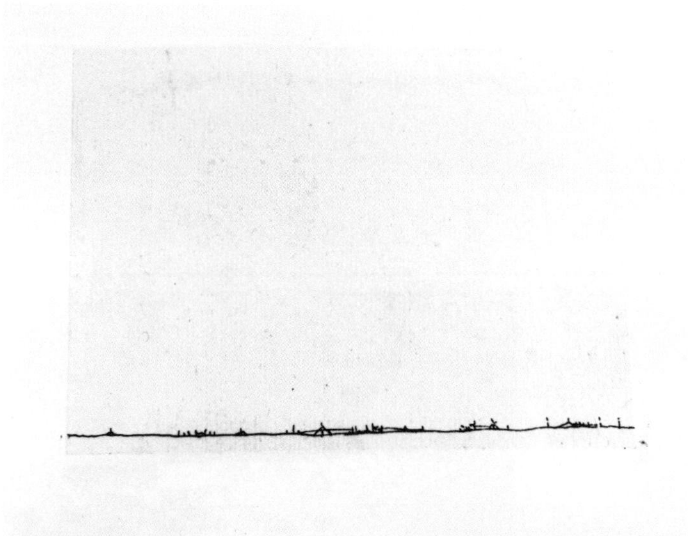

von: harry wolke <urwolke@hotmail.com>
Betreff:
Datum: 17.08.2014 um 18:42
an: Freunde der Wolke

Liebe Freunde
... zum Erstaunen bin ich da! ... die Stadt, die ich morgen verlasse, ist kurios: Kunstwerke, die riesige Geldsummen kosten, gelten als Wertanlage und Sache. Kunstwerke indessen, die nichts kosten, weil sie der Stadt geschenkt sind, sind gefährlich und gelten als Sachbeschädigung!
Beim jüngsten Vernichtungsfeldzug an der Wolkenarbeit ist aber ein herrlicher Blitz stehengeblieben. Und zwar an sehr symbolischer Stelle: nämlich an einer Wand des Kantonspitals, hinter der die Toten aufgebahrt werden.
So ist der Blitz wie eine Auferstehung. Goethe fürchtete sich vor dem Tode.
Nietzsche meinte: Wie jemand stirbt, sei gleichgültig, nur das Leben zähle.
Hölderlin findet indessen: Leben ist Tod und Tod ist auch ein Leben.
Und was sagt die Wolke? Nichts festhalten, sowohl im Leben wie im Tod!
herzlich, eure wolke

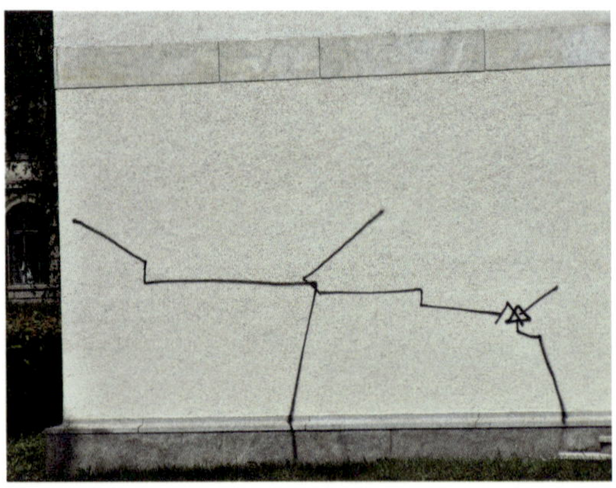

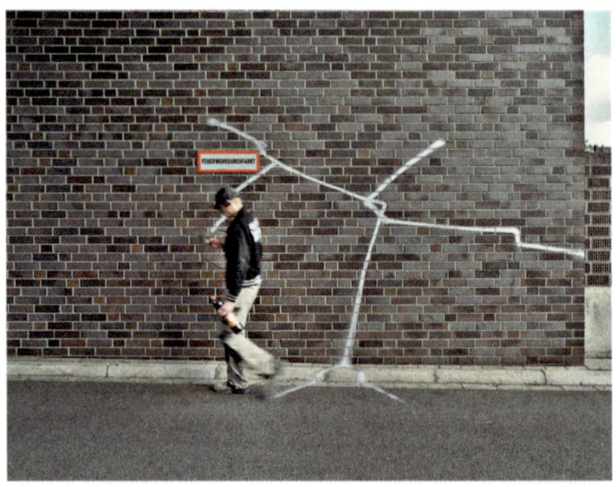

von: harry wolke <urwolke@hotmail.com>
Betreff: auge der wolke
Datum: 21.10.2014 um 21:54
an: Freunde der Wolke

liebe wolkenfreunde,
das auge der wolke ist universal, es ist an keine proportionen und grenzen gebunden, dringt durch alle sonnen und monde. mit menschenaugen betrachtet sie indessen alles sichtbare nach geometrischen gesetzen, also nach linien, punkten, winkeln, flächen.
herzlich, eure wolke

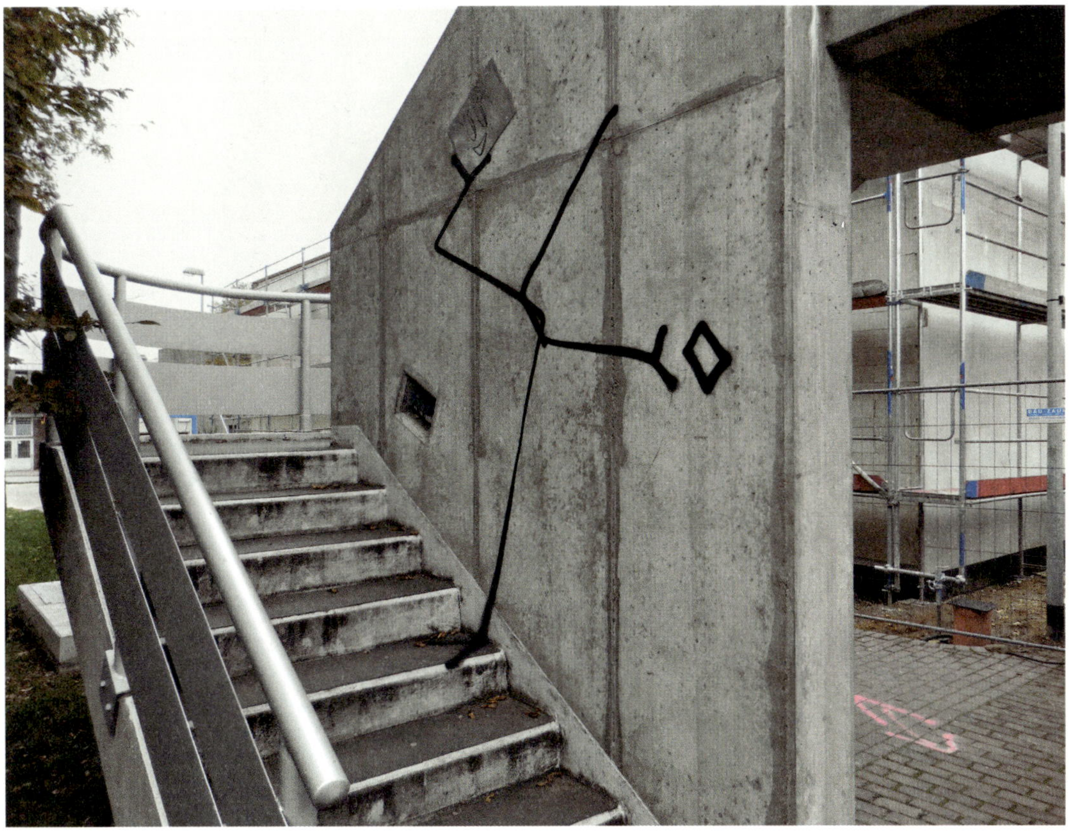

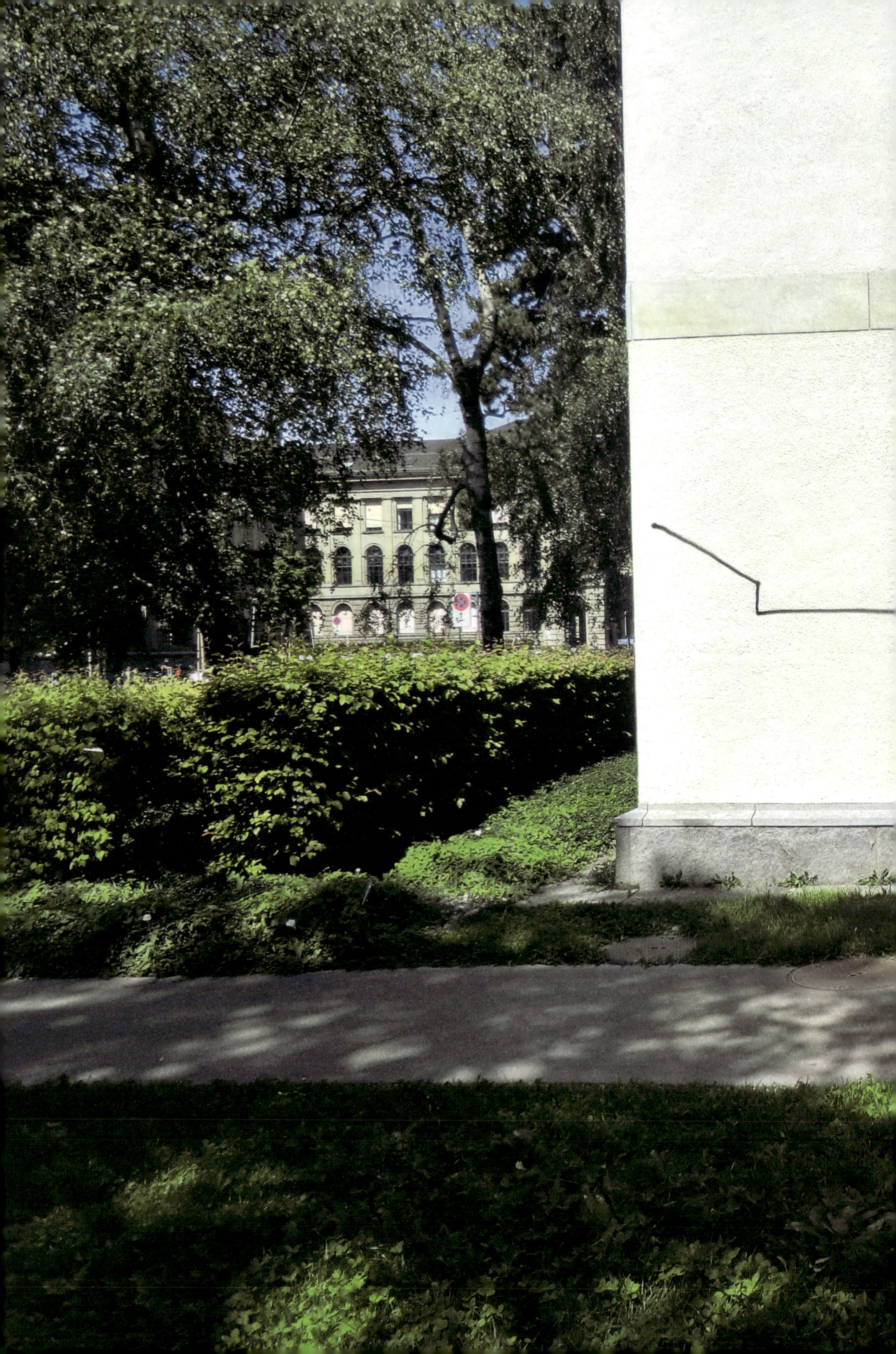

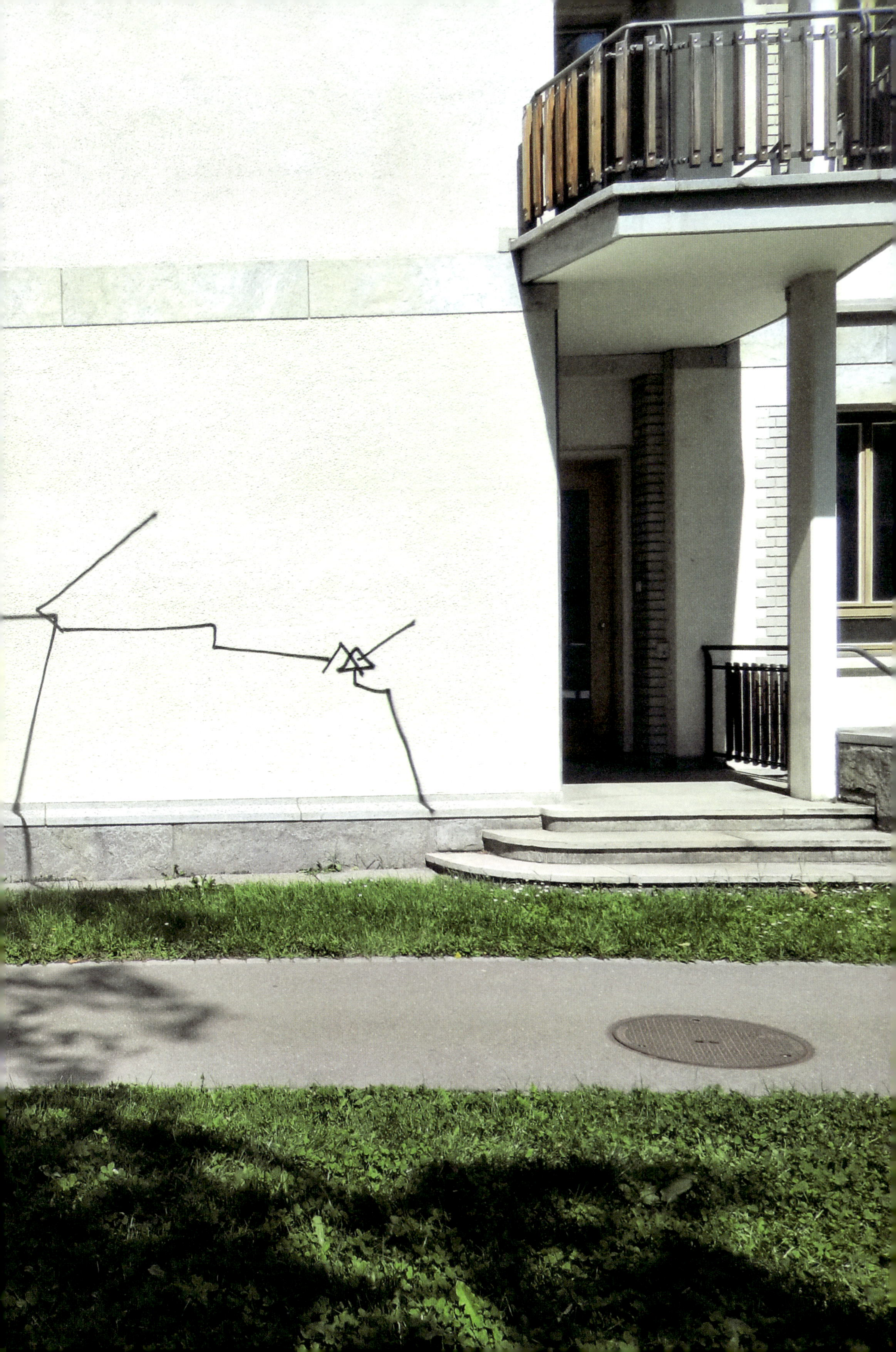

von: harry wolke <urwolke@hotmail.com>
Betreff: wie man leicht wird!
Datum: 27.10.2014 um 19:19
an: Freunde der Wolke

liebe wolkenfreunde!
das gestalten der blitze und erfinden von fabeltieren ist für alle zweifüßer, die den boden und der schwere überdrüssig sind, die gewisse tür, sich in die lüfte abzusetzen.
herzlich, eure wolke

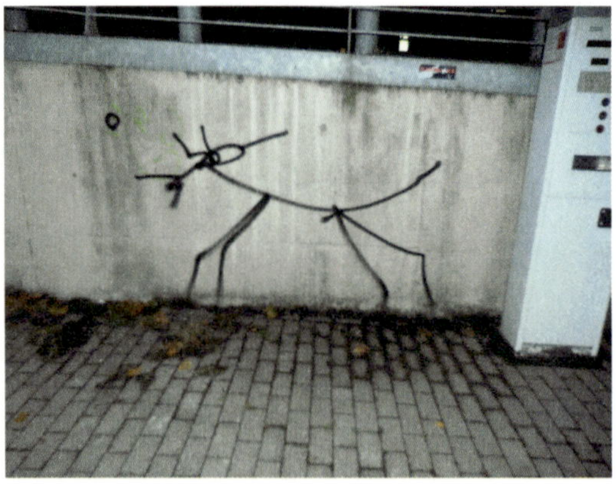

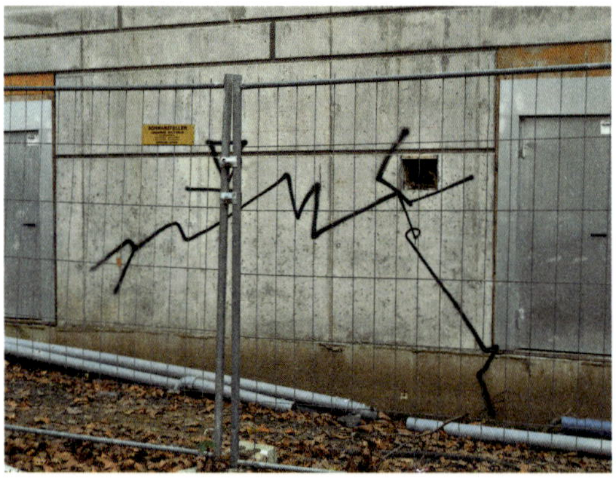

von: harry wolke <urwolke@hotmail.com>
Betreff: fetische
Datum: 30.12.2014 um 15:35
an: Freunde der Wolke

liebe freunde.
nochmals alles gute zum neuen jahr!
um gefährliche geister festzubannen, fernzuhalten, mache ich fetische -
auch zum schutze meiner freunde.
herzlich, eure wolke.

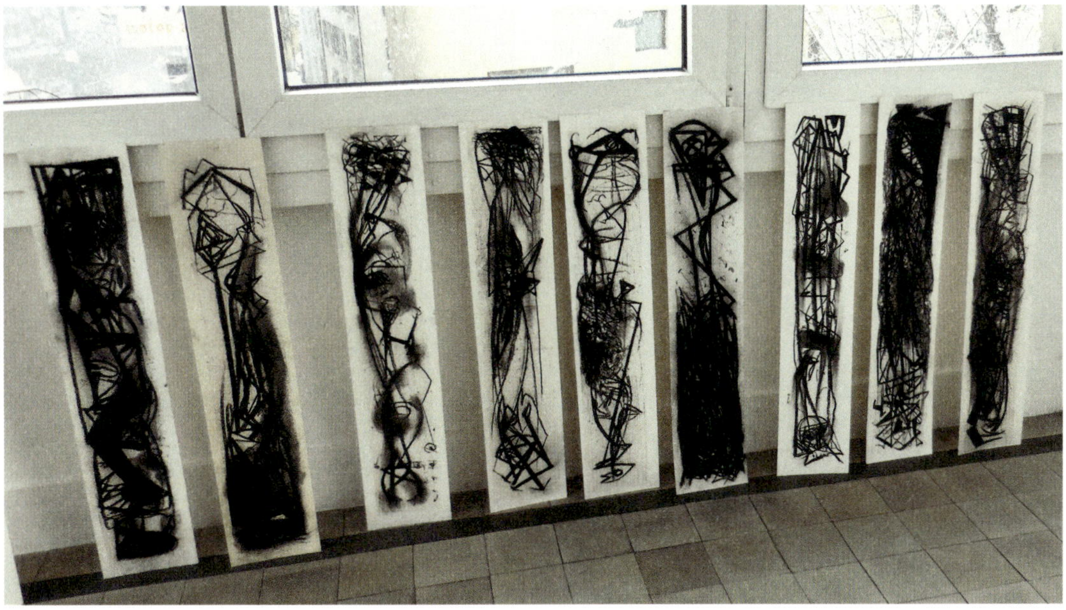

von: harry wolke <urwolke@hotmail.com>
Betreff: ein jüngster blitz zum neuen jahr
Datum: 01.01.2015 um 16:30
an: Freunde der Wolke

liebe freunde,
symbolisch spalten und erhellen die blitze nicht nur beton als erstarrten körper, sondern vor allem ein festgefahrenes denken in unseren köpfen.
herzlich, eure wolke

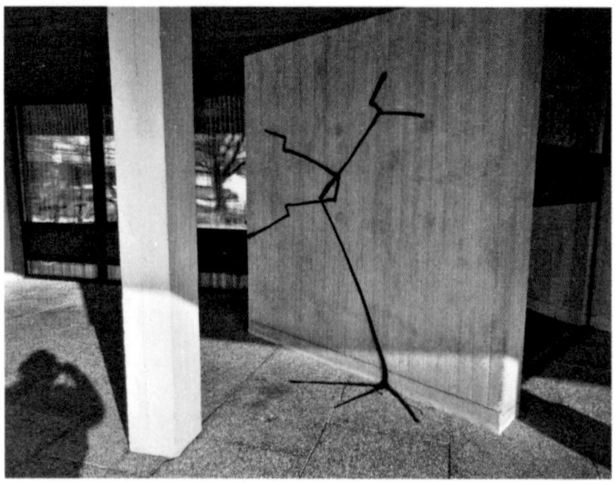

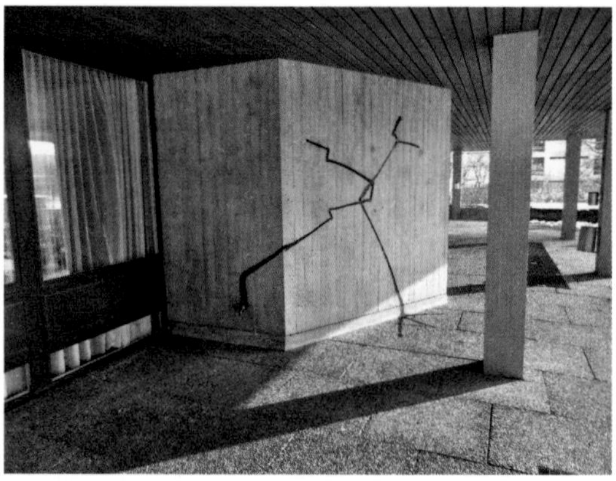

von: harry wolke <urwolke@hotmail.com>
Betreff: norwegen
Datum: 10.01.2015 um 10:59
an: Freunde der Wolke

liebe freunde,
ich bin vor dem abflug nach stavanger, meiner mutterstadt, wo ich meinen bruder A. treffe und vetter und cousinen. in norwegen gibt es viele fische, die ich beobachten will, ob sie auch an land gehen. vorläufig improvisiere ich jetzt mit tuschen. eine gute vorbereitung zu einer reise.
herzlich, eure wolke.

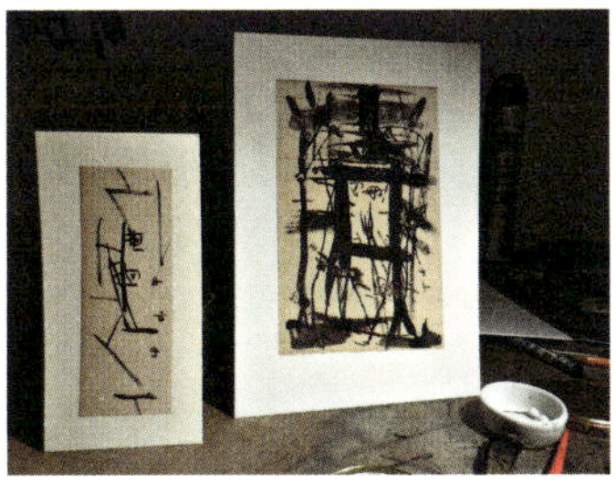

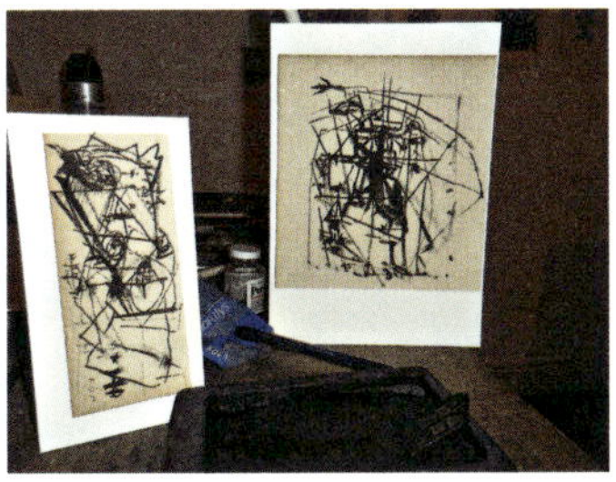

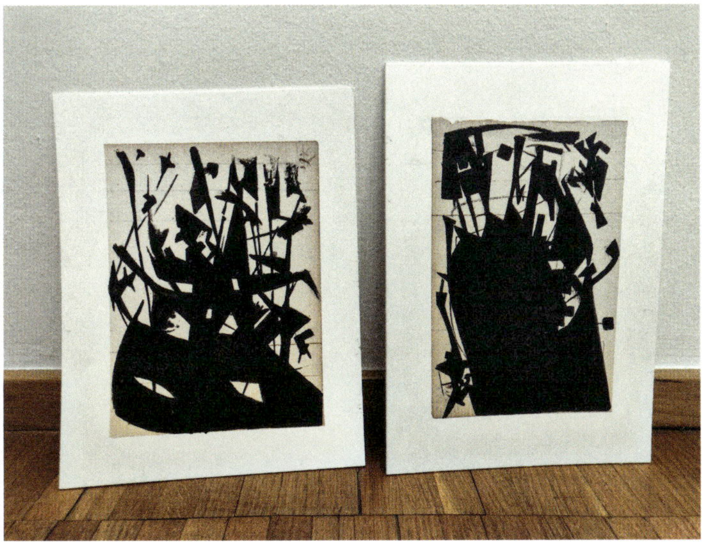

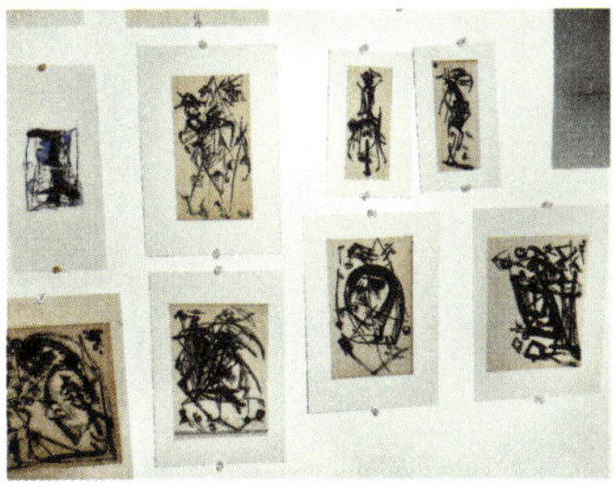

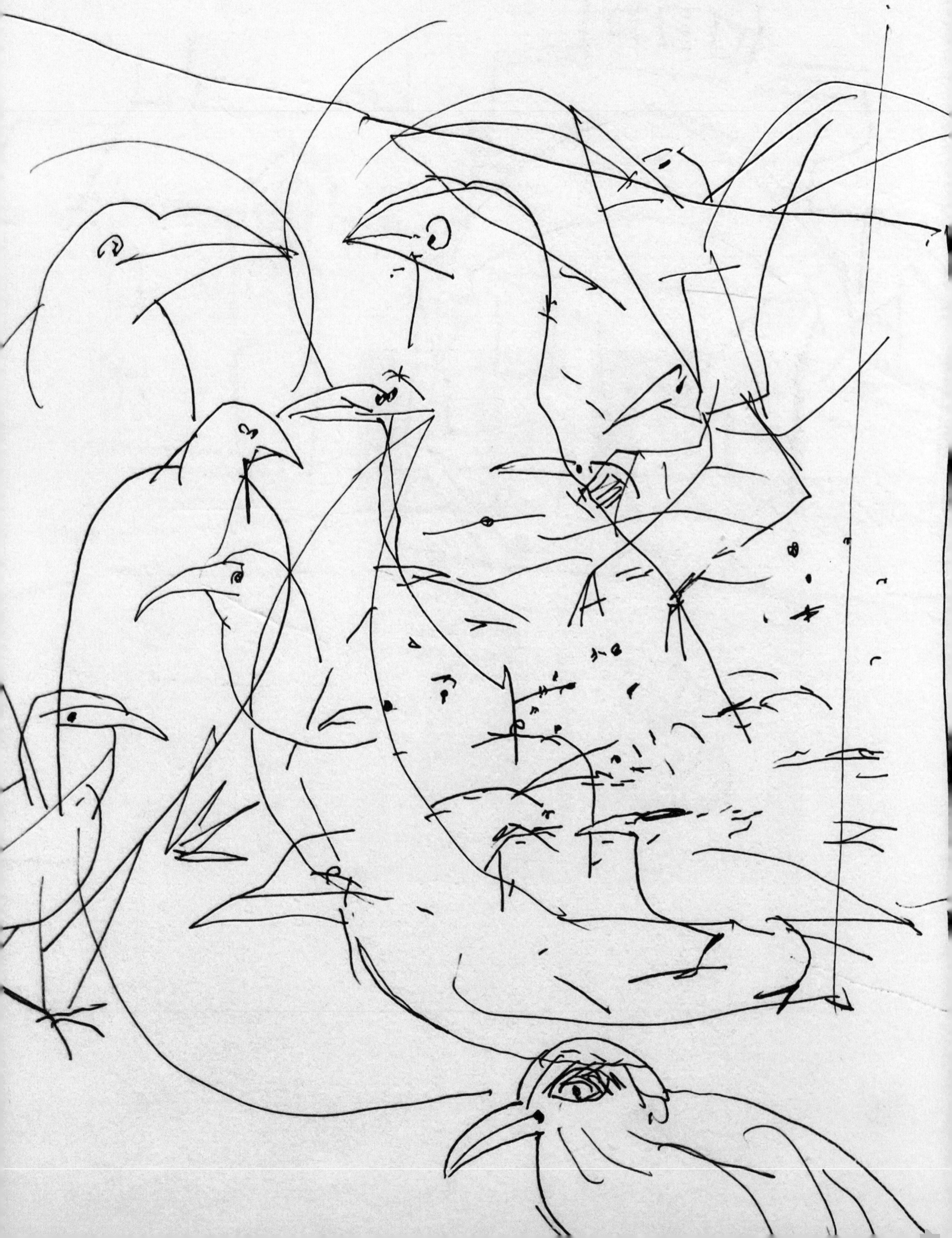

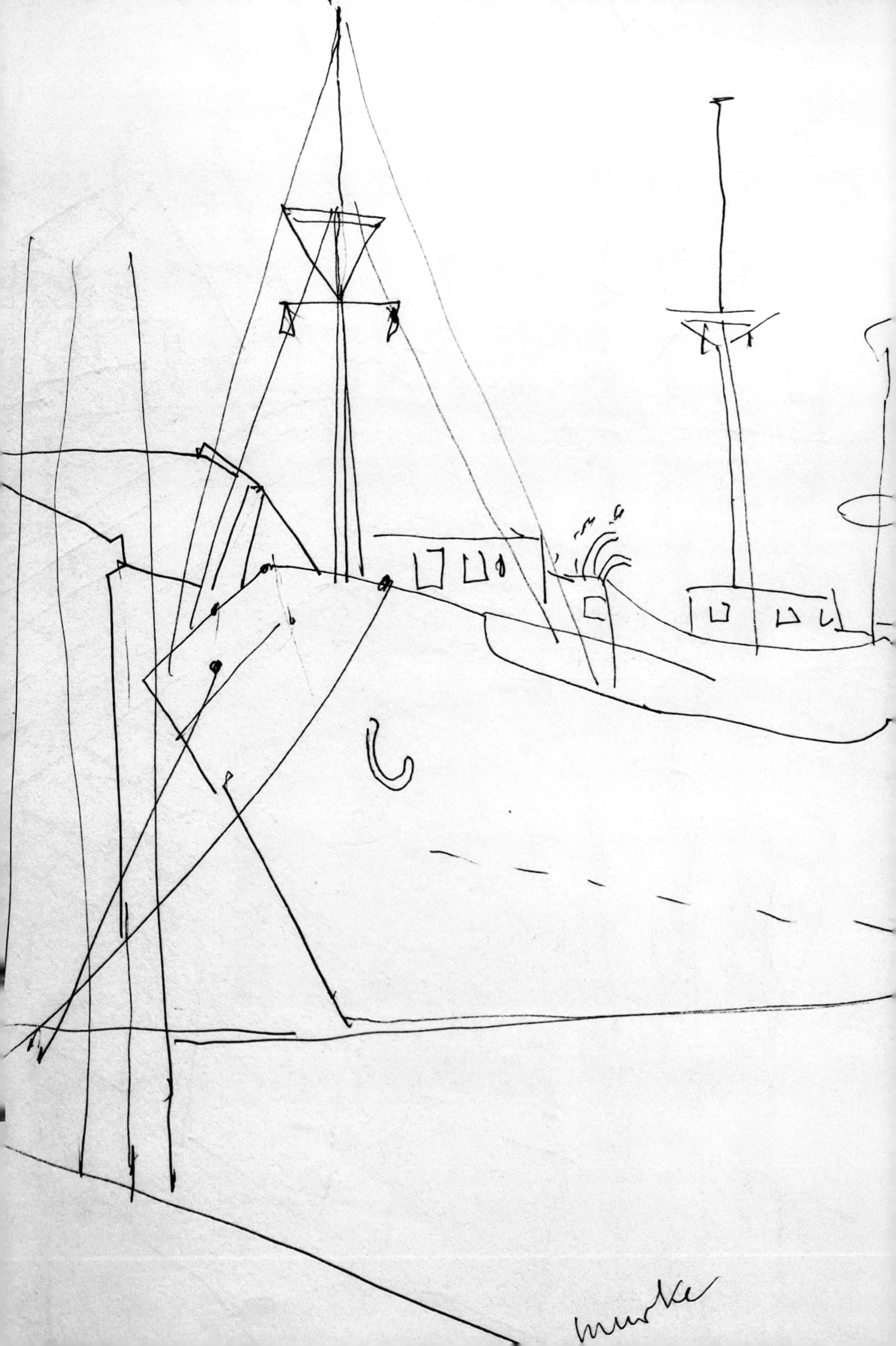

von: harry wolke <urwolke@hotmail.com>
Betreff: wolkenpost aus norwegen
Datum: 21.01.2015 am 20:16
an: Freunde der Wolke

liebe freunde der wolke,
der flug nach norwegen ist vorüber. weder fische noch blitze gingen an land. die bedingungen waren ungünstig. und im winter bleibt die sonne, die wenigen stunden, wo sie überhaupt sichtbar ist, stets auf gleichem niedrigen stand und blendet sehr. ich besuchte orte der kindheit, auch nette verwandte - gewiss aus gelegenheit und neigung. indessen etwas wiederfinden, was ohnehin stets flüchtig ist, ist keine philosophie, denn vergebens suchen wir einen halt im menschen und in dingen. nur im zeichnen war ich nahe bei mir selbst und ebenso gleichzeitig bei mensch und ding!
herzlich, eure wolke

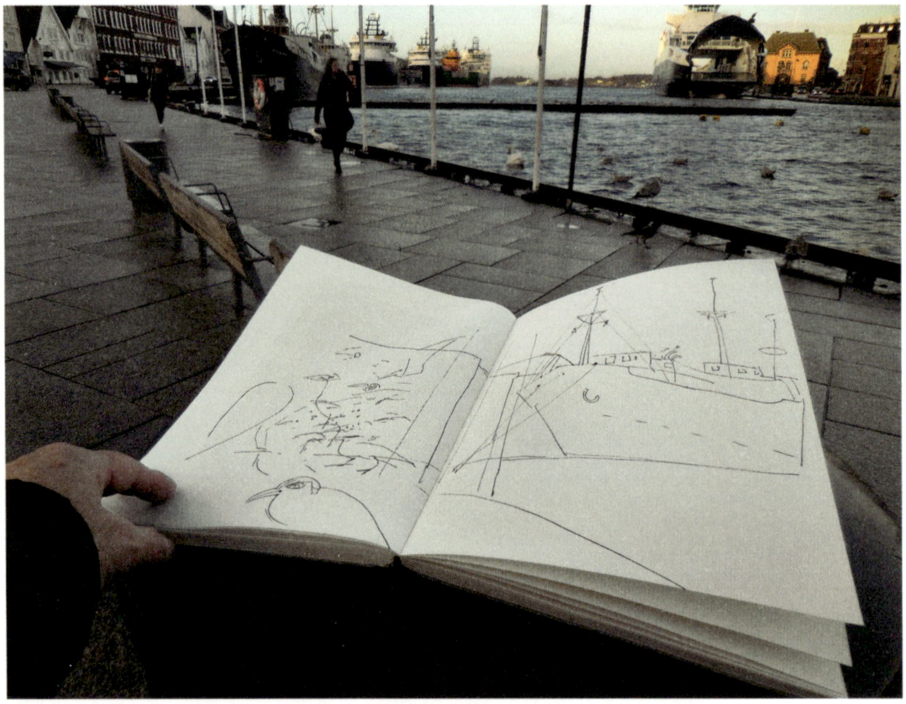

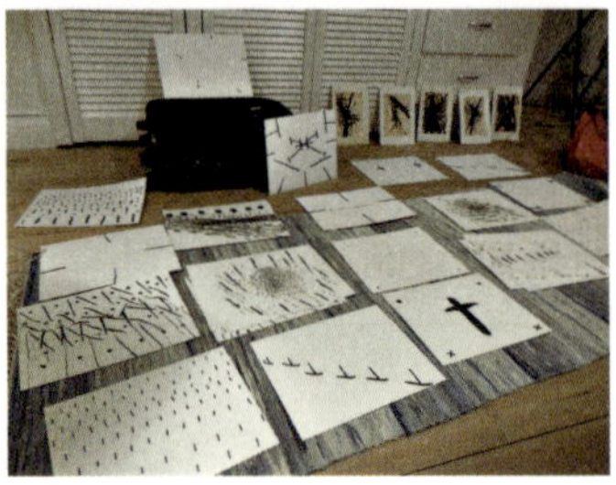

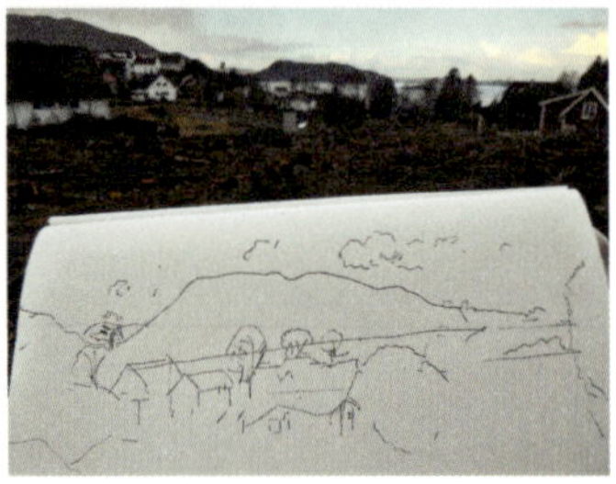

von: harry wolke <urwolke@hotmail.com>
Betreff: neue wolkenpost
Datum: 02.02.2015 um 20:26
an: Freunde der Wolke

Liebe Freunde,
am 4. Feb. gilt es, das Präsidium der Großmünster Kirchgemeinde zu gewinnen, um den schon einmal vor Jahren vorgeschlagenen Totentanz in den Türmen jetzt zu billigen! Die neue Besetzung des Präsidiums ist vielleicht wohlwollender, trotz eingefleischter Bilder-Feindlichkeit dieser Zwinglistadt.
Eine geheime unterirdische Katakombe im Rheinland suchte ich heute auf, um mich für die bevorstehende Aufgabe schaffend zu inspirieren. Dabei fielen mir wieder die Schlussworte von Hölderlins Turmgedicht ein: Leben ist Tod und Tod ist auch ein Leben. Welch ein Rätsel! Doch im Wolkenbild ist auch der Tod voller Leben.
herzliche grüße, eure wolke

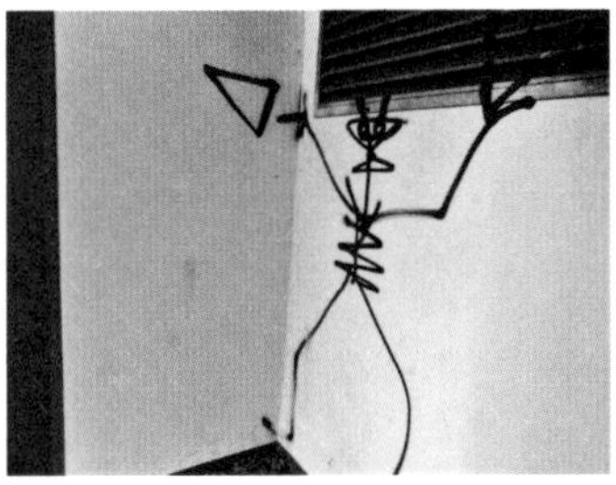

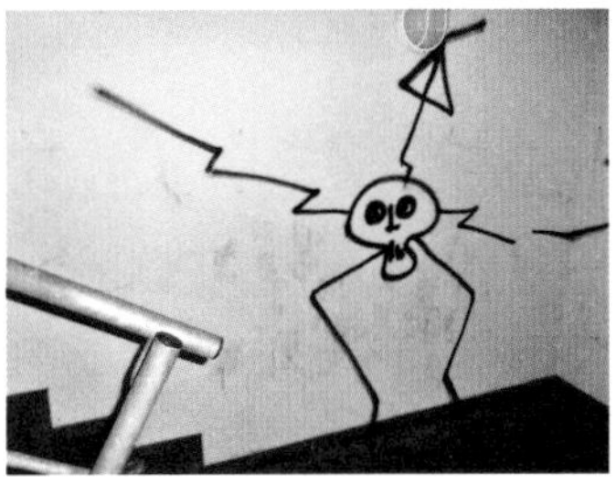

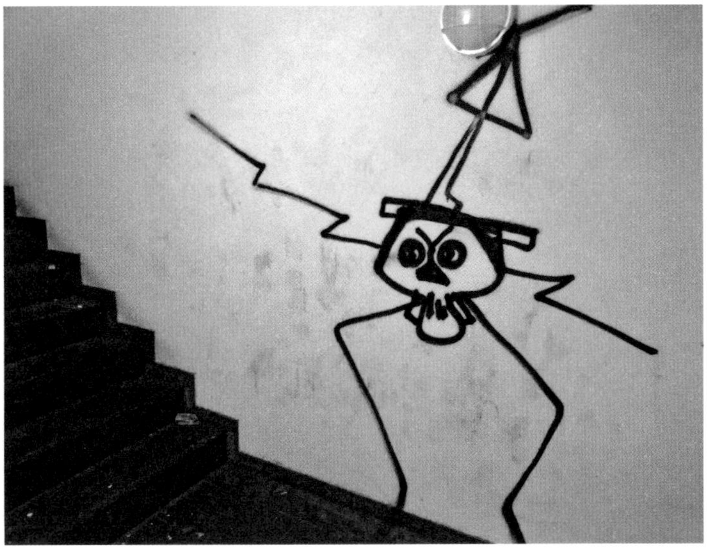

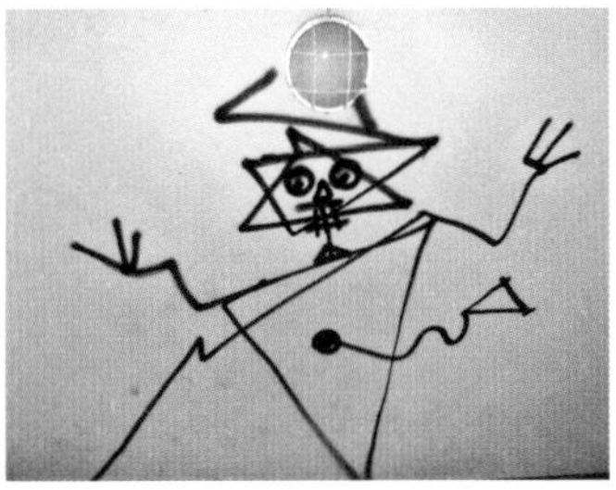

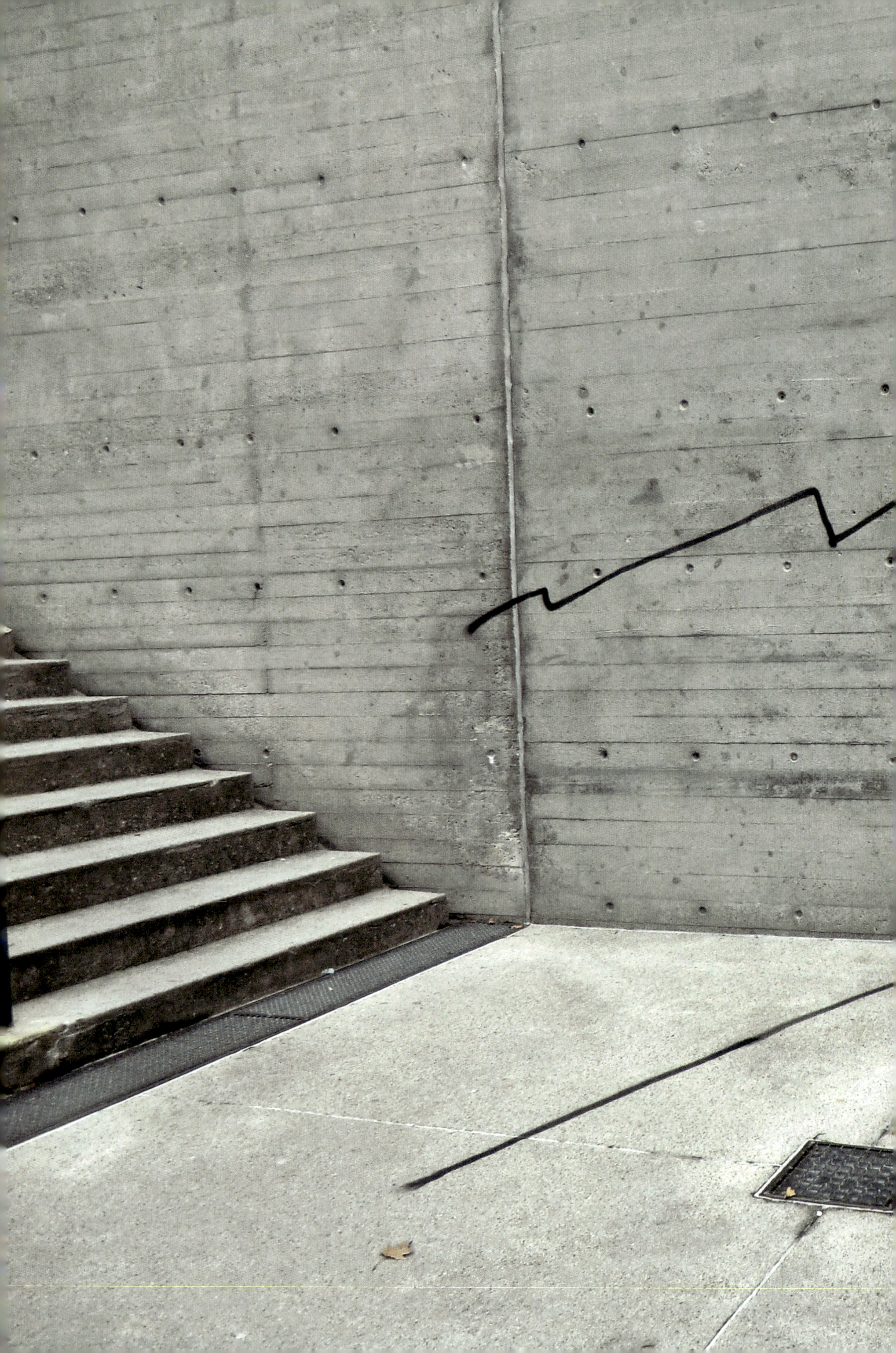

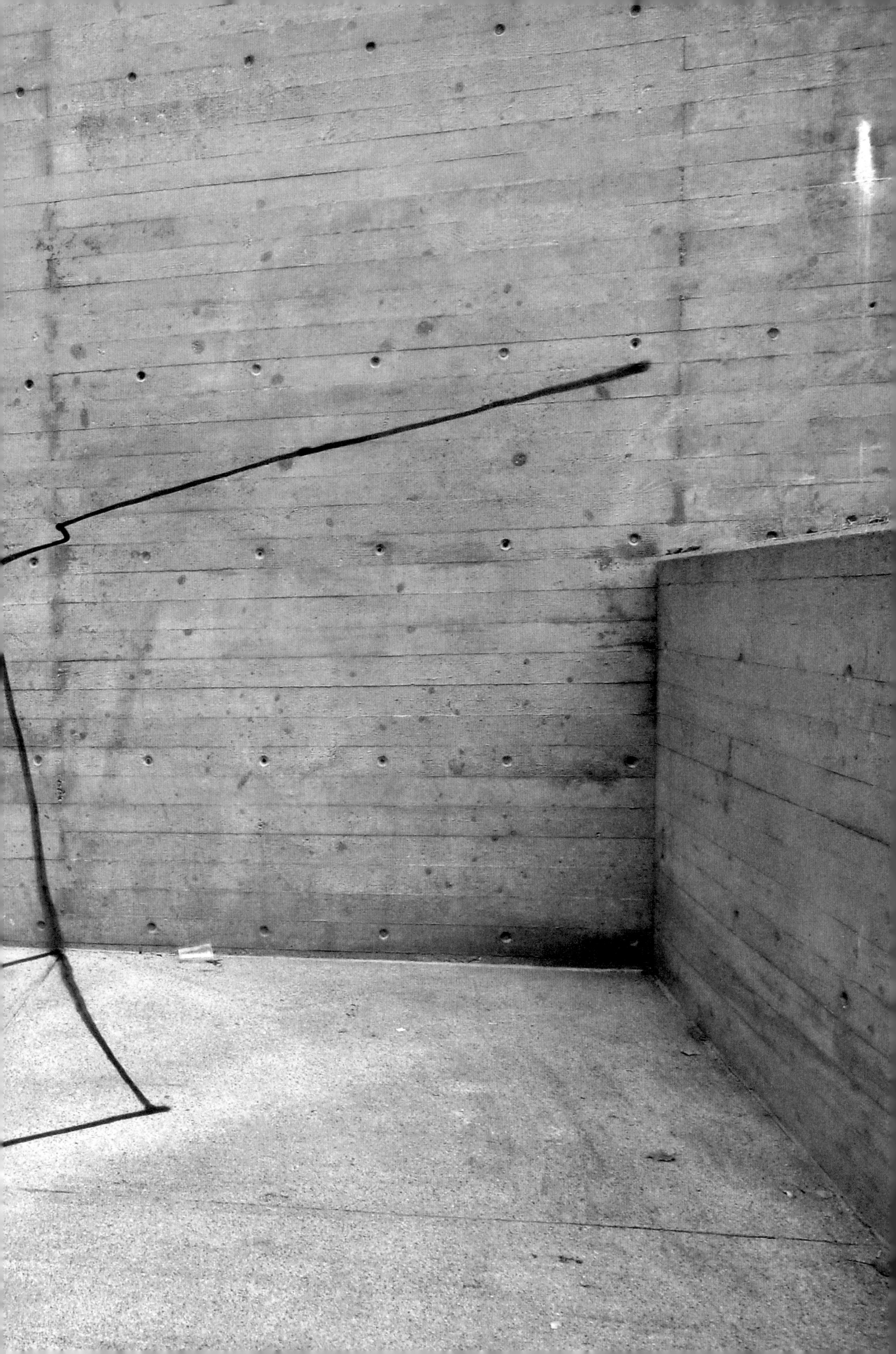

von: harry wolke <urwolke@hotmail.com>
Betreff: Wachstum überall!
Datum: 08.02.2015 um 16:54
an: Freunde der Wolke

liebe freunde,
selbst im und auf dem stein zeigt sich die unendliche naturgeschichte!
und so glaub ich, dass noch geist entquille, in tiefer kalter winterlicher stille!
herzlich grüße, eure wolke

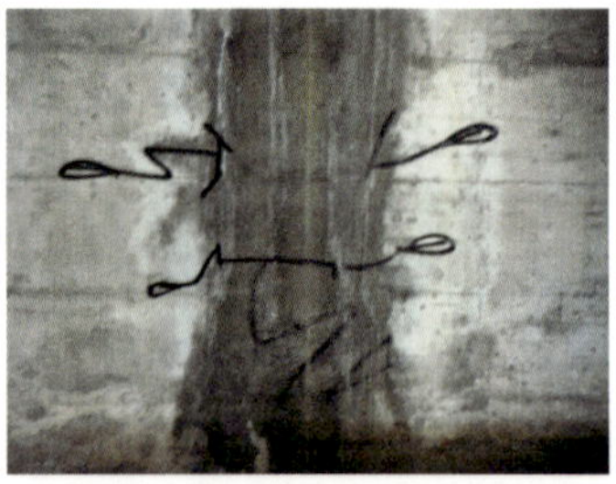

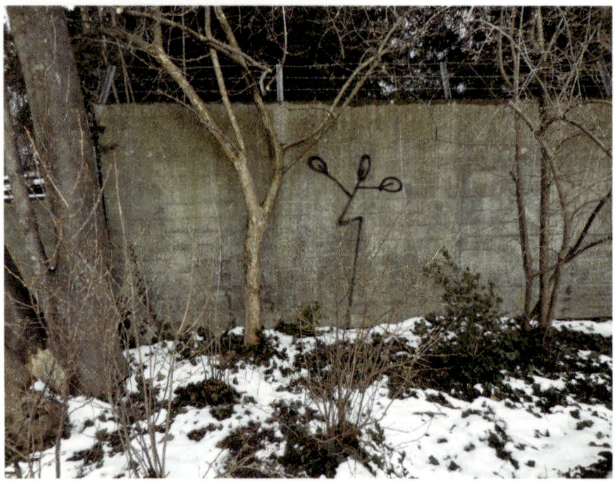

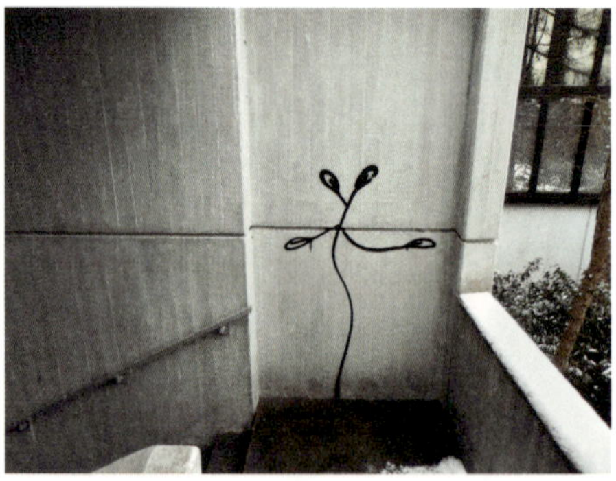

von: harry wolke <urwolke@hotmail.com>
Betreff: wolkenpost
Datum: 14.02.2015 um 21:44
an: Freunde der Wolke

liebe freunde,
für heute zweierlei notate: nämlich aus dem neuen skizzenbuch und aus dem buch der stadt. wesenheit und gestalt, die wandlungen zur geometrie, die alles erhellt und sichtbar macht: schatten und sonnen, leben wie tod, ding wie geist,
sagt die wolke

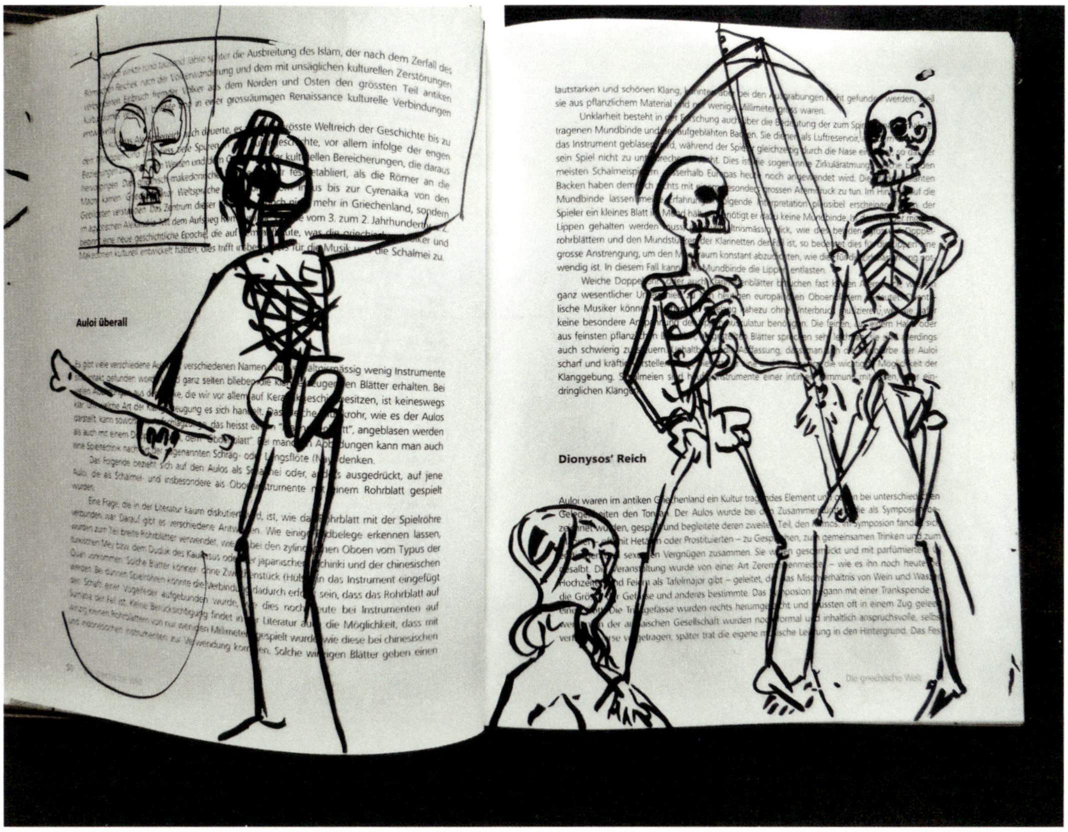

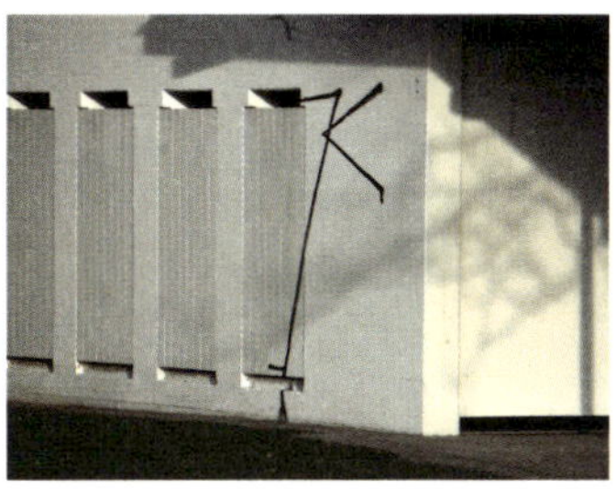

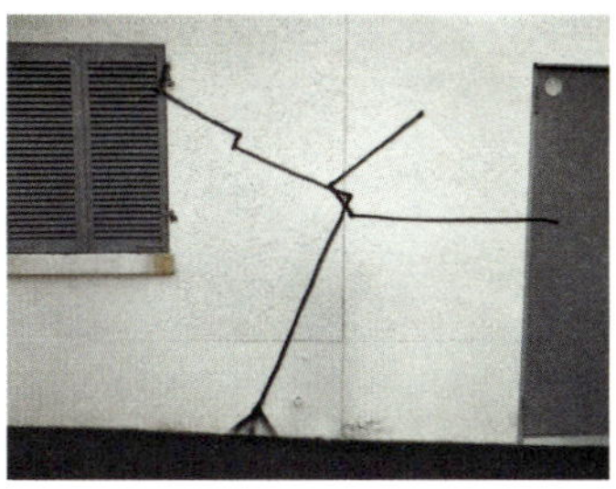

von: harry wolke <urwolke@hotmail.com>
Betreff:
Datum: 17.02.2015 um 13:44
an: Freunde der Wolke:

liebe freunde,
heute morgen fiel mir vor der reise ein, dass der rombusfigur mit den fühlern und blitzen noch die verlängerungen der linien zum boden fehlten. und bei hellerem licht gab es dann auch ein schöneres abbild. immer «gestalten, umgestalten» - so lernen wir im leben am meisten,
sagt die wolke

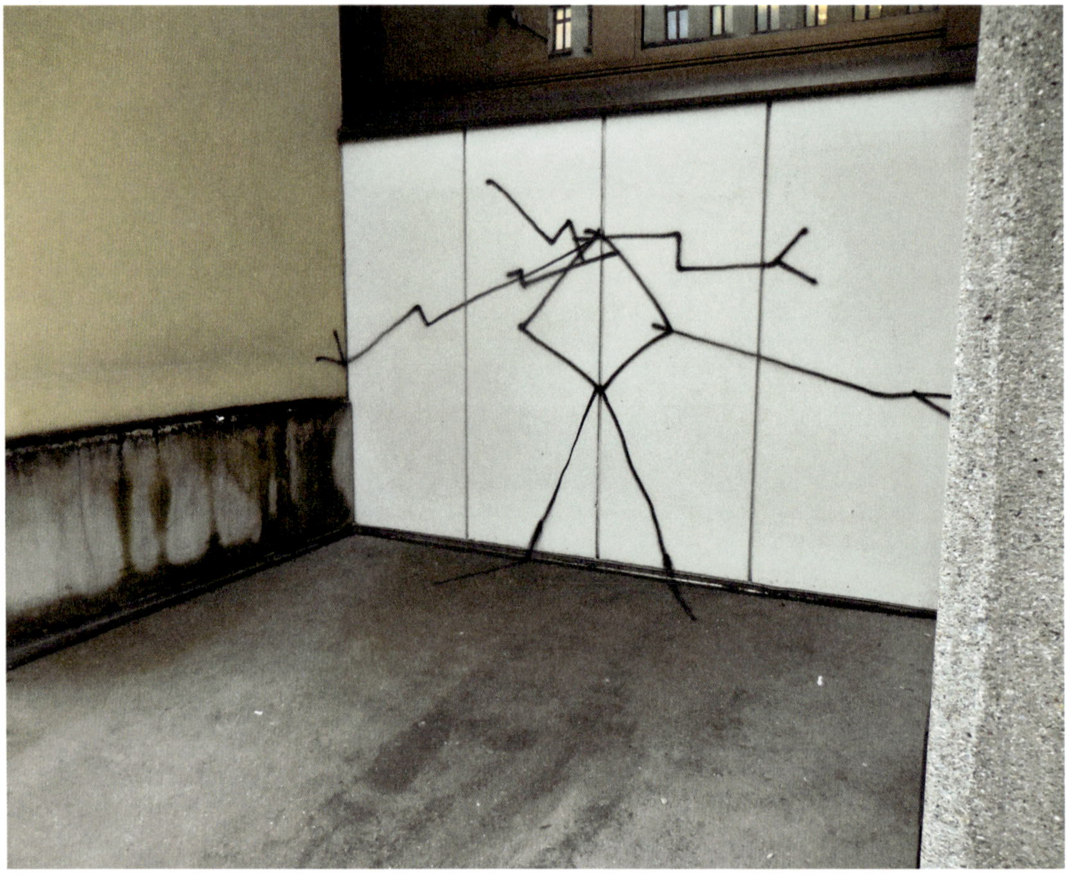

von: harry wolke <urwolke@hotmail.com>
Betreff: wolken post
Datum: 22.02.2015 um 19:51
an: Freunde der Wolke

liebe freunde, die schönheit der geometrie, die schönheit der tat und die schönheit der freiheit, nach der wir immer streben! herzlich, eure wolke

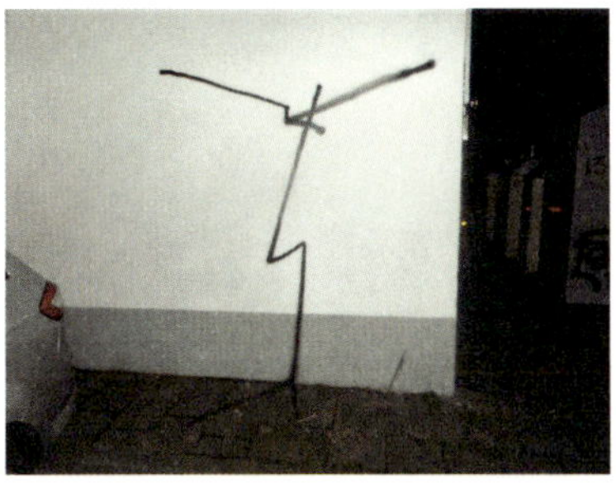
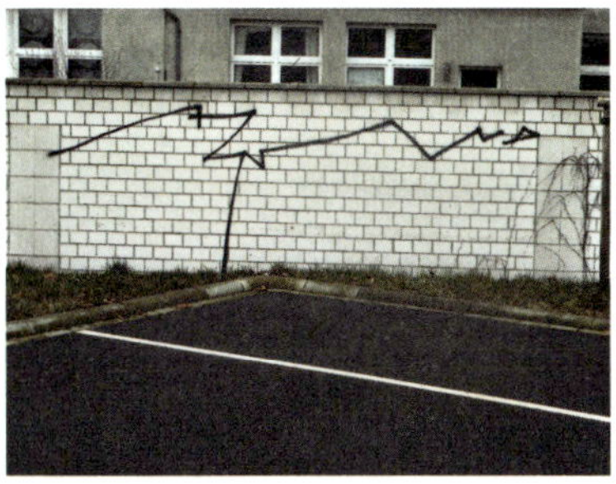
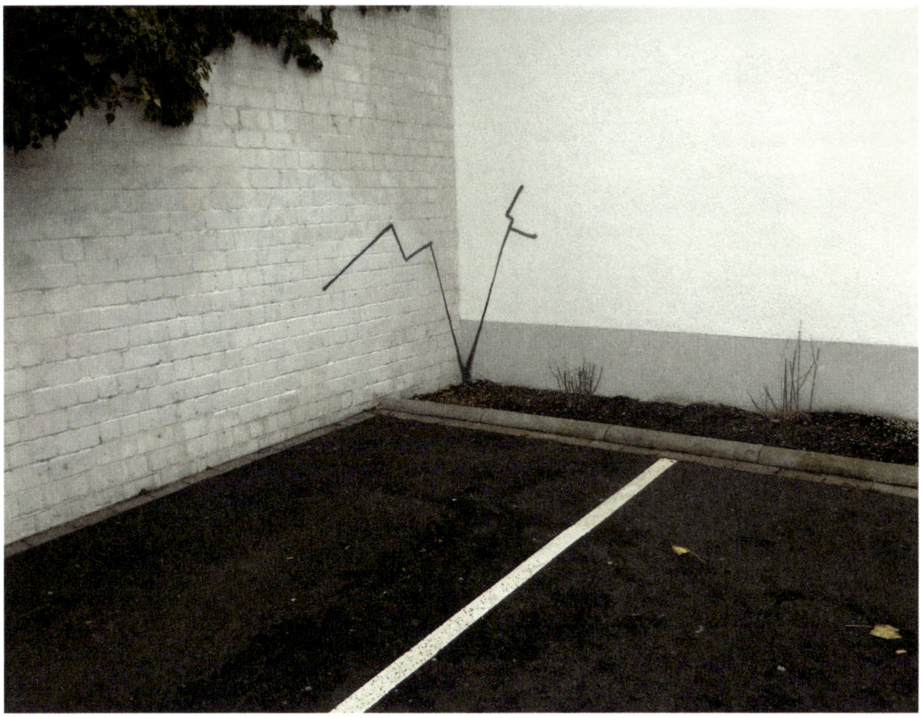

von: harry wolke <urwolke@hotmail.com>
Betreff: post aus der wolke
Datum: 28.02.2015 um 20:32
an: Freunde der Wolke

liebe freunde,
wüssten wir nicht, dass die spraylinien ausdruck einer revolte sind, so würden wir sie gewiss einfach als einen teil der natur ansehen, mit der sie wundervoll korrespondieren. aber eben weil wir menschen sind, werten wir stets und immer. z.b. der baum muss weg, weil er die aussicht stört, oder die linie muss weg, weil sie erinnert, nämlich an die freiheit der lüfte,
sagt die wolke

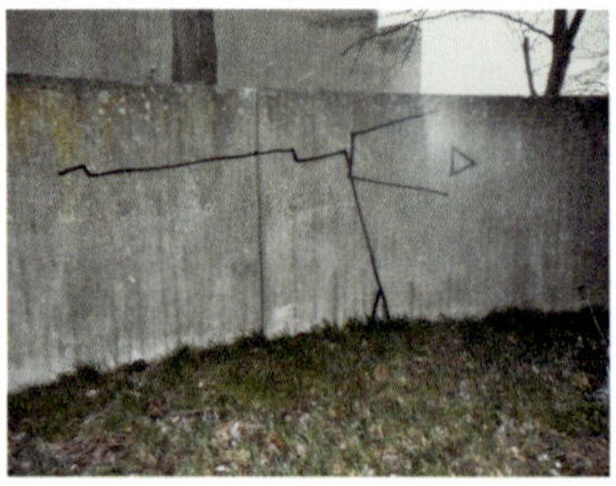

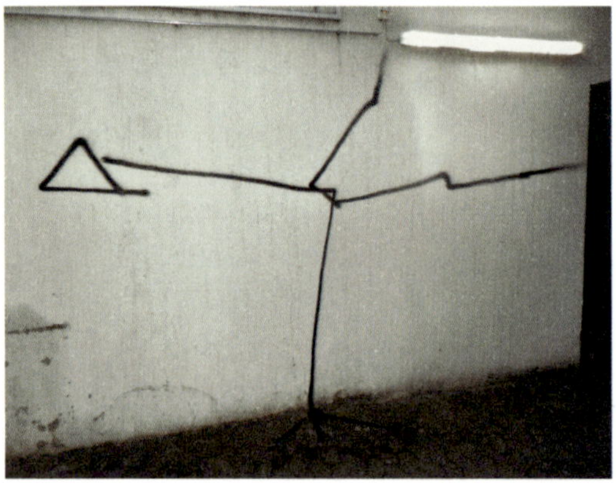

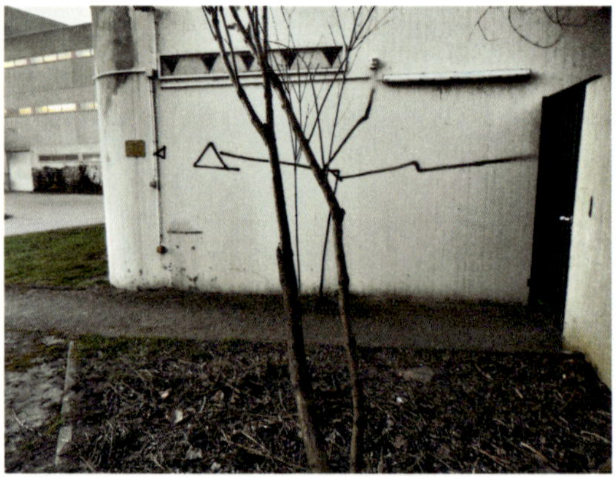

von: harry wolke <urwolke@hotmail.com>
Betreff: lautlose blitze
Datum: 18.03.2015 um 20:44
an: Freunde der Wolke

liebe freunde,
zu viele implosionen im raum der seele, und zu wenig explosionen (entladungen) des geistes im realen außenraum der polis.
sagt die wolke

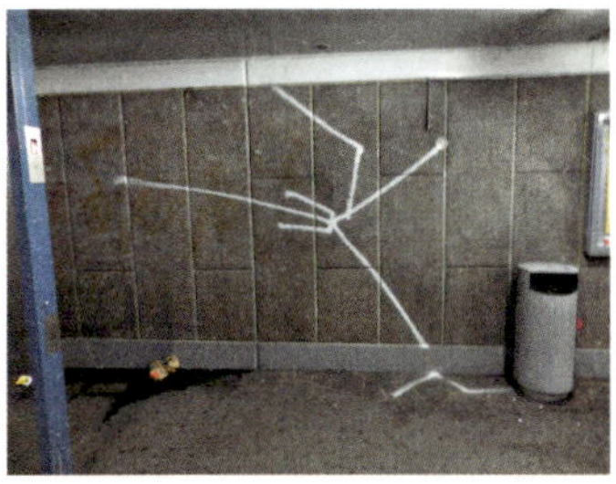
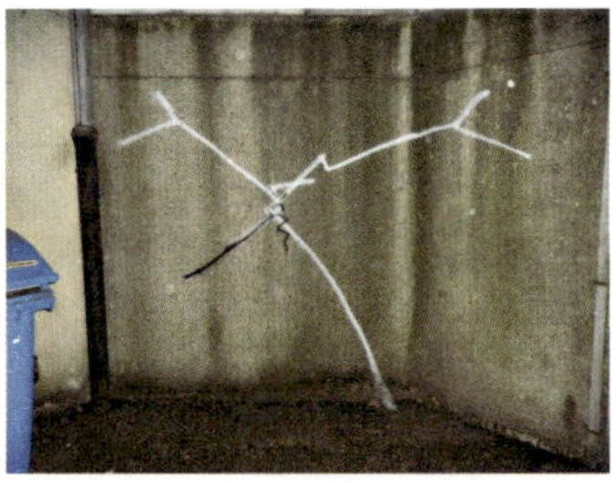
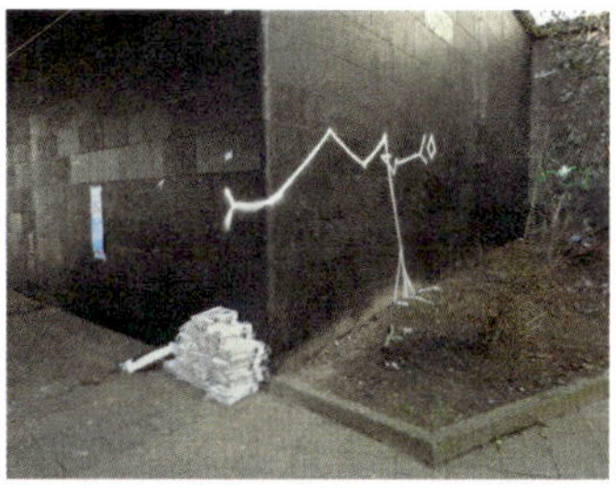
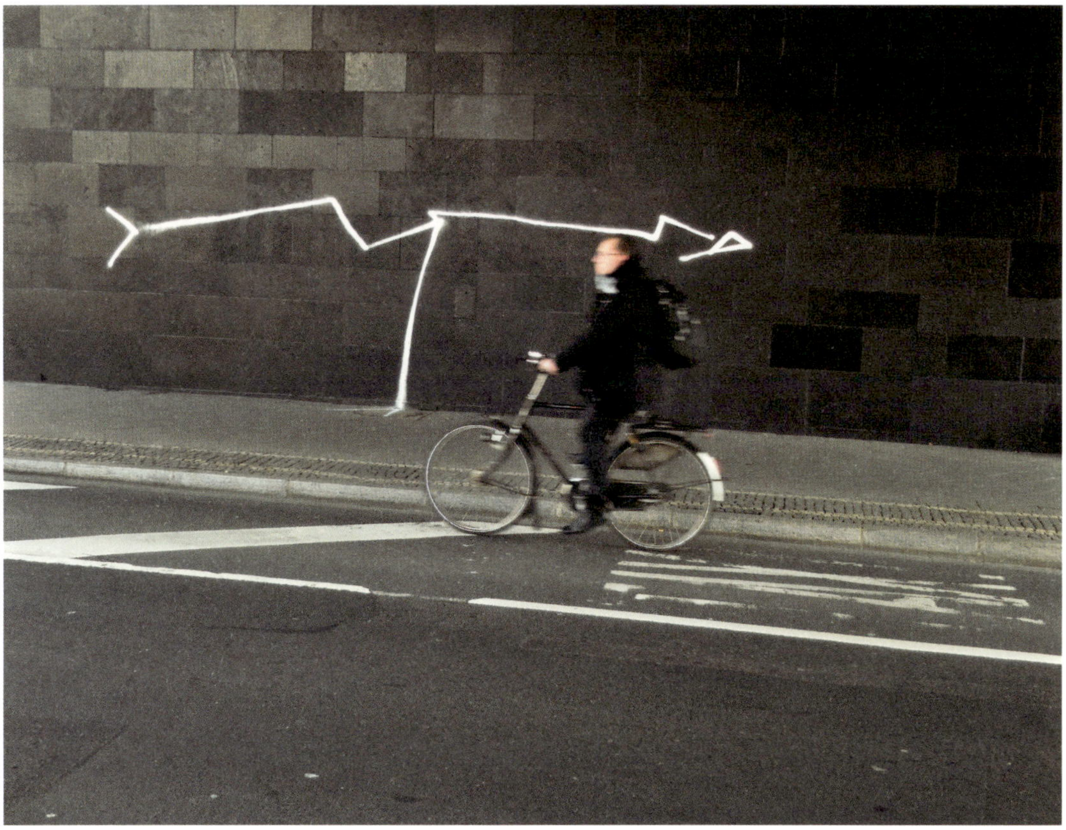

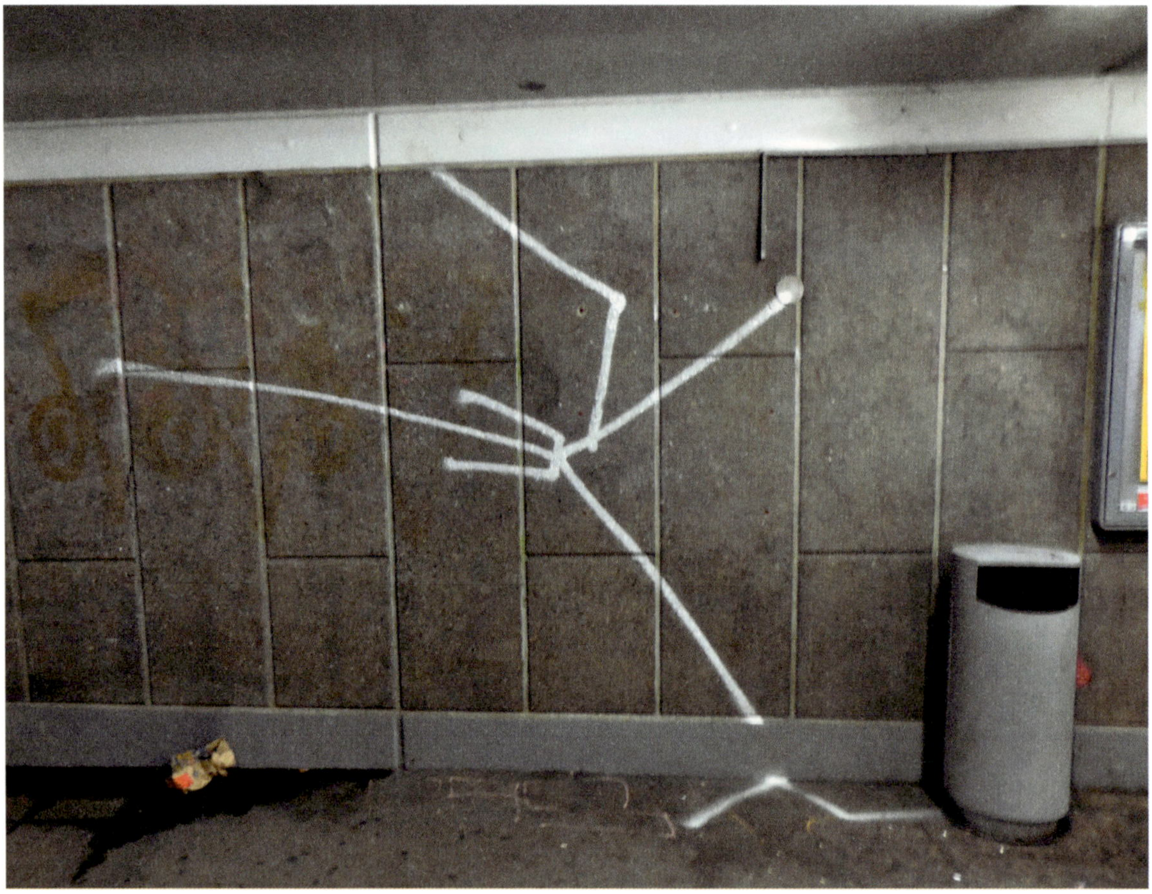

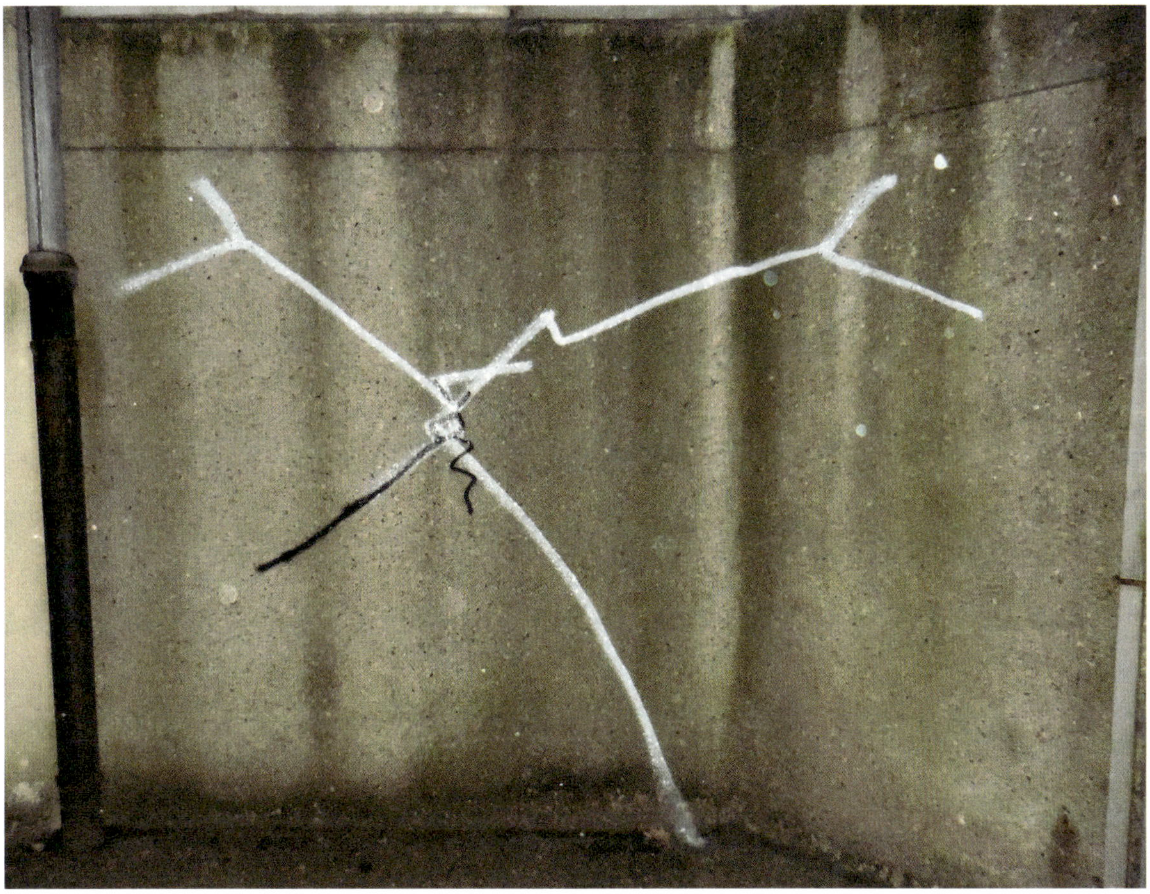

von: harry wolke <urwolke@hotmail.com>
Betreff: die krähenfüße
Datum: 27.03.2015 um 14:53
an: Freunde der Wolke

liebe freunde,
oft bleibt nach dem eifer der putzteufel von meinen himmlischen grüßen nur der verräterische krähenfuß am boden zurück, woraus aber oft wieder neue grüße (blitze) hervorschießen. herzlich, eure wolke

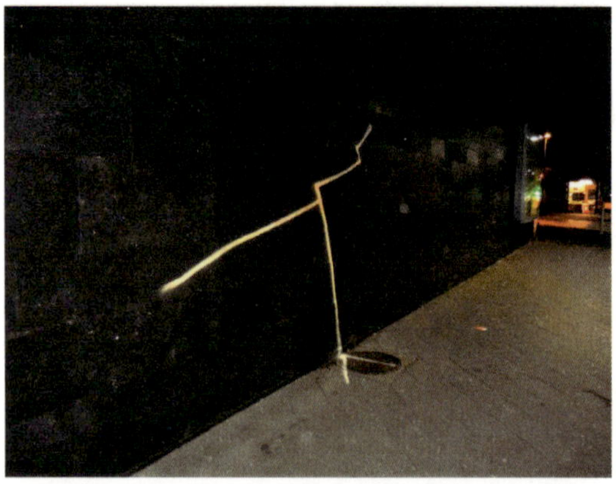
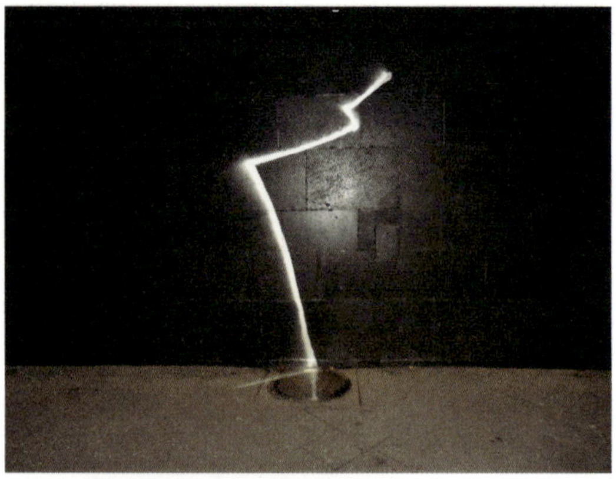
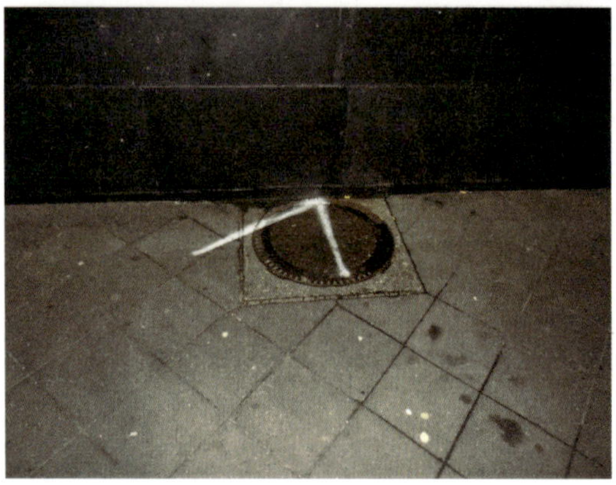
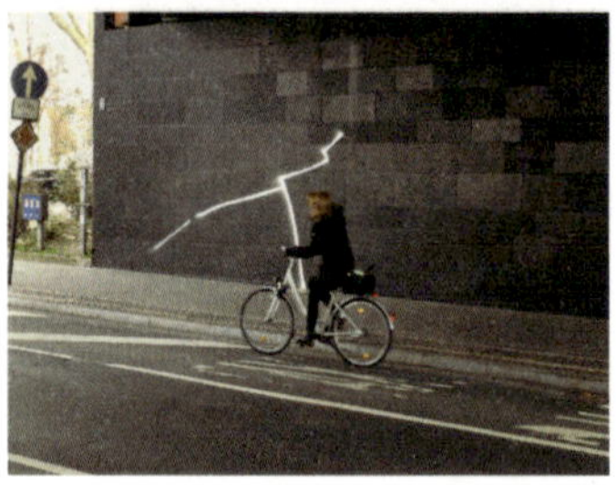

von: harry wolke <urwolke@hotmail.com>
Betreff: MIRÓS MORD IN ZÜRICH!
Datum: 18.10.2015 um 13:21
an: Freunde der Wolke

LIEBE FREUNDE!
«ICH WILL DEN MORD DER MALEREI!», SAGTE DER GENIALE MALER JOAN MIRÓ! WAS MEINTE ER DAMIT EIGENTLICH? ER MEINTE, MALEREI ALS BLOSSE KAPITALANLAGE. UND BLOSSE AESTHETISCHE ERBAUUNG IST DER TOD DES LEBENS!
DAS HAT EINE AUFMÜPFIGE JUGEND IN ZÜRICH ENDLICH BEGRIFFEN!
SIE LÄSST SICH VOM MEISTER INSPIRIEREN UND ZEIGT IHREN AUFERWECKTEN GEIST MIT DOSEN, SCHABLONEN, COLLAGEN AUF DER STRASSE!
ALSO MIT DER WAHREN ANTIMALEREI!
HERZLICHE GRÜSSE, EURE WOLKE

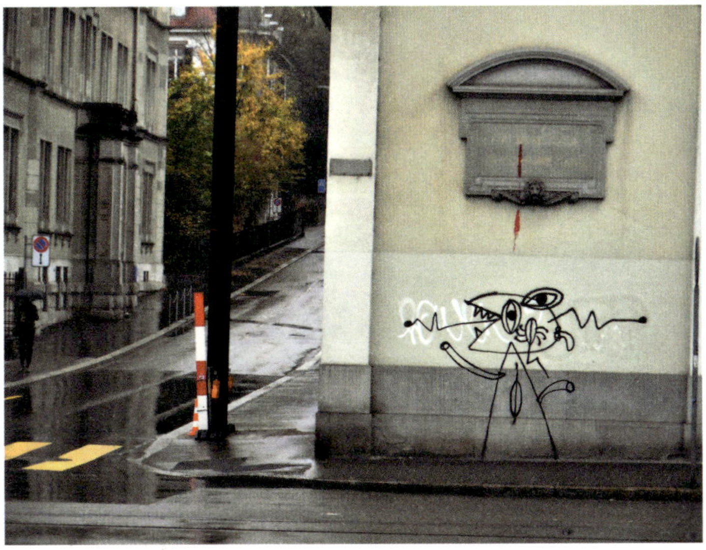

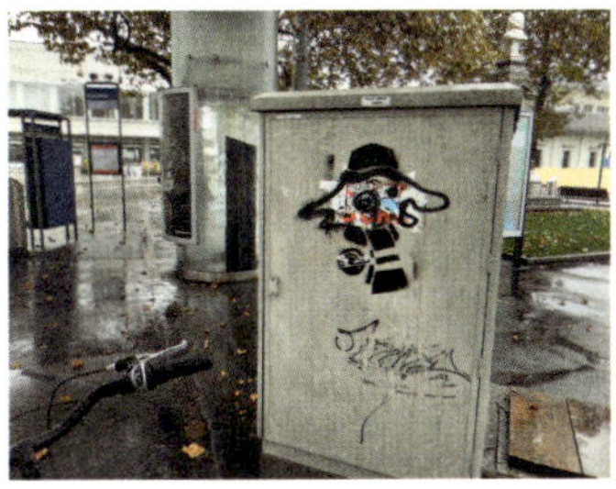

von: harry wolke <urwolke@hotmail.com>
Betreff: NEUE WOLKENPOST
Datum: 27.10.2015 um 09:57
an: Freunde der Wolke

liebe freunde!
die symbole der staatsmacht sind die wanzen! sie sind unberechenbar, aber ganz selten scheinen sie ebenfalls der meinung zu sein, dass unsere gesellschaft nicht stets und immer von einem außer rand und band geratenen kapitalismus mit werbung und reklame bombardiert werden muss! man weiß allerdings nicht: wollen sie die sich feilbietende werbung liebkosen oder nur bekoten?
herzlich, eure wolke

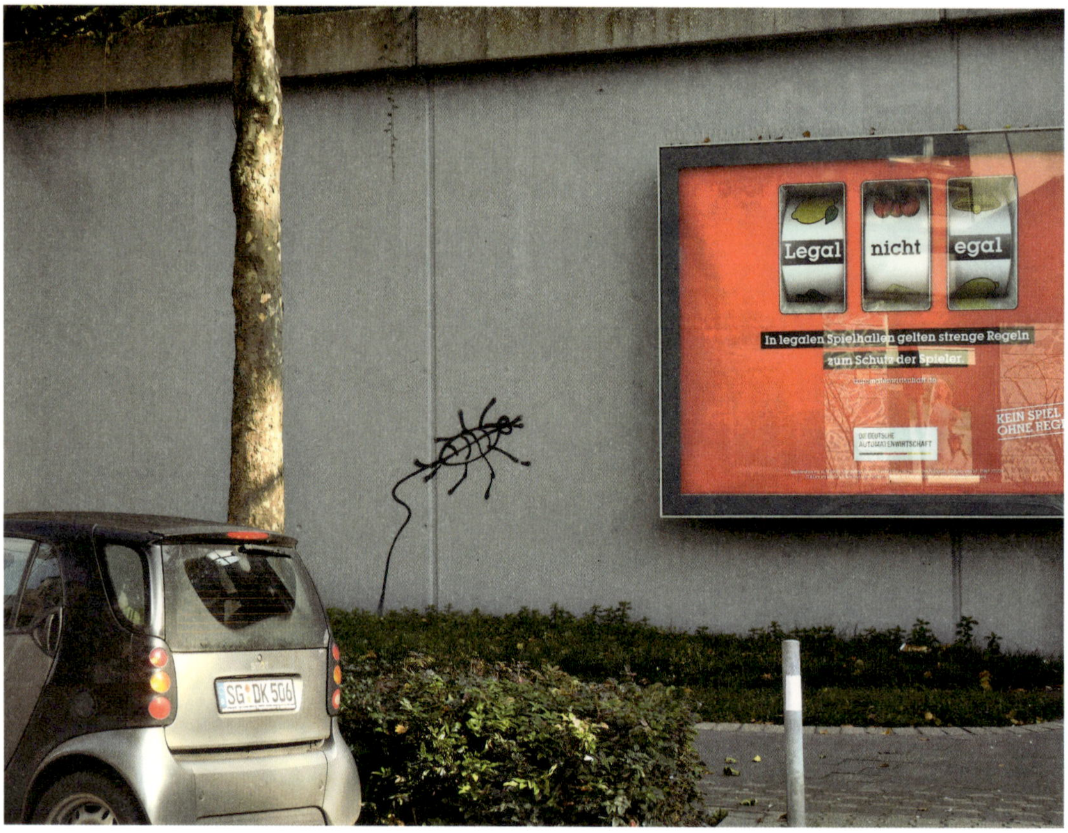

von: harry wolke <urwolke@hotmail.com>
Betreff: RIESIGE WANZEN!
Datum: 01.11.2015 um 19:41
an: Feunde der Wolke

liebe freunde!
samuel beckett meinte: weh dem, der symbole sieht! aber ist nicht alles, was wir gestalten symbol? und alles, was wir sehen sind ebenso symbole!
so wölben sich aus den allgegenwärtigen betonflächen mächtige wanzen als symbole der gefahr und des schreckens über einer verabschiedeten vernunft. die aktuelle kunst wird immer mehr zur zeitsprache eines noch kommenden globalen unheils!
sagt die wolke

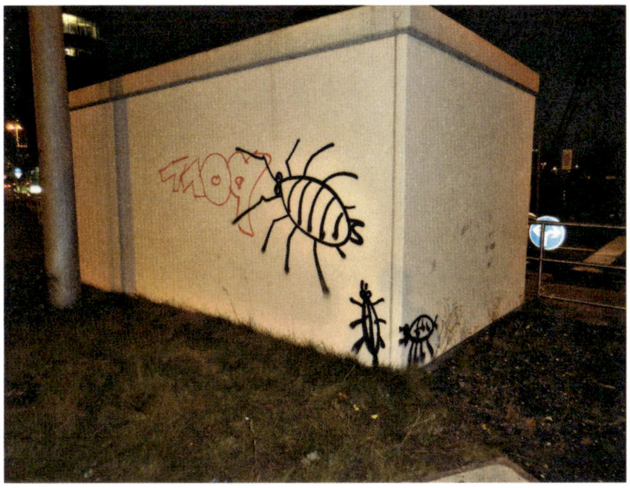

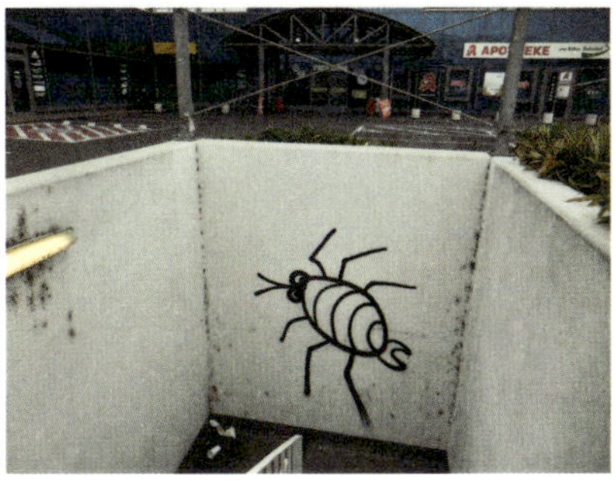

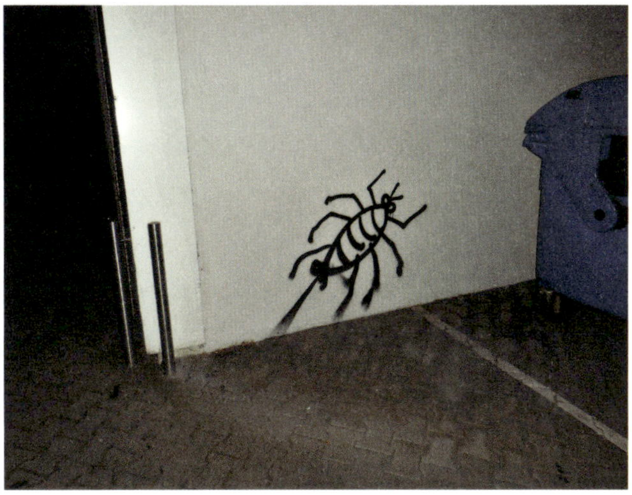

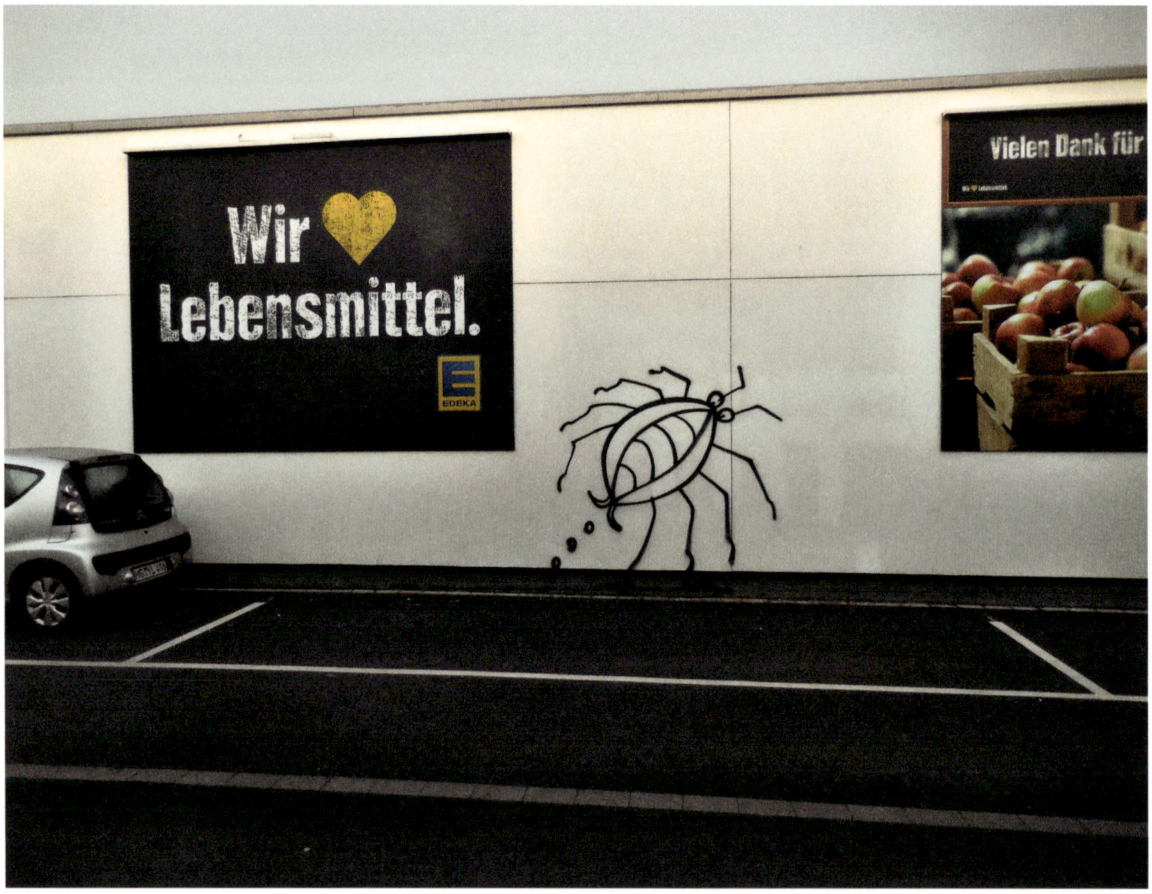
Wir
Lebensmittel.
EDEKA
Vielen Dank für

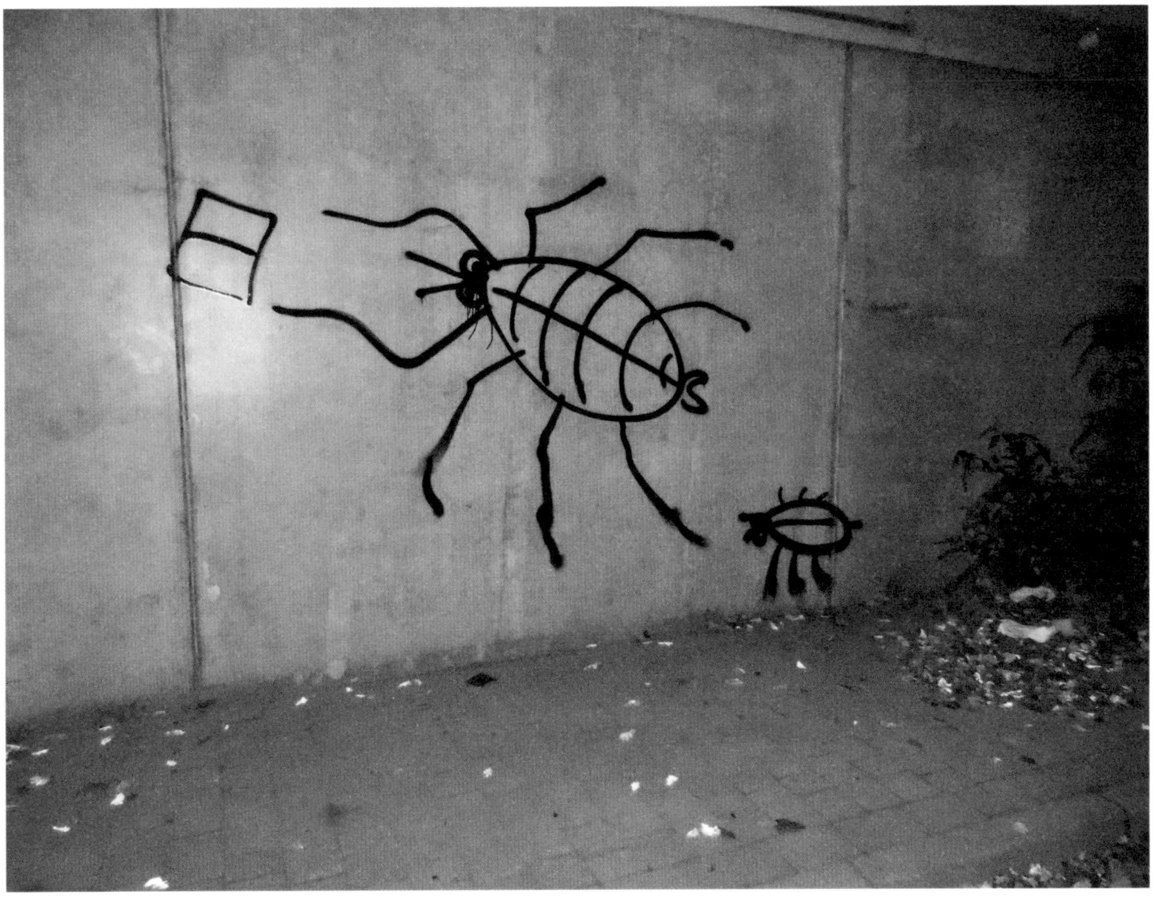

von: harry wolke <urwolke@hotmail.com>
Betreff: der neue anthropos oder die verwandlung
Datum: 05.11.2015 um 21:11
an: Freunde der Wolke

liebe freunde!
«als gregor samsa eines morgens aus unruhigen träumen erwachte, fand er sich in seinem bett zu einem ungeheuren ungeziefer verwandelt.»
sind wir nicht schon längst allesamt käfer und wanzen, die in einem aberwitzigen wirtschaftsbetrieb gleich gregor samsa herumkrabbeln? das automobil ersetzt die mama, das handy und der pc jedoch den papa, und alles zusammen ist der fortschritt zum neuen menschen und anthropos!
meint die wolke

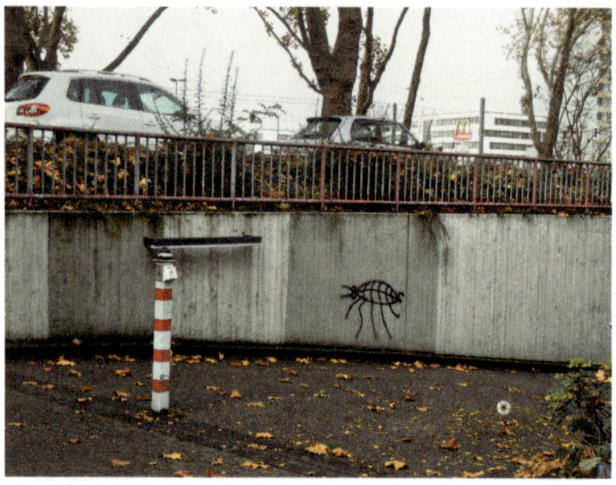

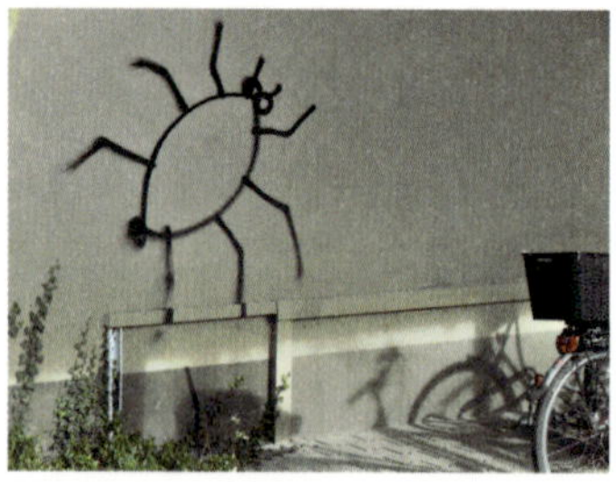

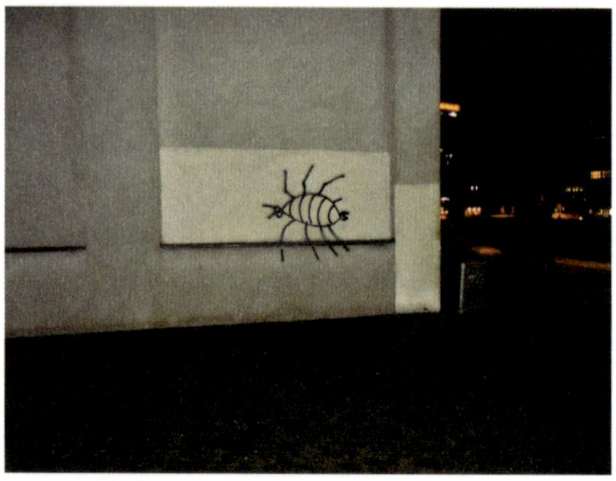

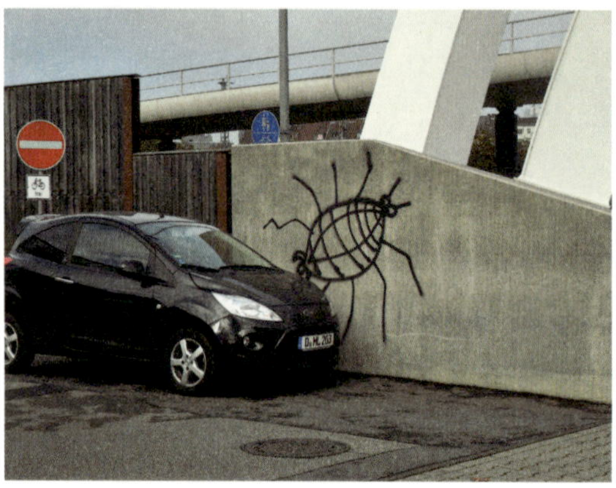

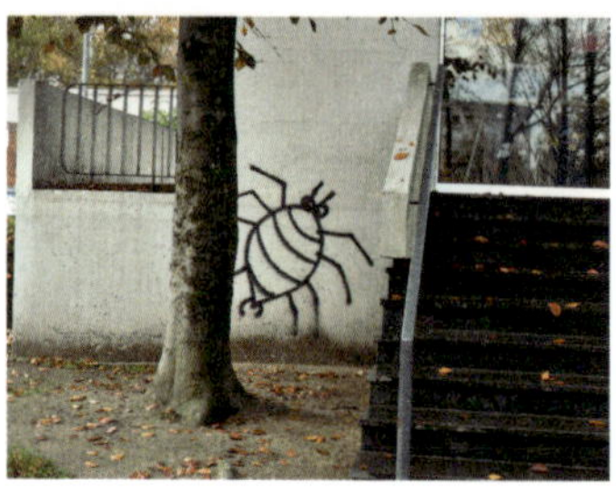

von: harry wolke <urwolke@hotmail.com>
Betreff: DER KUNSTBEGRIFF DER WOLKE
Datum: 10.11.2015 um 10:32
an: Freunde der Wolke

Liebe Freunde!
Der Kunstbegriff der Wolke ist allumfassend auf den gesamten Lebensraum und der Tätigkeit der Menschen bezogen. Er ist nicht beschränkt auf legalisierte Kunstorte wie Museen, Gallerien usw: Er ist politisch und antikapitalistisch. Er beruht auf der Grundlage der Ethik und der Vernunft, und verwahrt sich gegen jegliche Gewalt, sowohl mentaler wie physischer!
herzlich, eure wolke

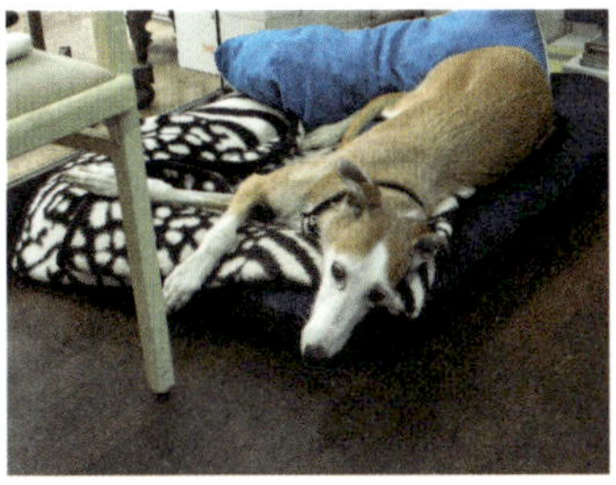

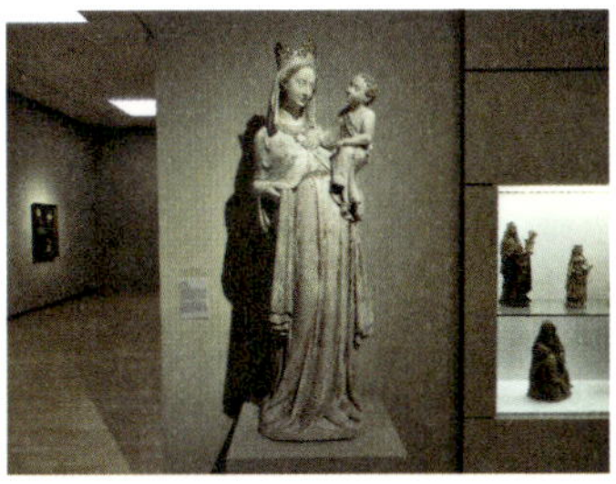

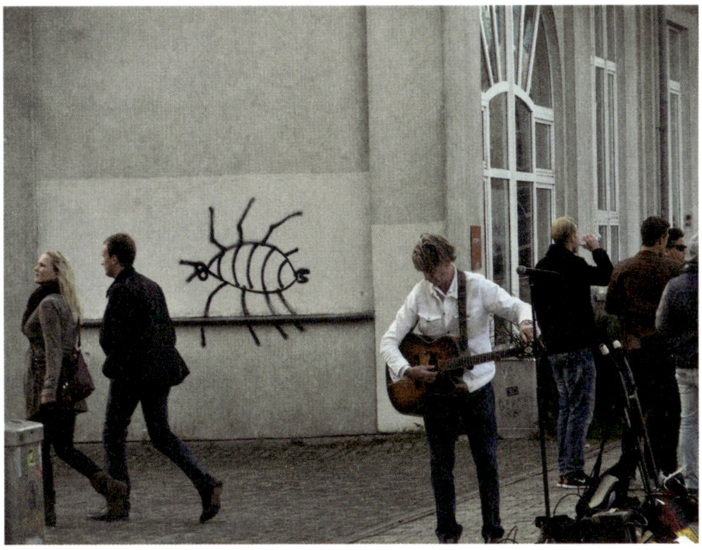

von: harry wolke <urwolke@hotmail.com>
Betreff:
Datum: 24.11.2015 um 19:52
an: Freunde der Wolke

Liebe Freunde!
Was wollen die Wanzen uns sagen? Sie sind weder schön noch hässlich! Sie sind «wanzig» (ein neuer Kunstbegriff?). Obwohl sie als Menetekel einer total verkehrten Lebensführung auf dem Land, in der Stadt, in der Luft, auf dem Wasser unmissverständlich sind, registieren die Gehirne einzig: Wo sie erscheinen, gehören sie nicht hin! Denn sie sind verboten! Sie stören das Behagen einer verrückt gewordenen Markt- und Konsumgesellschaft, und weil sie ihre Botschaften umsonst mitteilen, statt zu verkaufen, sind sie nicht glaubwürdig! Und mit der Wahrheitkann man keine Geschäfte machen oder eine Wahl gewinnen!
Sagt die Wolke!

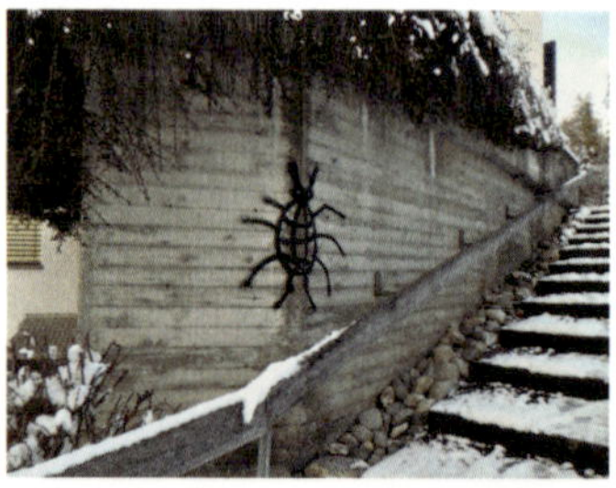
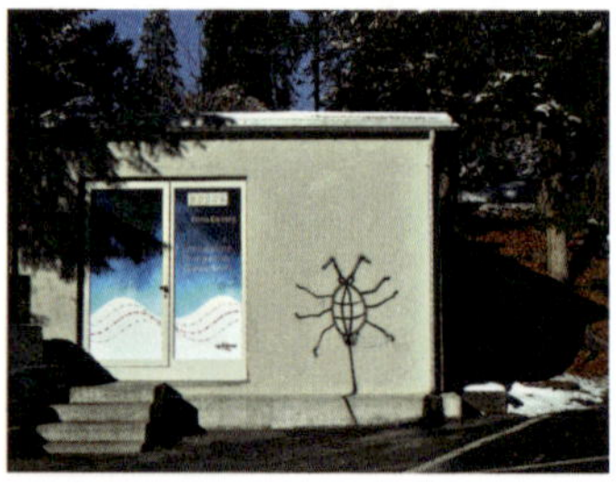
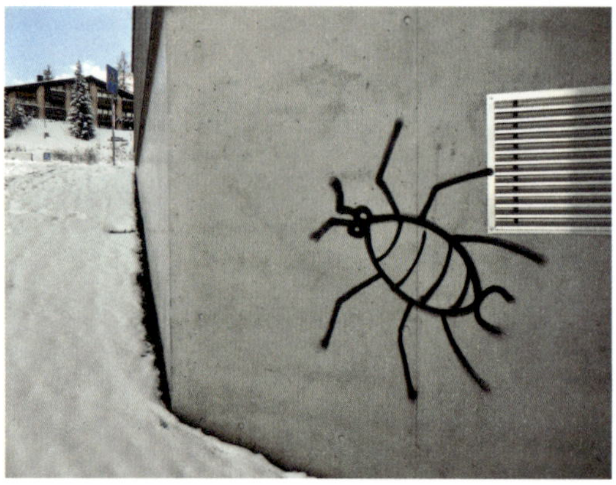
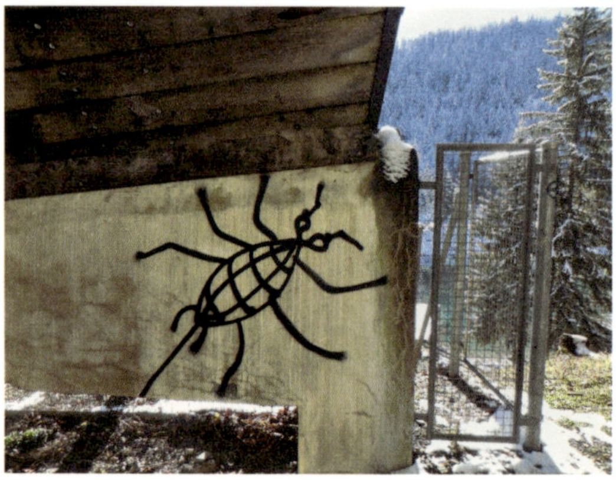

von: harry wolke <urwolke@hotmail.com>
Betreff: NEUE WOLKENPOST
Datum: 10.12.2015 um 12:58
an: Freunde der Wolke

LIEBE FREUNDE!
DIE WANZEN, ALS VERGEBLICHE MAHNMAHLE ÜBER DEN ENDLOSEN TANZ DER GESELLSCHAFT UM DAS GOLDENE KALB, HABEN SICH VERZOGEN UND FISCHE WIE BLITZE ALS DIE GEGENBILDER ZUR MACHT SIND WIEDER AUFERSTANDEN! BEACHTEN SIE BITTE, WIE DER BLITZ DIE GESTALT EINES MEDITIERENDEN BUDDHA ANGENOMMEN HAT!
HERZLICH, EURE WOLKE

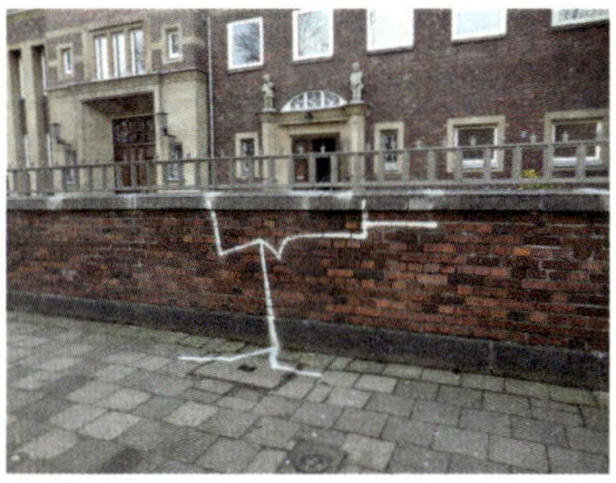

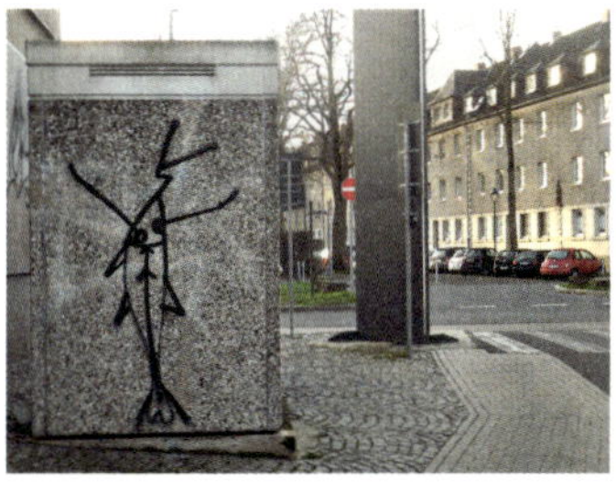

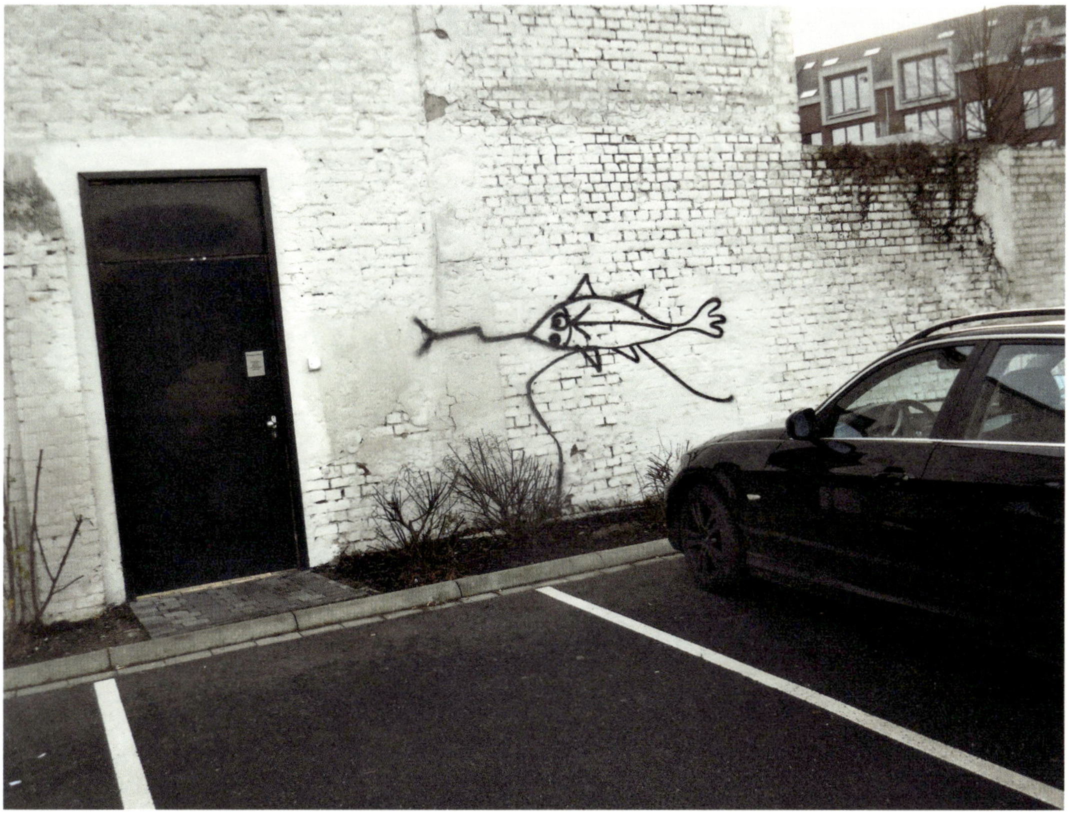

von: harry wolke <urwolke@hotmail.com>
Betreff: wolkenpost
Datum: 19.12.2015 um 00:25
an: Freunde der Wolke

liebe freunde
die weihnachtszeit nähert sich, und es hat sich entsprechend wieder ein fisch an land begeben - das symbol der urchristen! aber ist es überhaupt noch ein fisch? ist es nicht bereits eine mutation zu einem käfer? auch die blitze, diese symbole göttlichen geistes und zornes, passen sich dem bürgerlichen festleben an. und einer präsentiert ganz gemütlich einen suppenlöffel!
herzlich, eure wolke

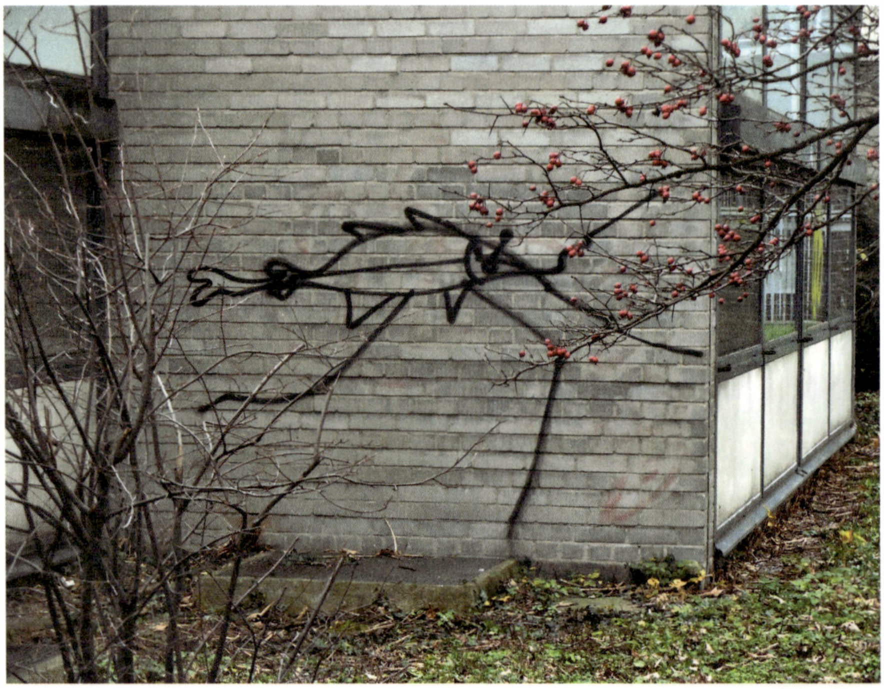

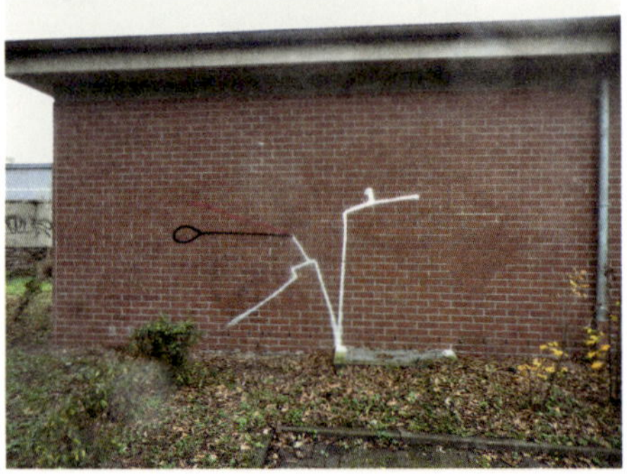

von: harry wolke <urwolke@hotmail.com>
Betreff: WOLKENPOST VOR WEIHNACHTEN
Datum: 22.12.2015 um 07:51
an: Freunde der Wolke

LIEBE FREUNDE!
ALLES SPIELT, ALLES ZIELT,
INS AUGE, INS NICHTS,
INS HERZ!
HERZLICH, EURE WOLKE

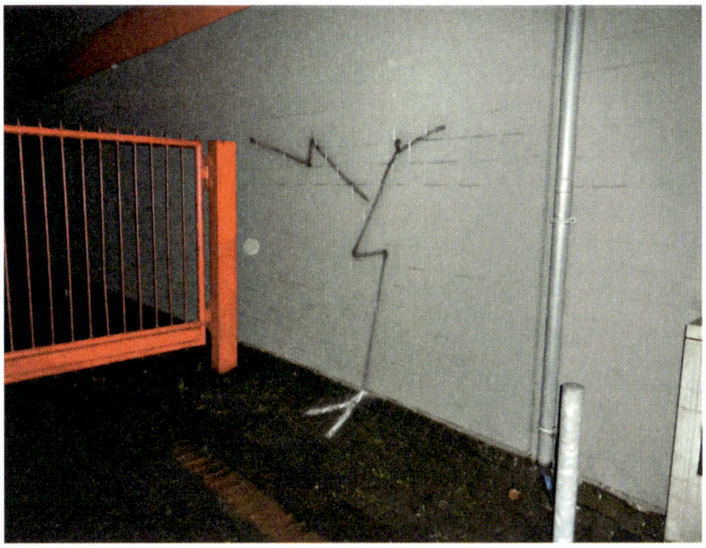

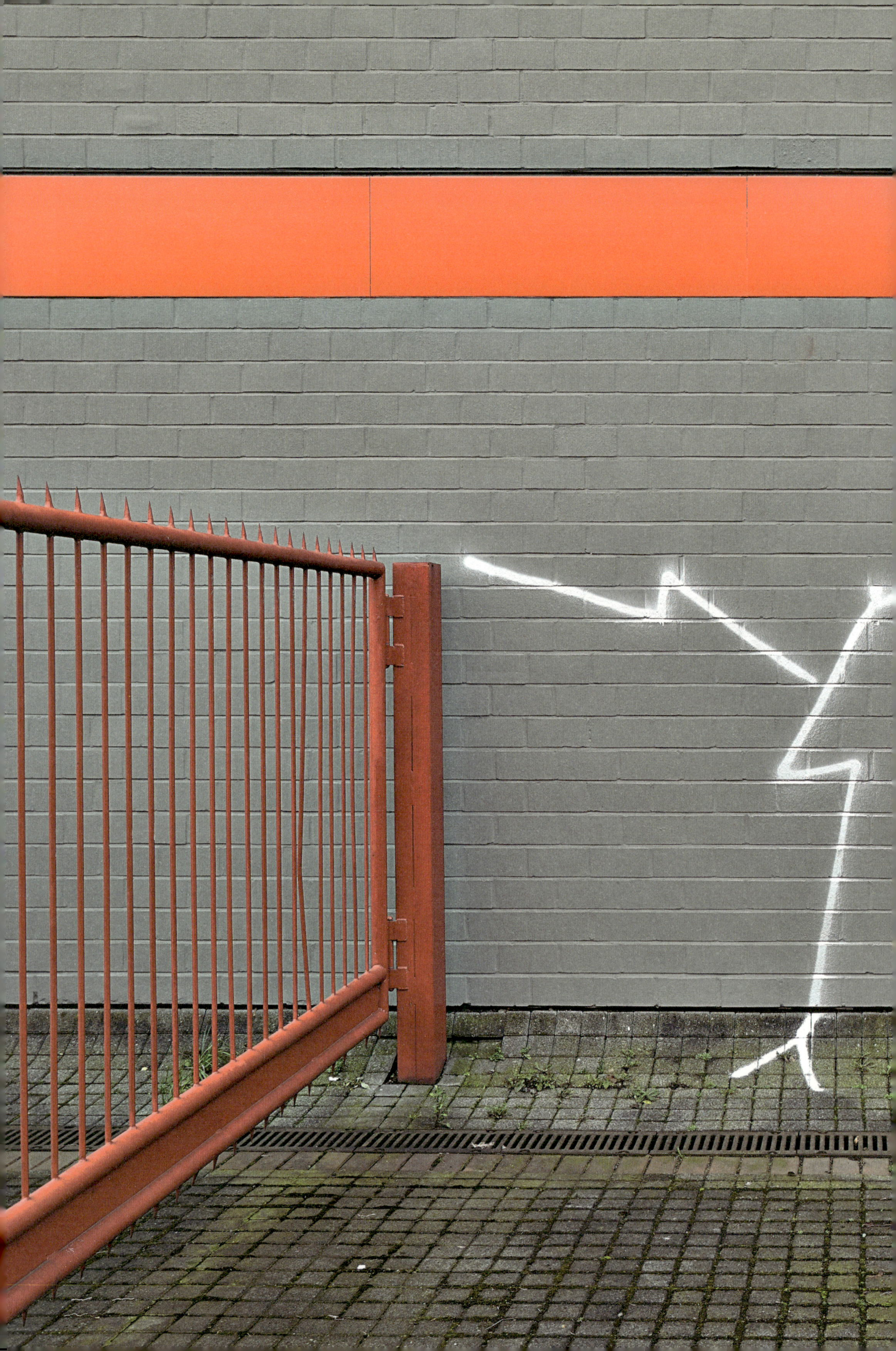

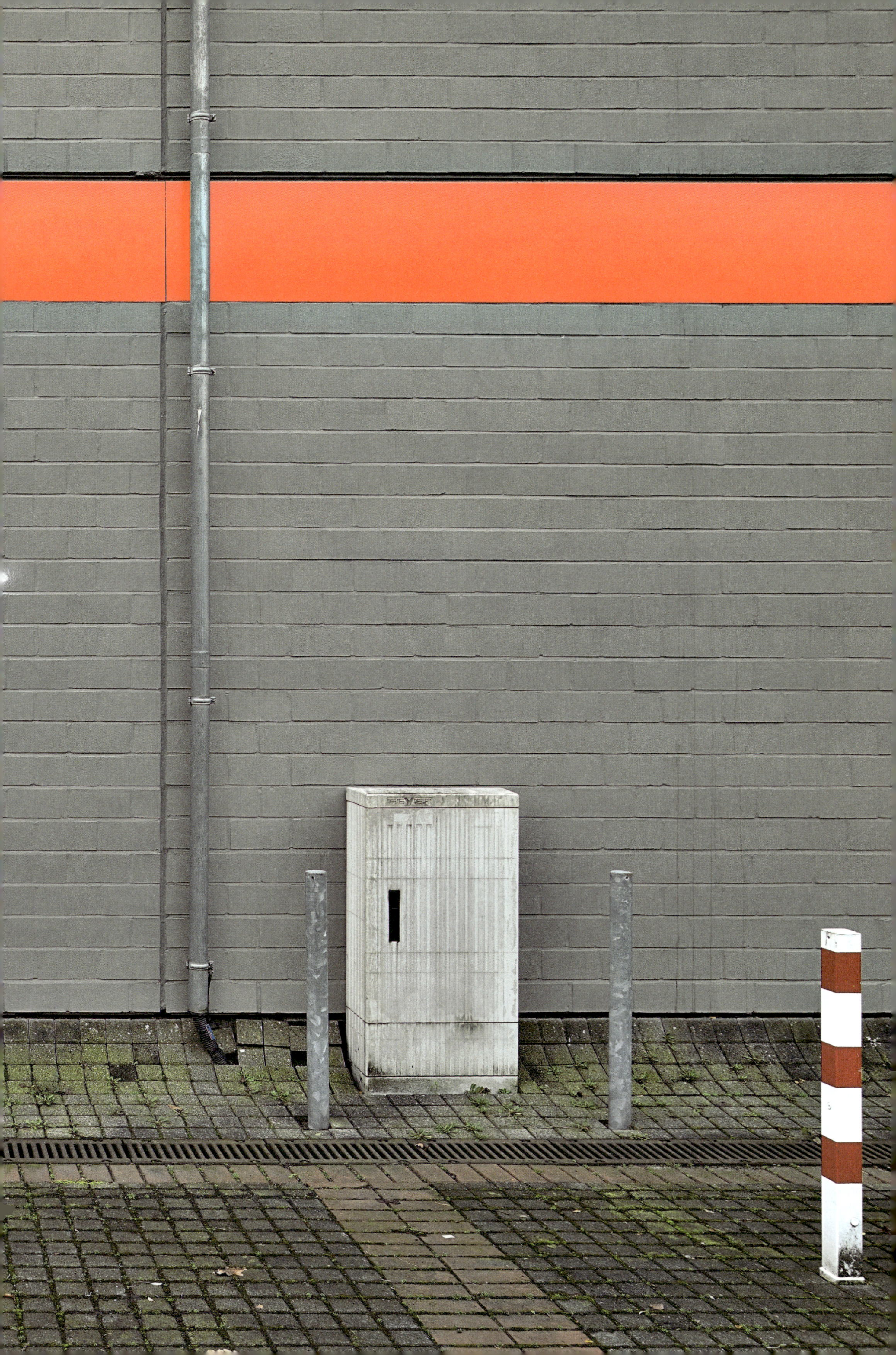

von: harry wolke <urwolke@hotmail.com>
Betreff: DAS CHRISTUSKIND ALS MINIMALARTIST!
Datum: 27.12.2015 um 18:00
an: Freunde der Wolke

LIEBE FREUNDE!
MANCHMAL ZEIGT SICH DAS CHRISTUSKIND IN GANZ UNSCHEINBAREN, FÜR DIE ORDNUNGSHÜTER KAUM BEMERKBAREN MINIMAL-MANIFESTATIONEN!
MIT HERZLICHEN GLÜCKWÜNSCHEN ZUM JAHRESWECHSEL, EURE WOLKE

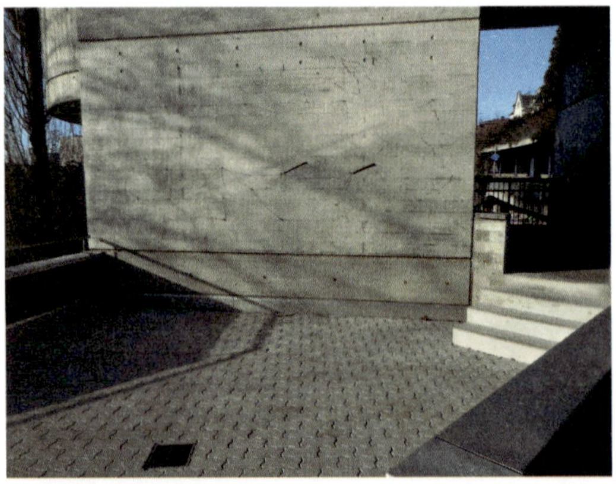

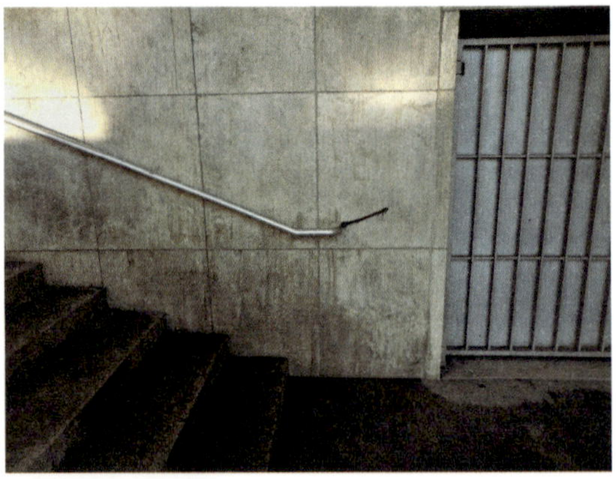

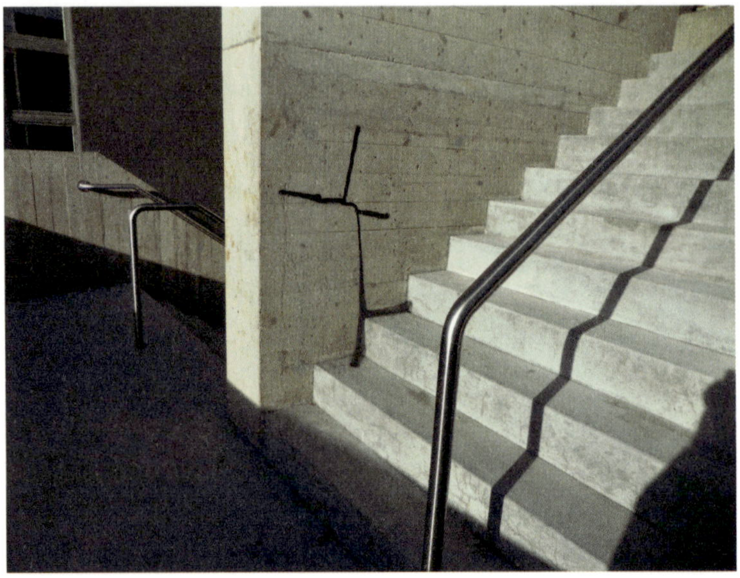

von: harry wolke <urwolke@hotmail.com>
Betreff: wolkenpost
Datum: 28.12.2015 um 23:36
an: Freunde der Wolke

Liebe Freunde
Manchmal denkt das Christuskind, dass seine Grüße an die Welt der Steine, Dinge und Menschen vereinnahmt werden als Teil einer aesthetischen Ideologie! Das heißt, eine barbarische Welt wird ungewollt humanisiert mit zarten Strichen aus himmlischer Ferne,
sagt die wolke

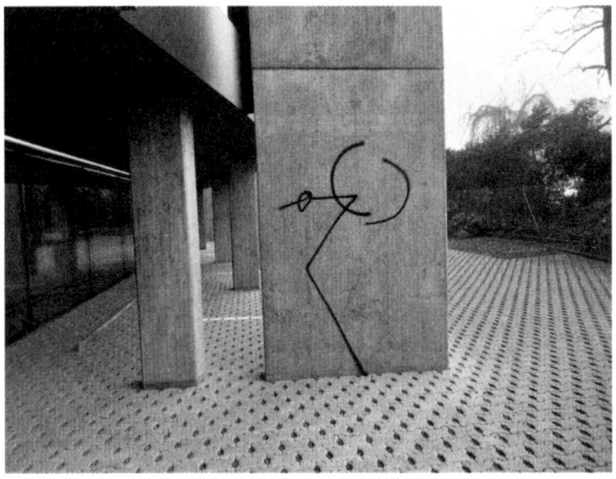

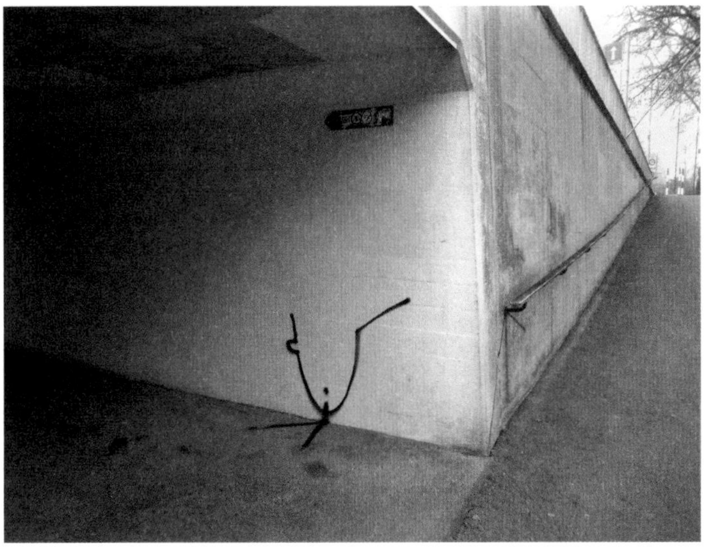

von: harry wolke <urwolke@hotmail.com>
Betreff: WOLKENPOST VOM VORTAG IM BESSEREN LICHT...
Datum: 02.01.2016 um 15:22
an: Freunde der Wolke

LIEBE FREUNDE!
... UND WIE AUS STEINEN EIN MINI-AUFSTAND SICH BILDET
HERZLICH, EURE WOLKE

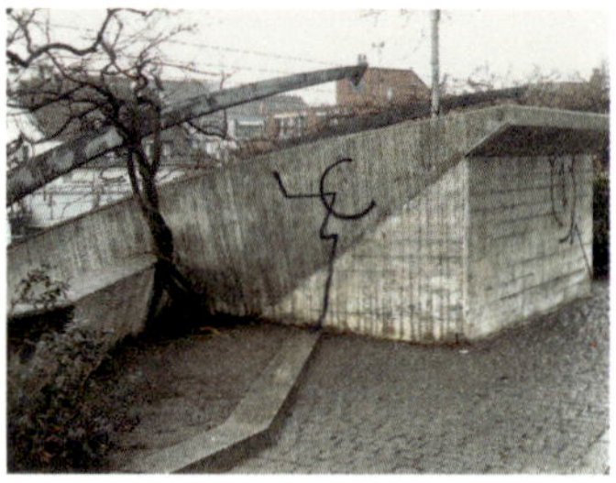

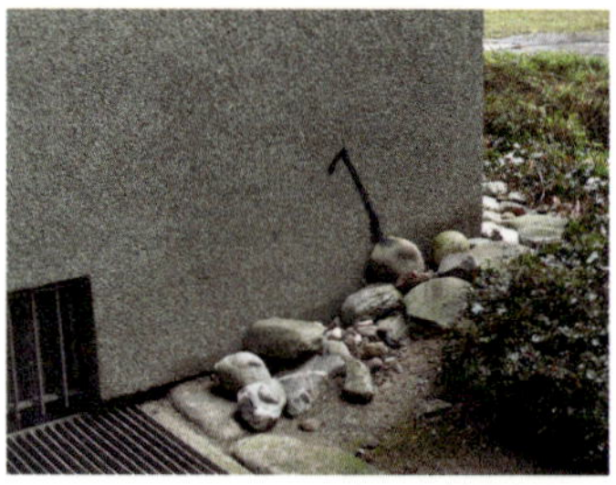

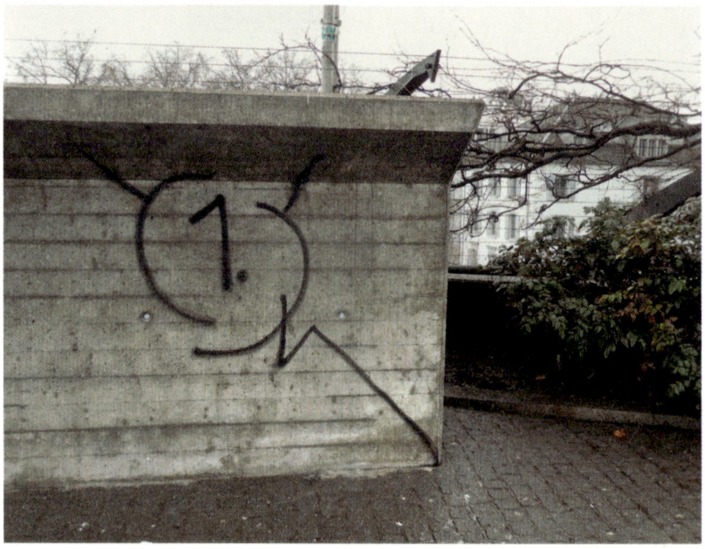

von: harry wolke <urwolke@hotmail.com>
Betreff: DENKMALSCHUTZ ODER GESAMTRENOVATION?
Datum: 03.01.2016 um 19:45
an: Freunde der Wolke

Liebe Freunde!
In der Garage der ETH (Eidgenössische Technische Hochschule) hat der verstorbene Bundesrat Hürlimann eine ganze Suite von magischen Figuren unter (vorläufigen?) Schutz gestellt - 1979!
Nun, 35 Jahre später, verrottet alles mehr oder minder, und durch eine geplante Gesamtrenovation droht alles vielleicht zu verschwinden?
Nebst Erweiterung und Restaurierungen von alten Figuren findet sich jetzt eine gänzlich neue Frauenfigur. «Das ewig Weibliche zieht uns hinan», sagte Johann Wolfgang Goethe. Aber die Wolke sagt: Alles flieht!

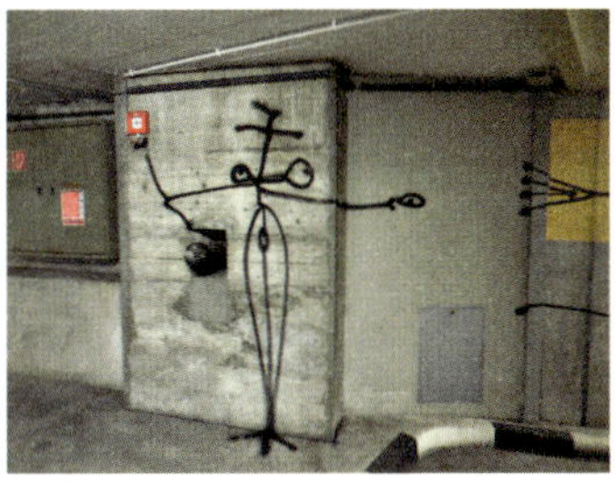

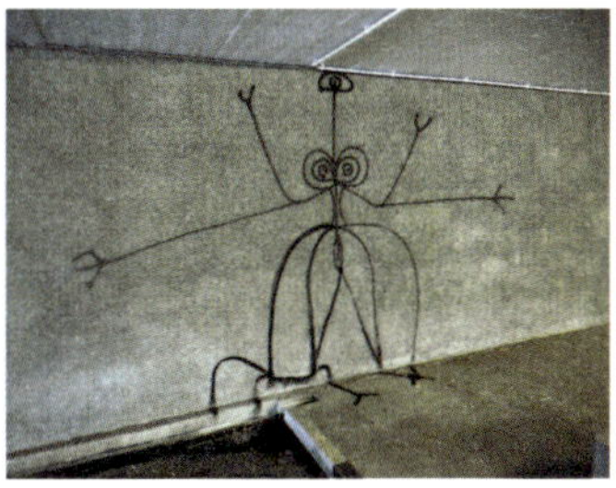

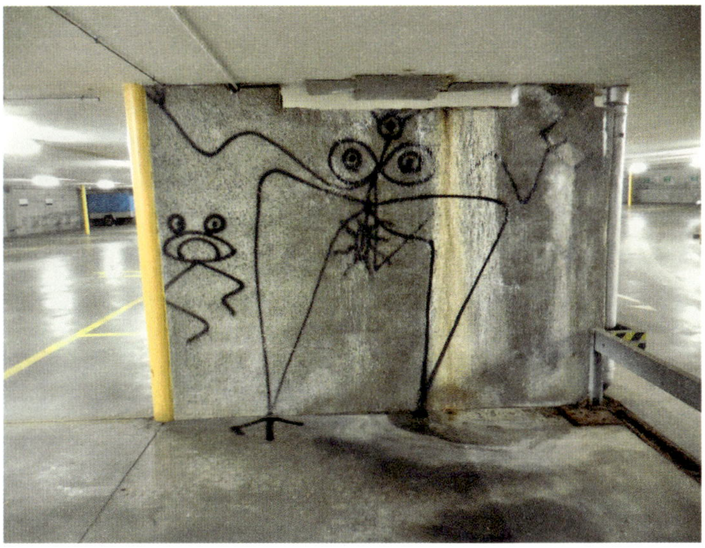

von: harry wolke <urwolke@hotmail.com>
Betreff: WOLKENPOST IM JANUAR 2016
Datum: 10. Januar 2016 um 22:35
an: Freunde der Wolke

LIEBE FREUNDE,
DAS NEUE JAHR ZEIGT FRAUEN-POWER VERSUS BETON UND STAHL!
EIN SUCHENDES AUGE AUF EINER FRIEDHOFSMAUER UND EINE ZARTE ZEICHNUNG EINER SPHYNX.
AM 5. JANUAR IST PIERRE BOULEZ IM ALTER VON 90 JAHREN VERSTORBEN.
ER SOLL GESAGT HABEN: «WENN MAN SICH NICHT JEDEN TAG IN FRAGE STELLT, HAT DAS LEBEN KEINEN SINN!»
UND DIE WOLKE ERWEITERT DIESEN GEDANKEN: NUR, WENN MAN UNENTWEGT AN EINER UTOPIE ARBEITET, FINDET MAN IM LEBEN EINEN SINN!
HERZLICH EURE WOLKE

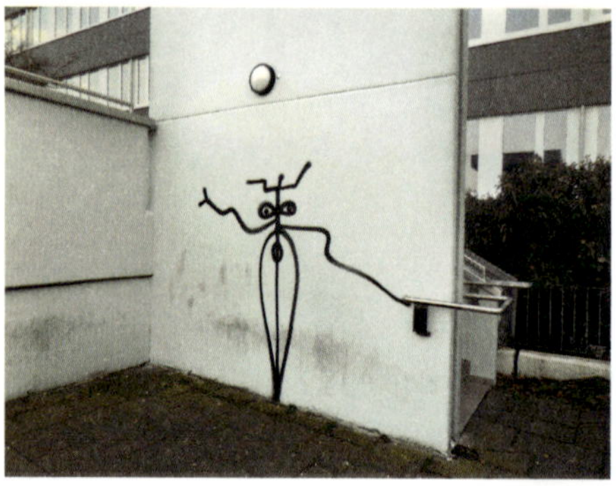

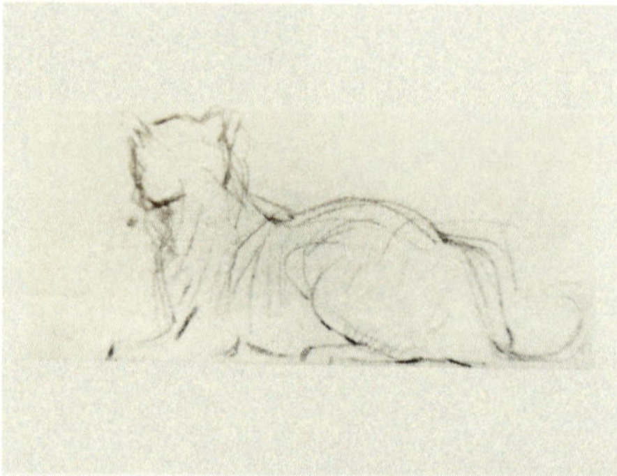

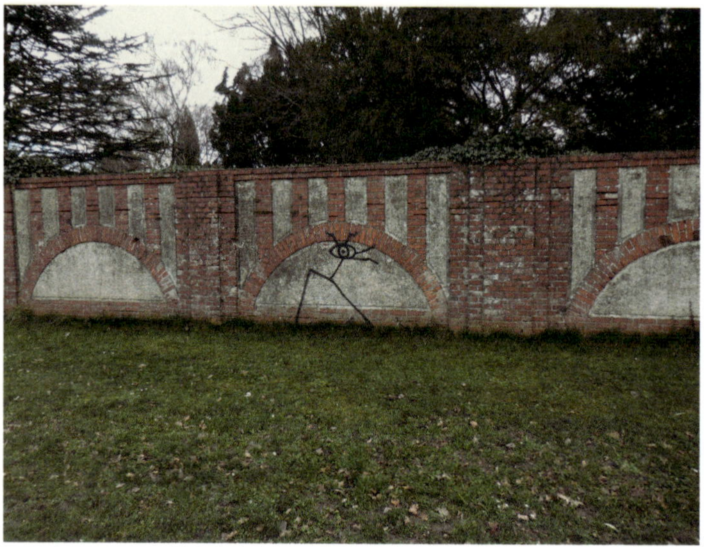

von: harry wolke <urwolke@hotmail.com>
Betreff: Graffiti all over
Datum: 30.01.2016 um 20:52
an: Freunde der Wolke

Liebe Freunde,
wenn man nicht gerade die Höhlenzeichner als die Urväter der Graffiti nimmt, so wäre es in der Moderne Cy Twombly mit seinen wunderbaren Kritzel-Krakel- und Kleks-Bildern. Und wie die Jugend seine Erkenntnisse appliziert, zeigt der Eisenbahnzug im Basler HB. Und wie die allgegenwärtige Werbung genau zu verstehen ist, zeigt uns eine Blondine!
Herzlich, eure Wolke

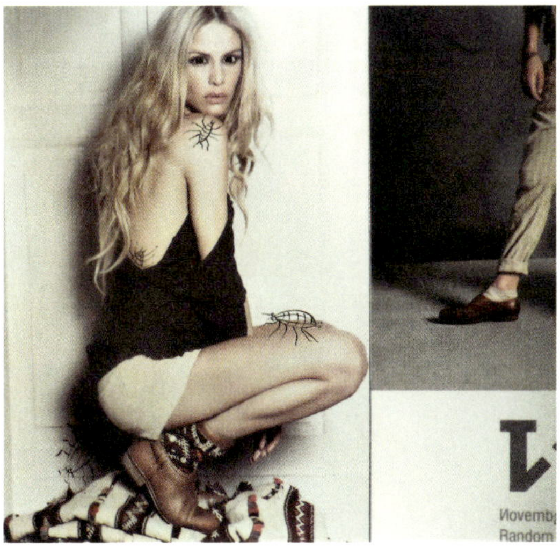

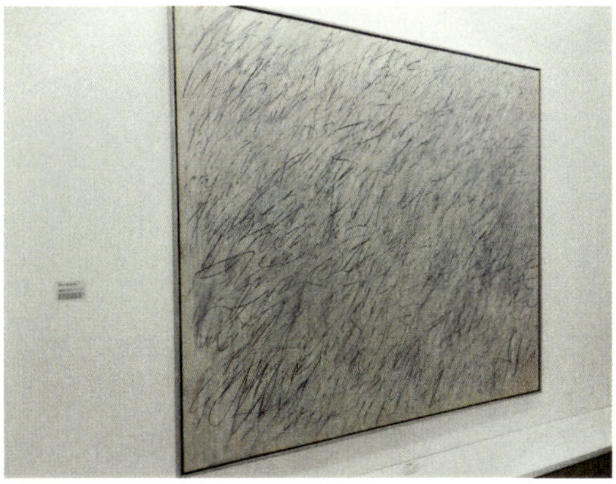

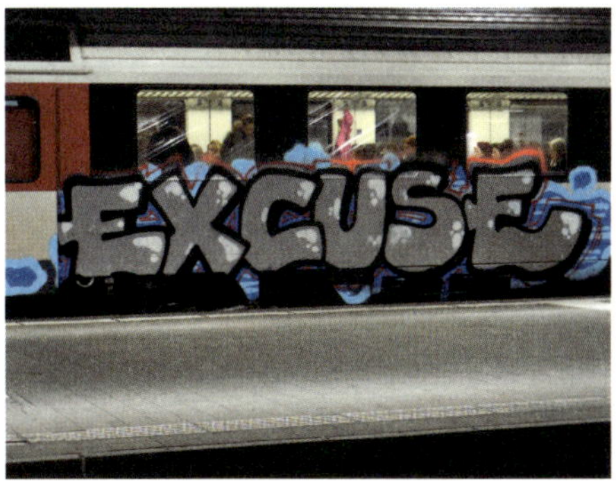

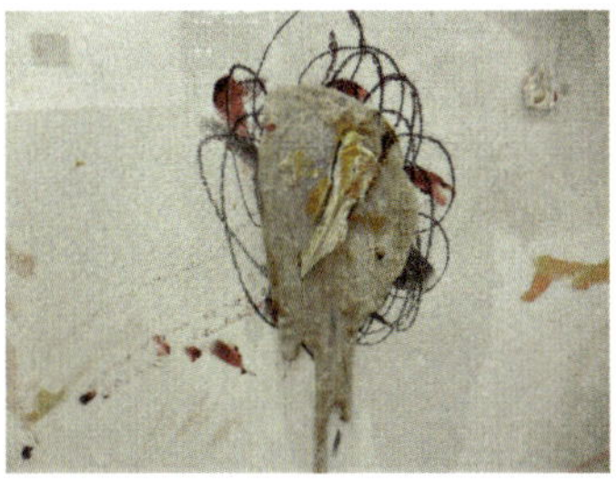

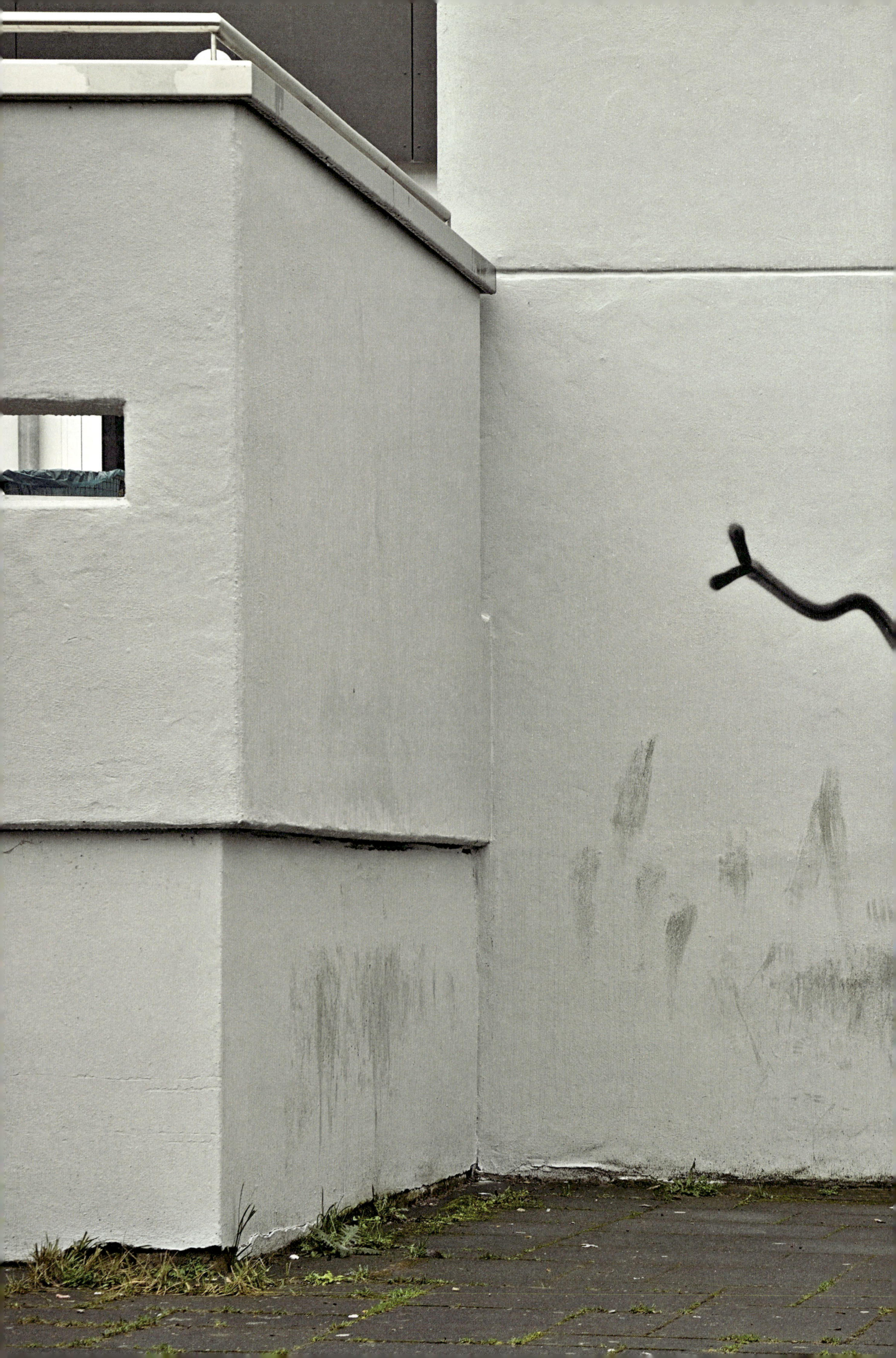

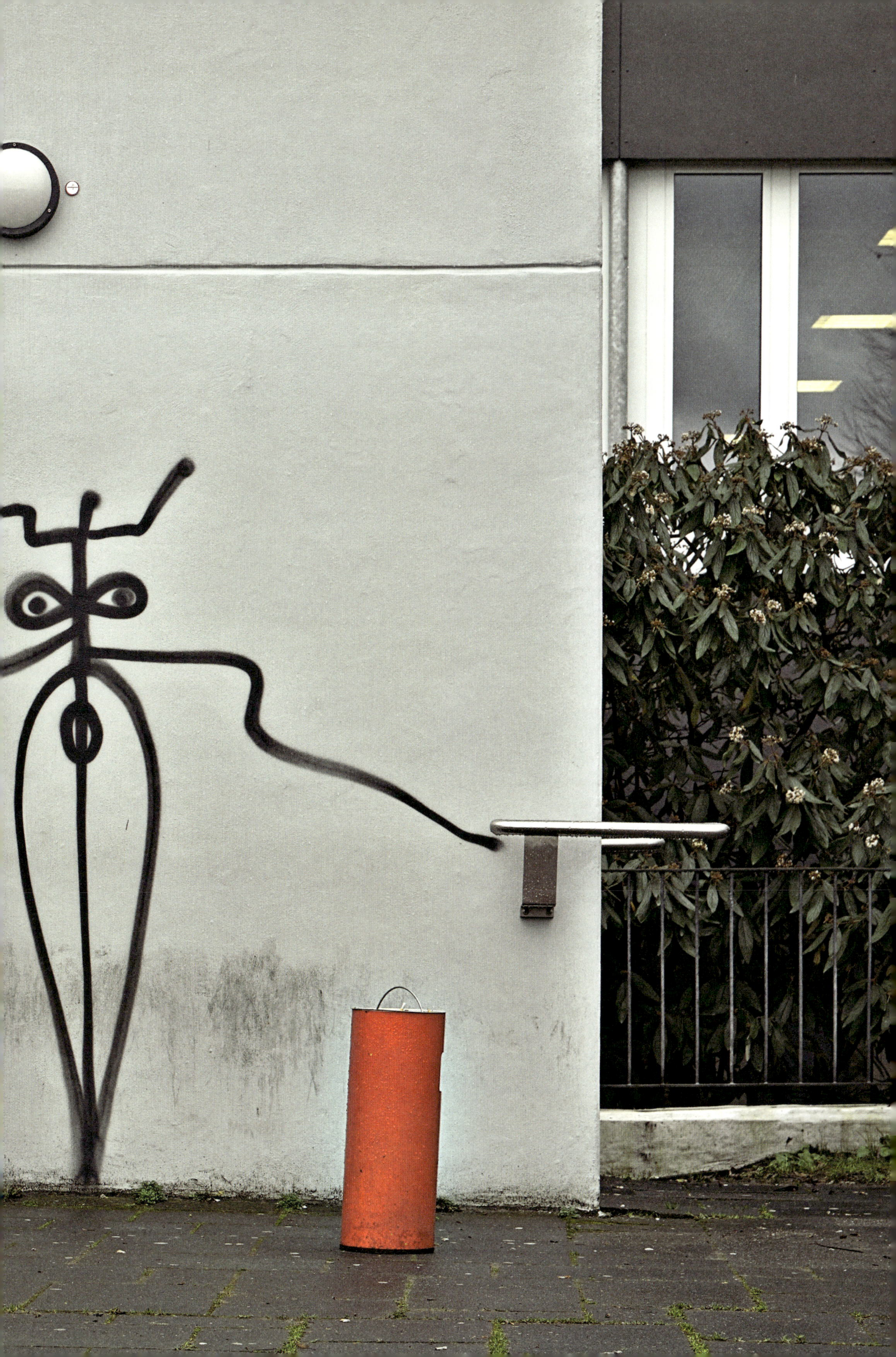

von: harry wolke <urwolke@hotmail.com>
Betreff: TOD UND LEBEN WÄRME UND KÄLTE
Datum: 03.02.2016 um 00:08
an: Freunde der Wolke

LIEBE FREUNDE!
THEODOR ADORNO WAR EIN GROSSER FAN VON SAMUEL BECKETT, DER IMMER WIEDER IN SEINEN STÜCKEN AN DIE KÄLTE (DER LIEBLOSIGKEIT!) UNSERER GESELLSCHAFT ERINNERT HAT. AUCH EIN GROSSES THEMA VON ADORNO SELBST! DAGEGEN IST DAS SPIRITUELLE DER EIGENTLICHE SINN UND DAS ZIEL UNSERES LEBENS. DAS EINZIGE, WAS EIGENTLICH ERWÄRMT UND ERFRISCHT! AUCH DIE WOLKE HAT VIEL NACHGEDACHT ÜBER DIE KÄLTE DER MAUERN (IN UND AUSSERHALB VON UNS), ABER NOCH VIEL MEHR ÜBER WÄRME UND ENERGIE! BECKETT MEINTE: «WEH DEM, DER SYMBOLE SIEHT!» NUN SIEHT DIE WOLKE ABER GANZ MERKWÜRDIGE SYMBOLE IN DER BANKENHAUPSTADT DER SCHWEIZ: NÄMLICH ZAHLEN! WELCHE BEDEUTUNG HABEN DIESE? VERZEICHNEN SIE EIN ROBUSTES PLUS ODER EIN MÄCHTIGES MINUS IN DEN KONTEN DER MANAGER, ODER WIRD NUR WIEDER EINMAL DAS WELTALL MIT DEM WELTGEIST ZUM WOHLE DER MENSCHHEIT NEU VERMESSEN?
NIEMAND WEISS ES, SAGT DIE WOLKE, DIE HERZLICH GRÜSST

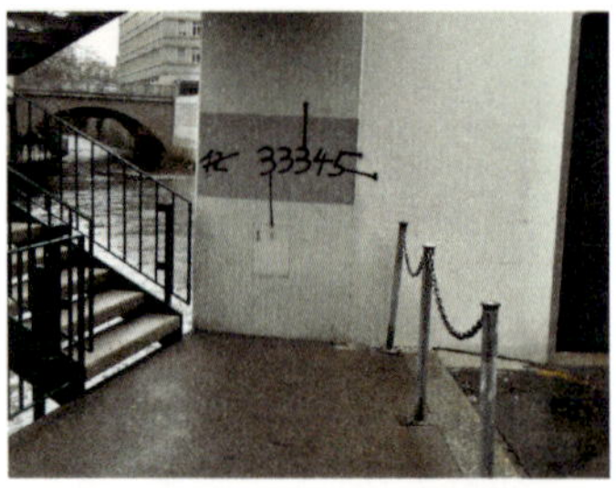

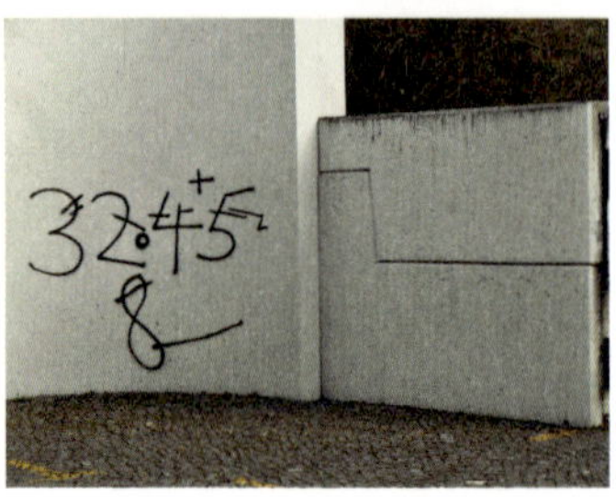

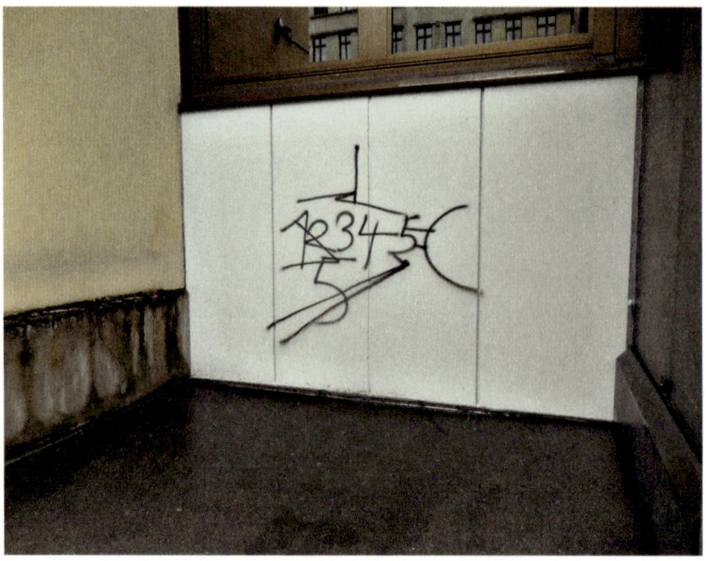

von: harry wolke <urwolke@hotmail.com>
Betreff: 100 JAHRE IMMER NOCH DADAISMUS
Datum: 06.02.2016 um 20:34
an: Freunde der Wolke

LIEBE FREUNDE, ÜBERALL PASSAGEN UND TUNNELS, ABER NICHT VON WALTER BENJAMIN! EINE FRAU WEIST AUF EIN SINNLOSES FAHRVERBOT, EIN LOCH SPEIT ZAHLEN, UND BEIM PARKSCHILD EINER BANK SIND BEREITS DIE GEWINN- ODER VERLUSTQUOTEN PROPAGIERT! HUNDERT JAHRE SEIT DER GEBURT DES DADAISMUS (1916 IN ZÜRICH), DER MANIFESTATION GEGEN DEN KRIEG MIT «ANTIKUNST», ABER DIE SUBLIMSTE UND HUMANSTE WAFFE GEGEN KRIEG UND BARBAREI BLEIBT IMMER NOCH DIE KUNST SELBST, SAGT DIE WOLKE, DIE HERZLICH GRÜSST

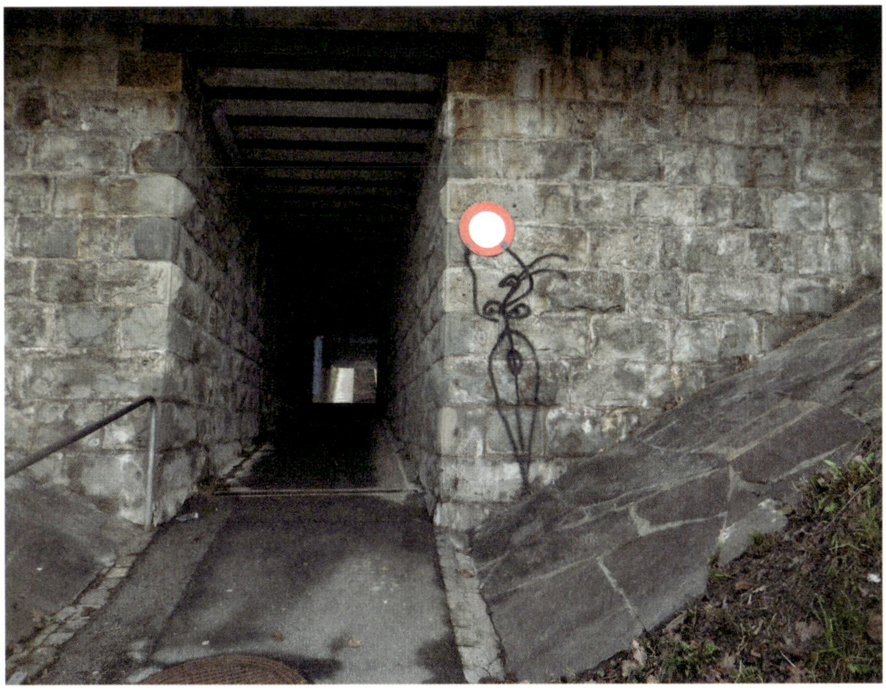

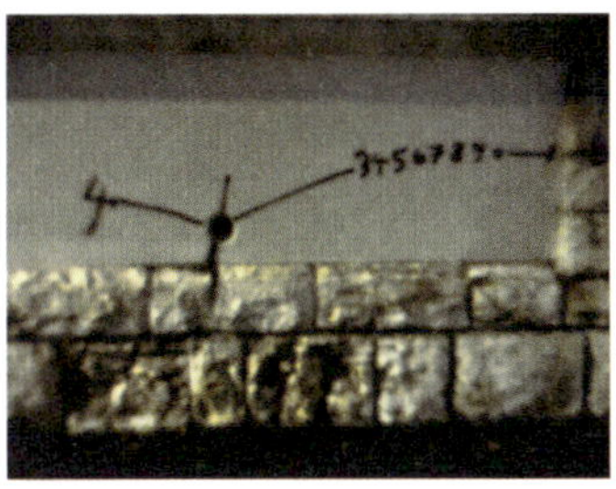

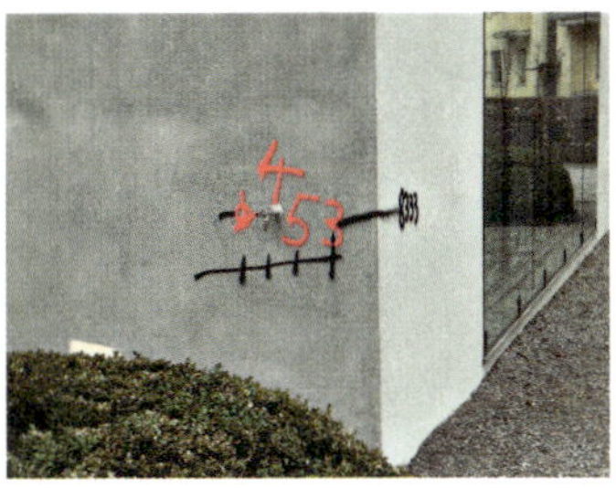

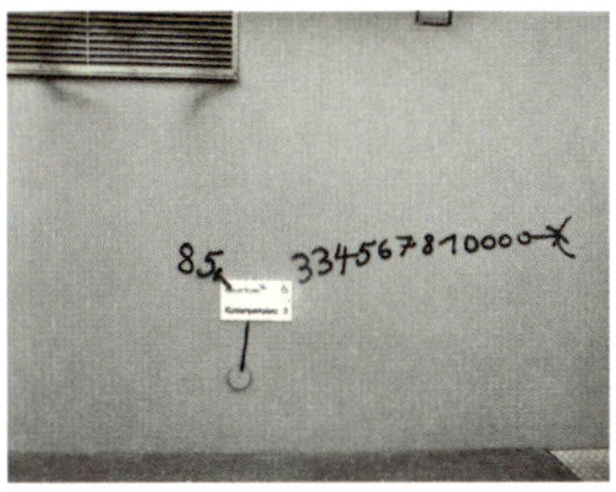

von: harry wolke <urwolke@hotmail.com>
Betreff: MÄNNER UND FRAUEN
Datum: 07.02.2016 um 21:06
an: Freunde der Wolke

Liebe Freunde,
überall sind die Urfrauen. Sie leben im Untergrund oder vielleicht nur im kollektiven Unbewussten! Sie sind magisch/erotisch. Doch gebären sie keine Kinder! Sie locken nur! Verheissen nur! Auf Mutterschaft geben sie gar nichts!
Wo aber sind Männer? Männer gibt es überall zuhauf, doch schrumpfen diese immer mehr zu bloßen Zahlen zusammen und sind damit automatisch zeugungsunfähig!
Ist das schlimm? Für die Menschheitgeschichte ja, für die Philosophie- und Kunstgeschichte nein!
Sagt die Wolke, die herzlich grüßt.

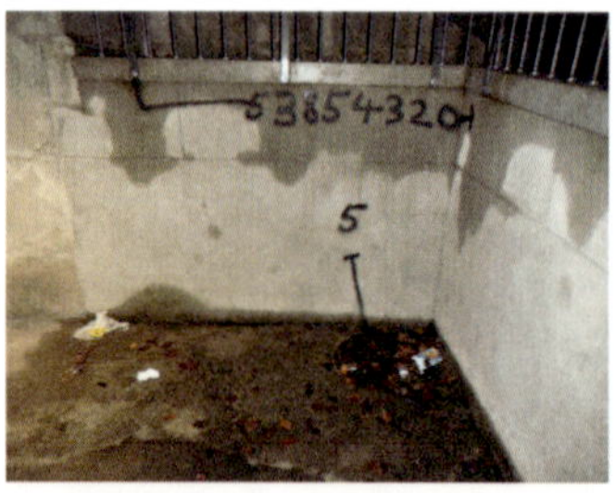

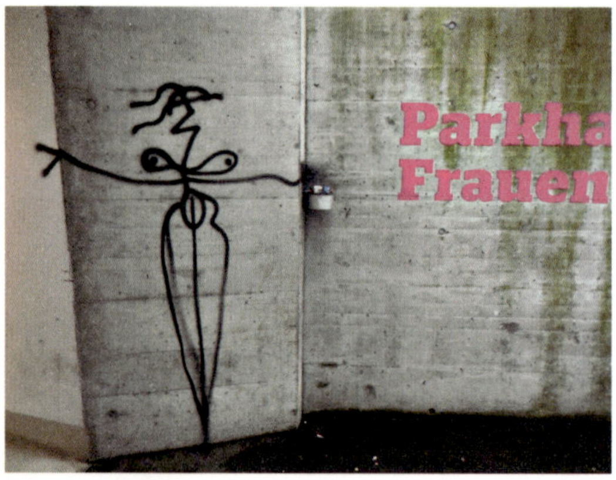

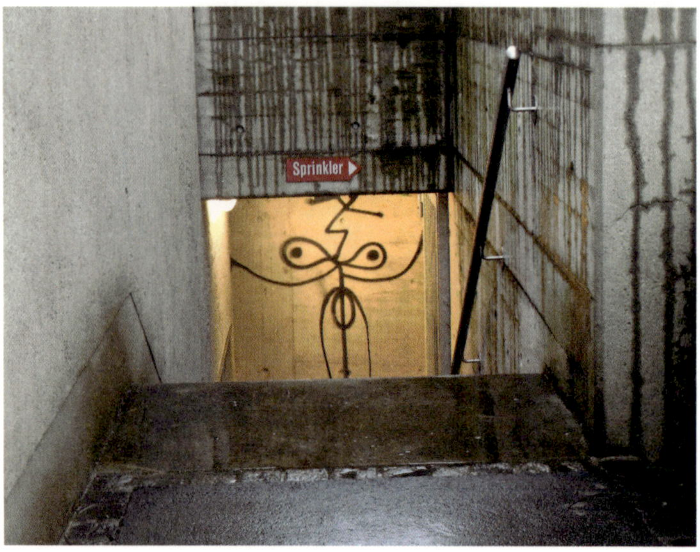

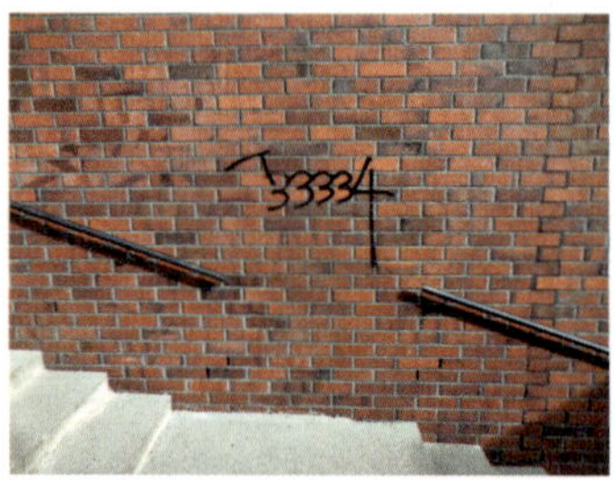

von: harry wolke <urwolke@hotmail.com>
Betreff: NEUE WOLKENPOST
Datum: 18.02.2016 um 19:10
an: Freunde der Wolke

LIEBE FREUNDE,
HOCHGARAGEN, TIEFGARAGEN, PARKHÄUSER, KATAKOMBEN ÜBERALL!
DIE KUNST IST NICHT MEHR EINE BÜRGERLICHE DOMÄNE DER
REPRÄSENTATION VON IDEELLEN ODER PEKUNIÄREN WERTEN, SIE IST
AKTUELL POLITISCH MIT DER FREIHEIT AESTHETISCHER MITTEL AUF
DEN MAUERN EINER ZUBETONIERTEN VERNUNFT!
SAGT DIE WOLKE, DIE HERZLICH GRÜSST

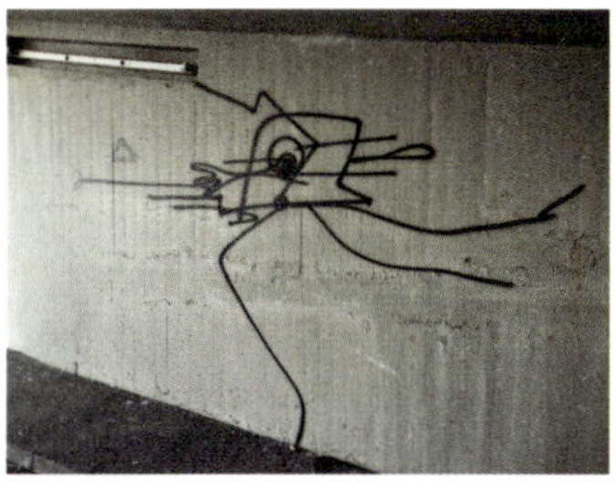

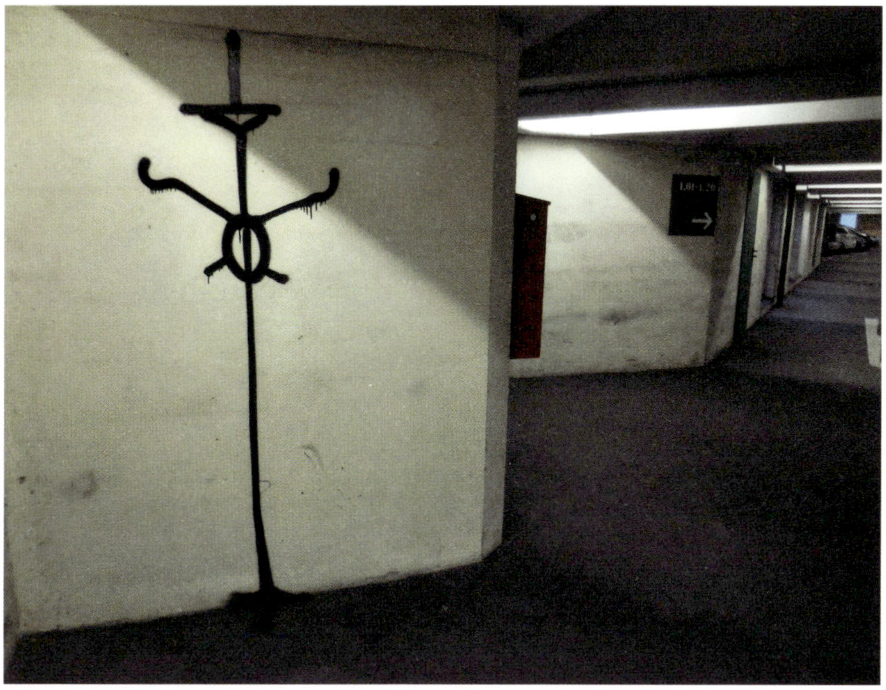

von: harry wolke <urwolke@hotmail.com>
Betreff: Wolkenpost Nr.1 die Wandlung im Labyrinth
Datum: 21.02.2016 um 19:54
an: Freunde der Wolke

Liebe Freunde,
in den Katakomben ist der Faden der Ariadne unerlässlich! Die modernen Theseuse verlängern jeweils, wenn sie an selber Stelle schon vorübergegangen sind, den Faden. So entsteht ein neuer Mythos, sagt die Wolke, die herzlich grüßt.

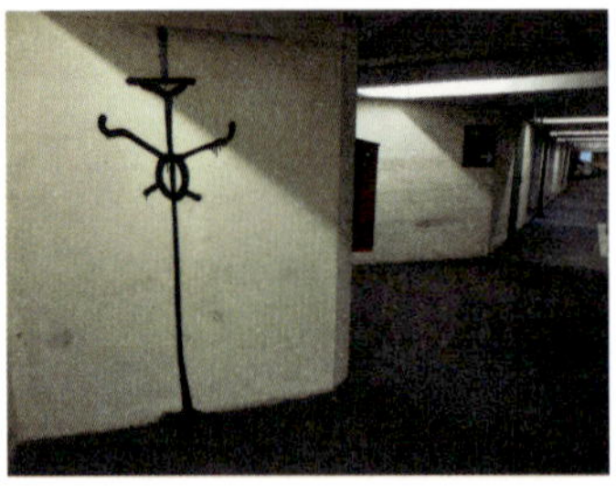

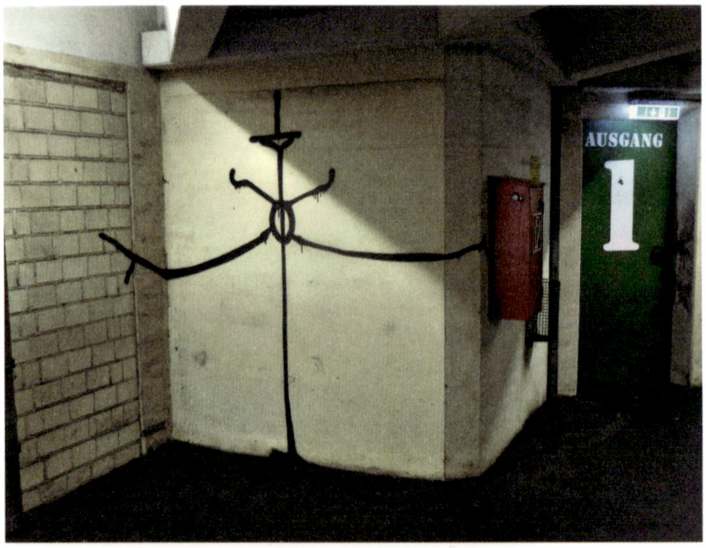

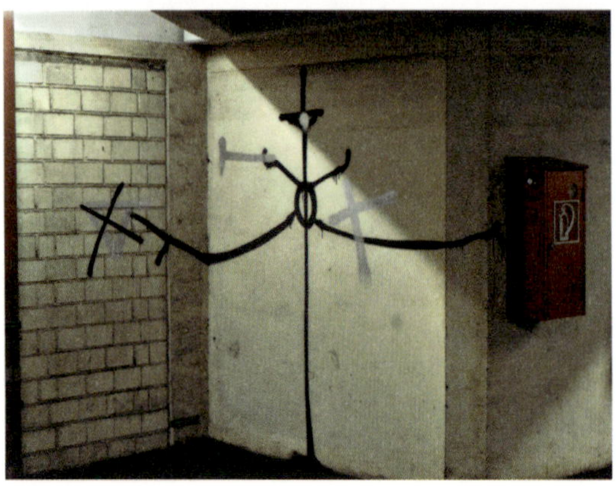

von: harry wolke <urwolke@hotmail.com>
Betreff: WOLKENPOST 1
Datum: 27.02.2016 um 23:03
an: Freunde der Wolke

LIEBE FREUNDE!
WÄNDE, MAUERN, KÖRPER, GEGENSTÄNDE, BÄUME, TIERE USW.
BEOBACHTEN DIE WELT UNENTWEGT, SELBST IN DER NACHT. DOCH DIE MENSCHEN SEHEN NICHTS, IHRE GEHIRNE SIND COMPUTERGESTEUERT!
UND IHRE SINNE SCHON ABGESTORBEN!
SAGT DIE WOLKE

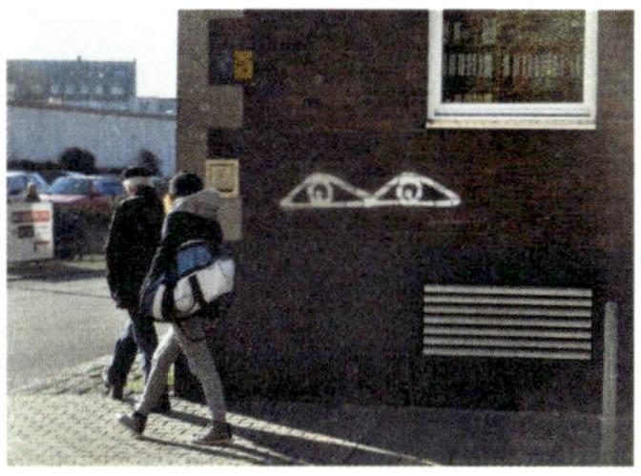

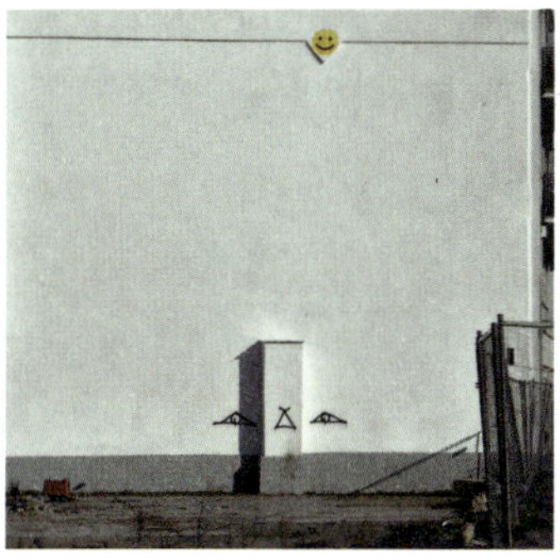

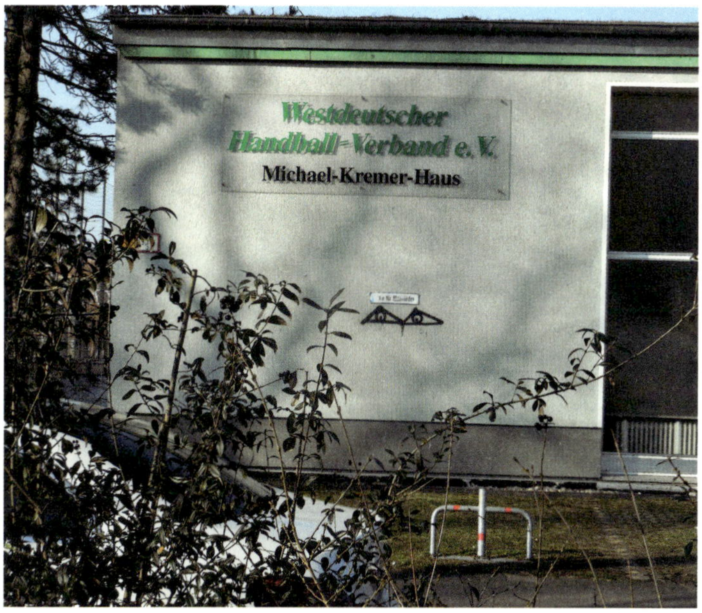

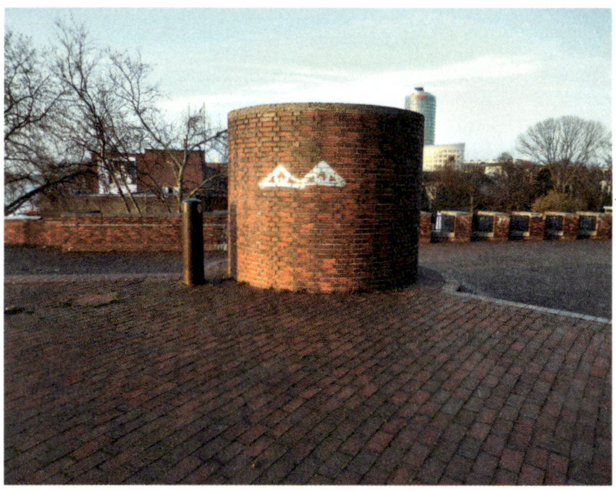

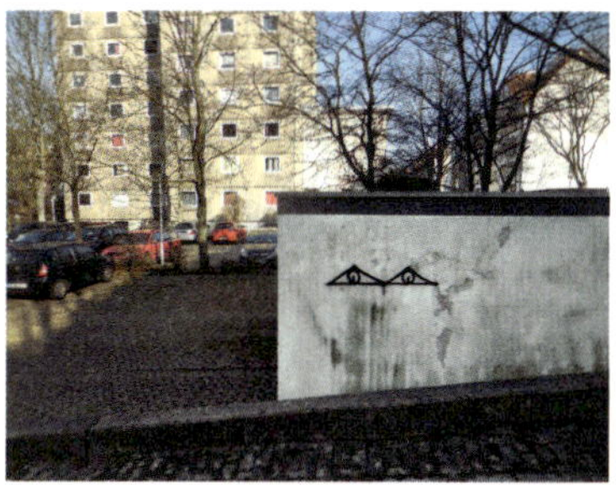

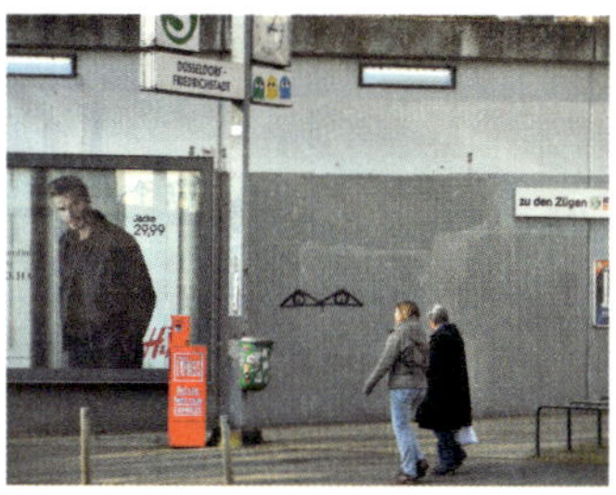

von: harry wolke <urwolke@hotmail.com>
Betreff: WOLKENPOST 2
Datum: 27.02.2016 um 23:05
an: Freunde der Wolke

LIEBE FREUNDE.
WIR SIND, ER IST, DU BIST, ICH BIN.
SAGEN DIE MAUERN UND WÜNSCHEN EINE GUTE NACHT

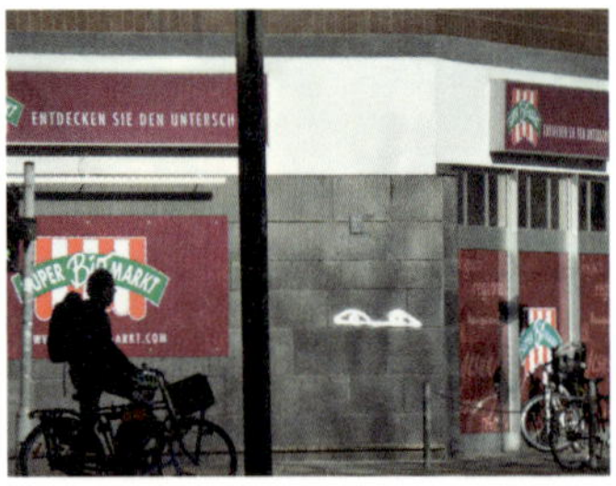

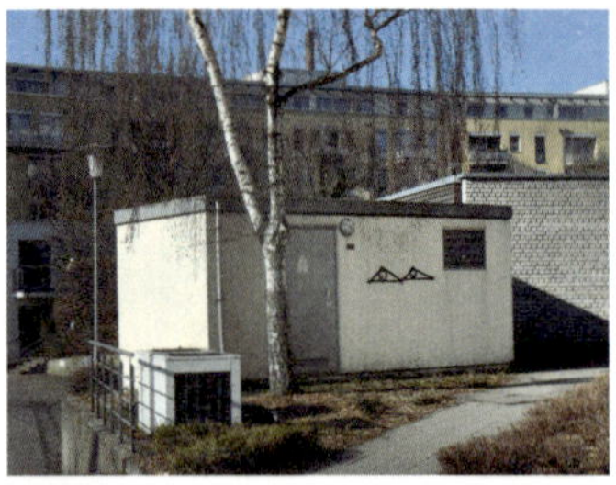

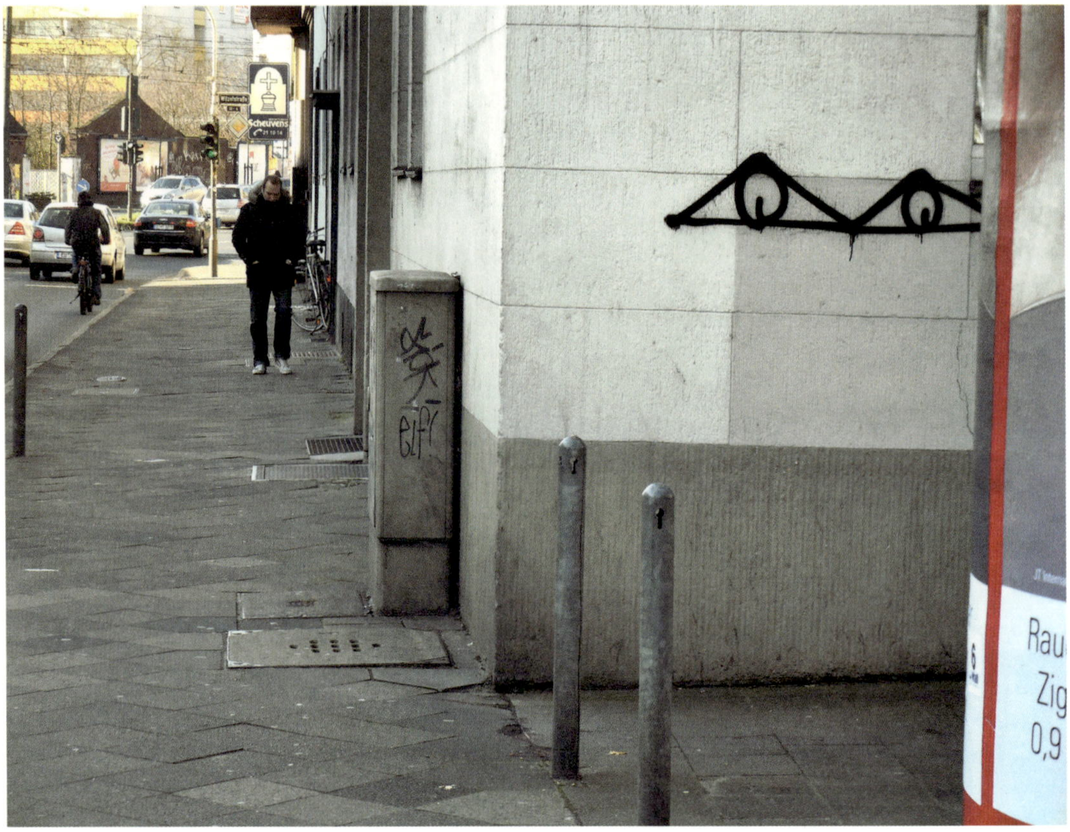

von: harry wolke <urwolke@hotmail.com>
Betreff: Wolkenpost am Sonntag, den 28.2.2016
Datum: 28.02.2016 um 15:40
an: Freunde der Wolke

Liebe Freunde,
heute entscheidet die demokratische Eidgenossenschaft, ob sie bereit ist, «kriminelle Ausländer» «auszuschaffen», weil man nur noch mit kriminellen Schweizerbürgern - wie Künstlern, Intellektuellen, Bankern, Geschäftsleuten, Managern, Richtern, Staatsanwälten, Polizisten, Fußballpräsidenten, Steuerhinterziehern usw. vorläufig zusammenleben will!
«will you stay real?», fragt ein Plakat.
Und ein aufs Land gedrängter Fisch läuft davon!
Sagt die Wolke
die herzlich grüßt

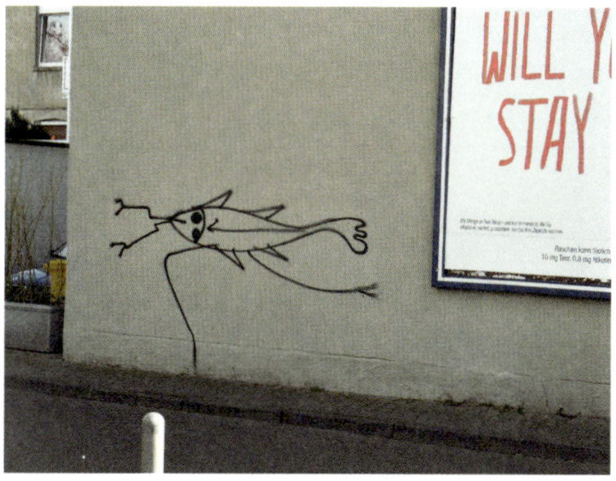

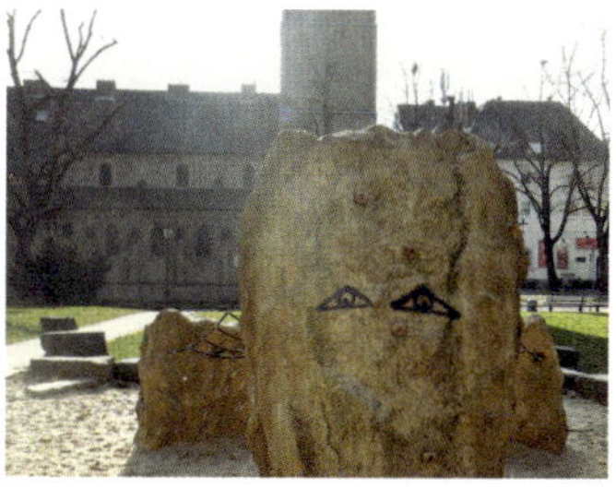

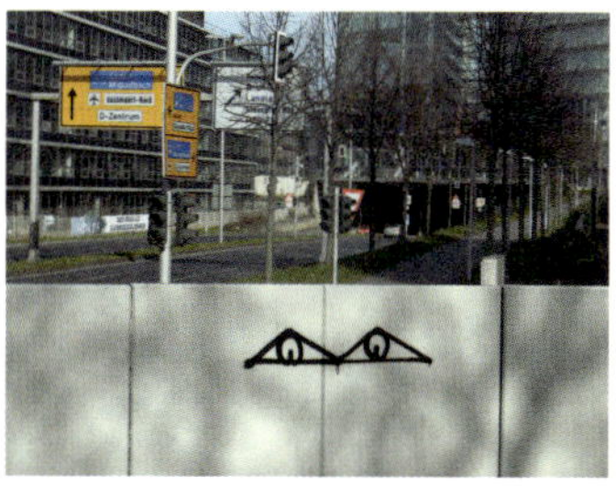

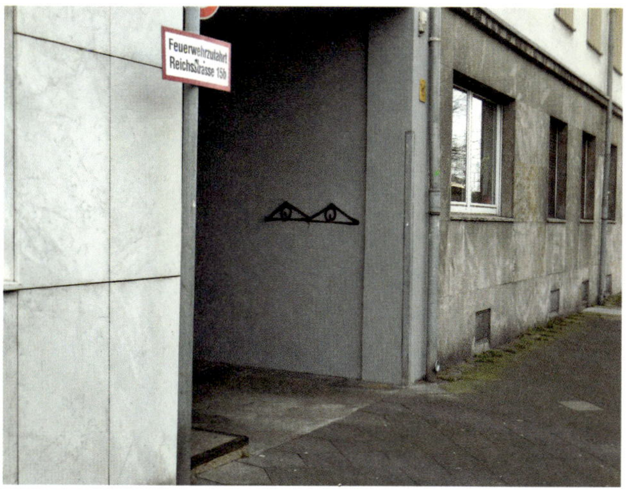

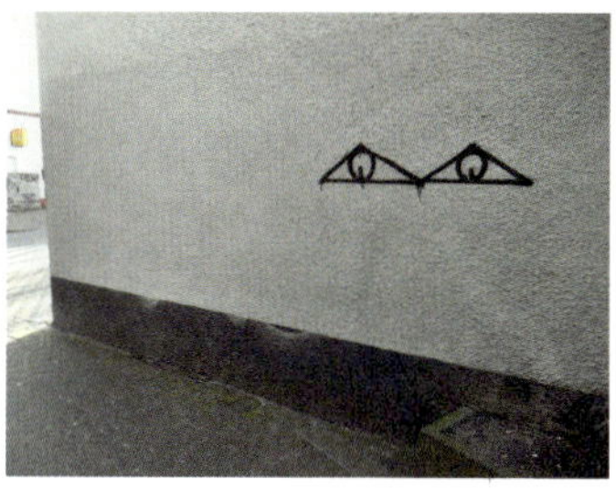

von: harry wolke <urwolke@hotmail.com>
Betreff: WOLKENPOST NACH DER ABSTIMMUNG!!
Datum: 28.02.2016 um 18:20
an: Freunde der Wolke

LIEBE FREUNDE
EBEN HAT EIN KÜNSTLERFREUND MIT DER WOLKE TELEFONIERT:
EINE MEHRHEIT DER SCHWEIZER HAT - GOTT SEI DANK! - EINE ZWEIKLASSENGESELLSCHAFT VON KRIMMINELLEN AUSLÄNDERN UND KRIMMINELLEN SCHWEIZERN ABGELEHNT! DAMIT HAT DIE VERNUNFT EINES KOLLEKTIVS GESIEGT UND NICHT DER RECHTSSTAAT. DENN DIESER RECHTFERTIGT AUCH HANDELSFREIHEIT MIT NATURZERSTÖRUNG, ERKLÄRT TIERE ALS SACHEN UND SACHEN ALS EIGENTUM, SELBST DAS DÜMMSTE ALS DAS HÖCHSTE IM HIMMEL UND AUF ERDEN!
SAGT DIE WOLKE

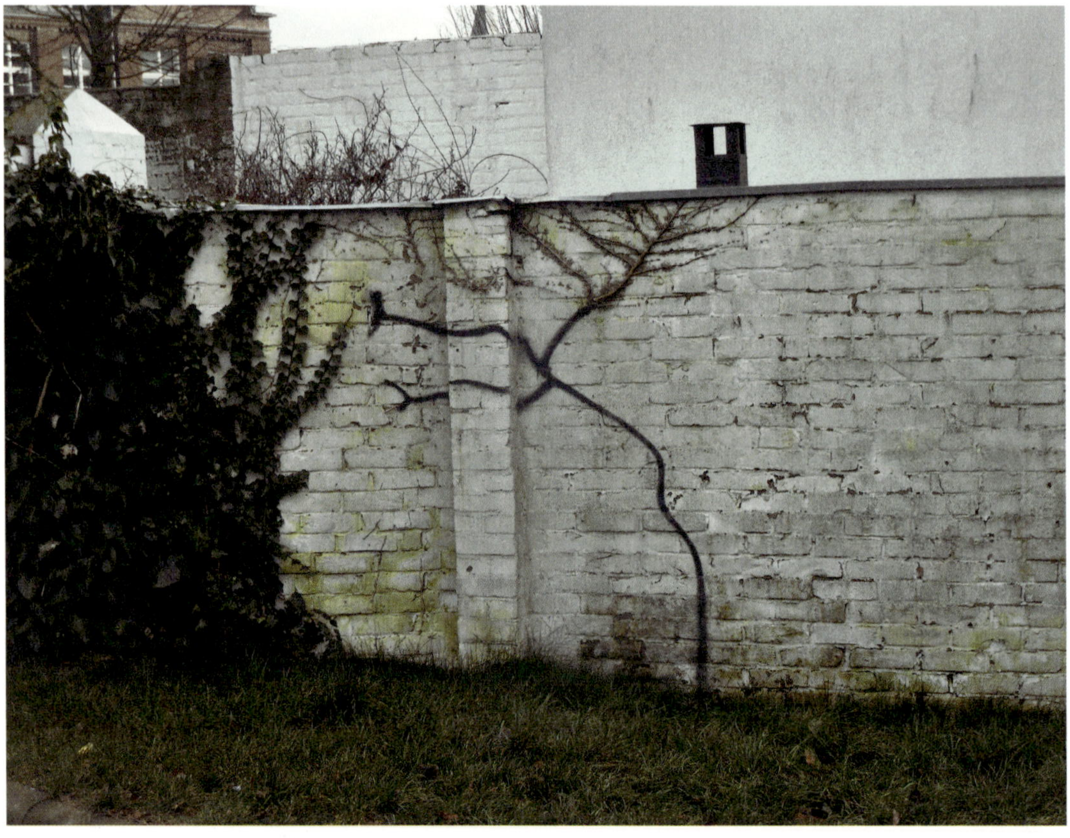

von: harry wolke <urwolke@hotmail.com>
Betreff: WOLKENPOST
Datum: 14.03.2016 um 09:01
an: Freunde der Wolke

«En passant» heißt zu Deutsch: im Vorbeigehen!
Aber an was? Am Glück? Am Unglück? Oder gar am Sinn des Lebens?
Herzliche Grüße, eure Wolke

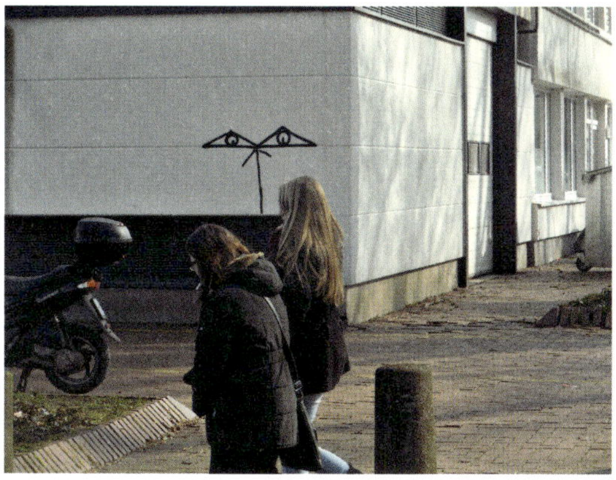

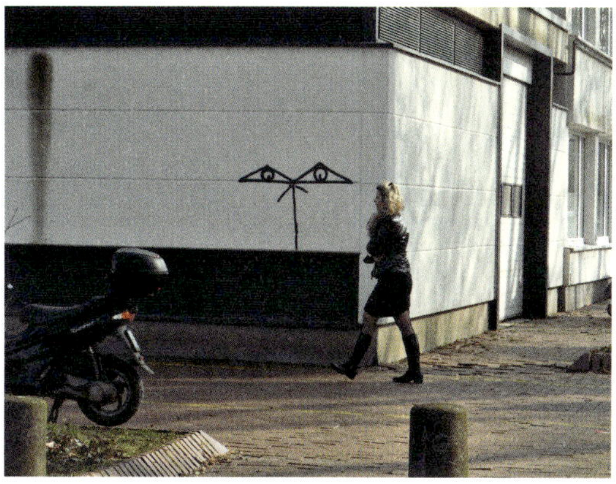

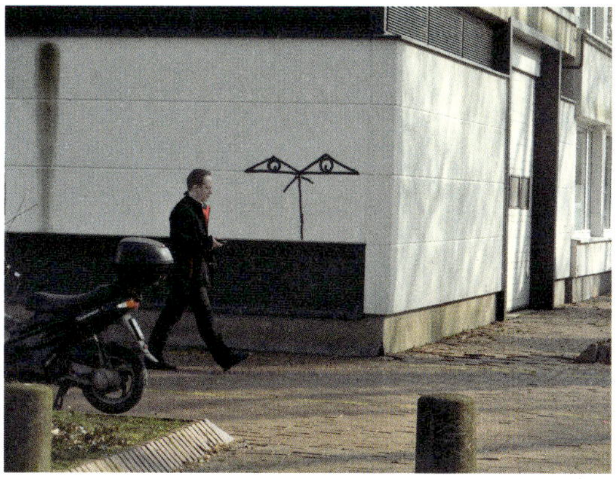

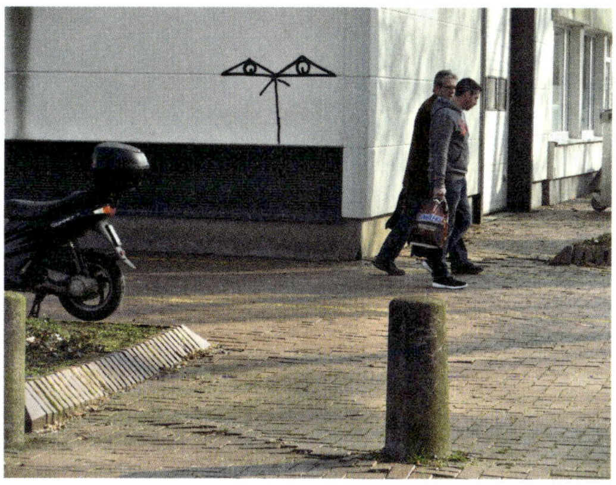

von: harry wolke <urwolke@hotmail.com>
Betreff: Wolkenpost zu Ostern
Datum: 21.03.2016 um 13:34
an: Freunde der Wolke

Zum Erstaunen bin ich da
Erinnerung zu Golgatha!
Herzliche Grüße, Eure Wolke

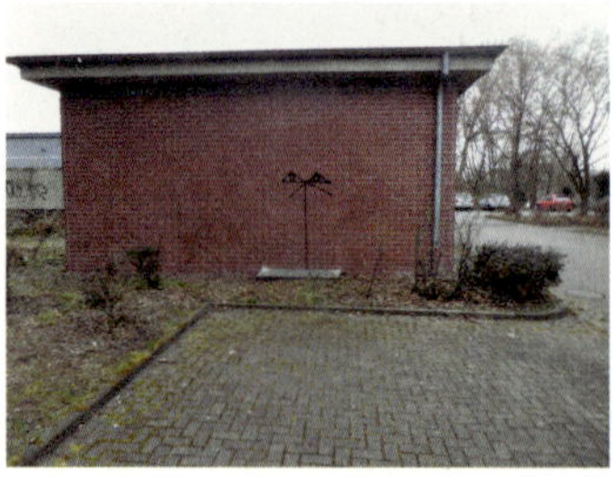

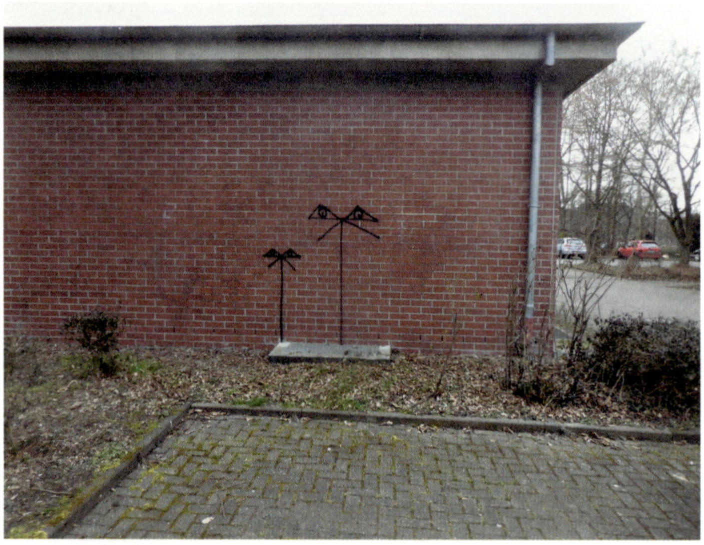

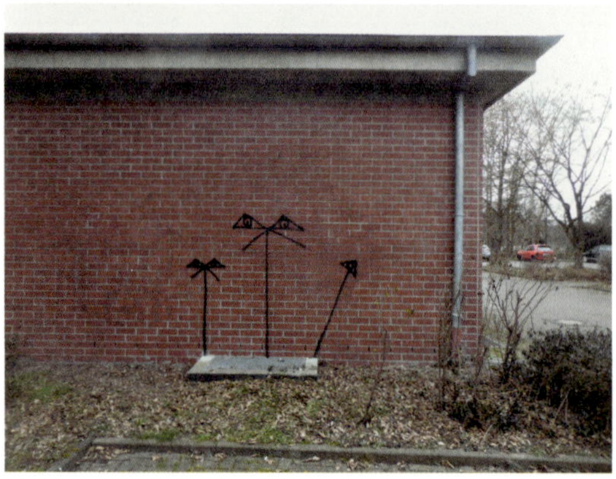

von: harry wolke <urwolke@hotmail.com>
Betreff: Neue Wolkenpost 2016
Datum: 02.04.2016 um 19:27
an: Freunde der Wolke

Vor genau hundert Jahren gab es eine einzige Schweizerin (Sophie Täuber-Arp) und etliche heute berühmte Europäer, die mit ihrem Dadaismus die geistig fast unbewegliche Stadt ein wenig aufrüttelten. Natürlich für Zürich ein Grund zum Feiern, und so erinnert man im Kunsthaus, im Museum Rietberg und anderswo mit zahlreichen Ausstellungen, Vorträgen, Festivals, Katalogen, Broschüren, ja sogar einem Stadtplan an eine vergangene glorreiche Zeit!
Doch der gleiche Zürigeist, der schon VOR 100 JAHREN geschlafen hat und heute feiert, wacht wiederum jäh als vehementer Putzteufel auf, sobald er den neuen KNOCHEN- UND KREUZDADA bemerkt, der sich höchst unerwünscht im Leben statt im Museum zeigt!
«Doch der Geist weht, wann und wo er will», lächelt die Wolke,
die weiterzieht und herzlich grüßt!

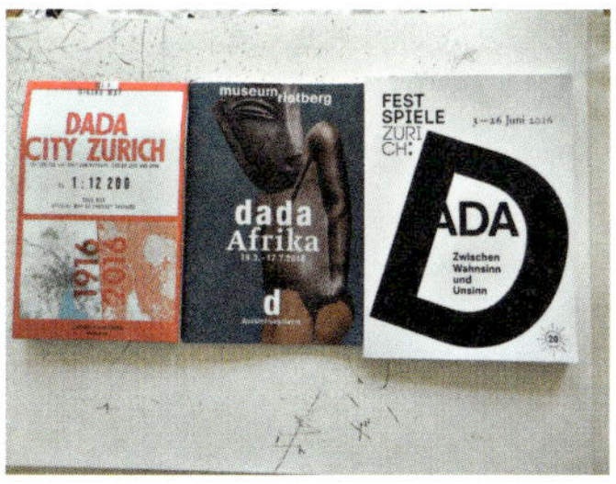

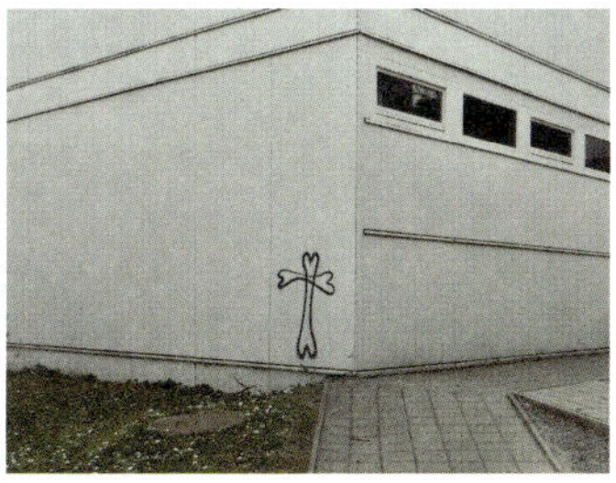

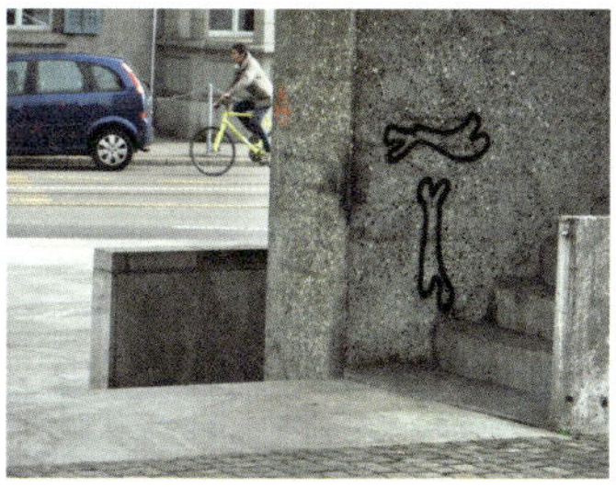

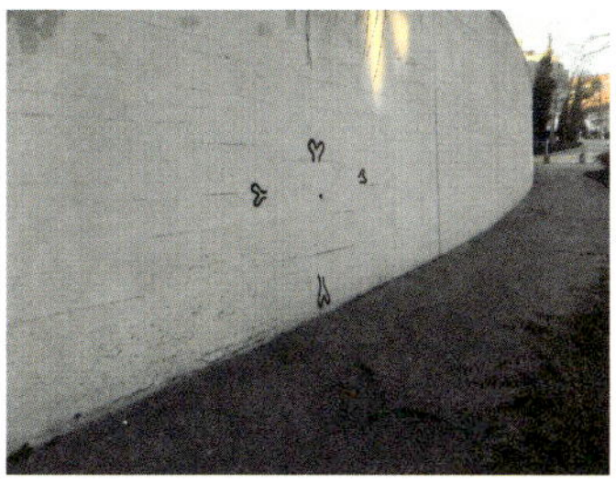

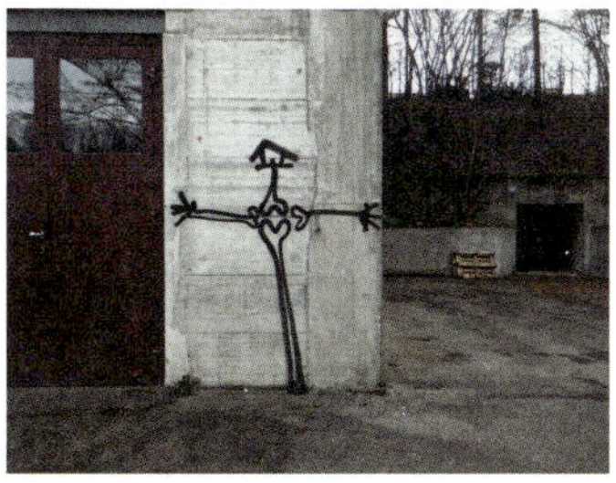

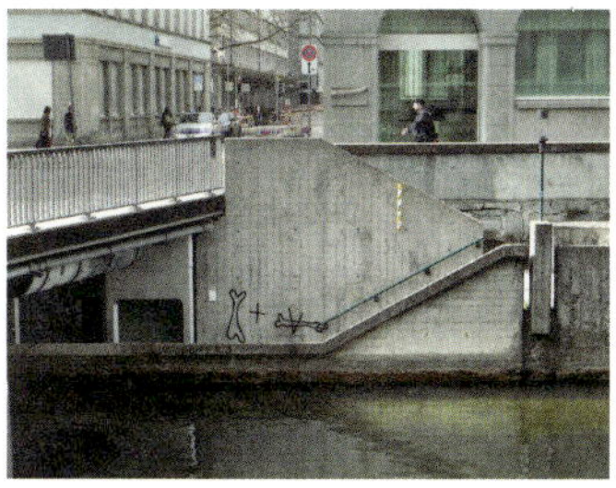

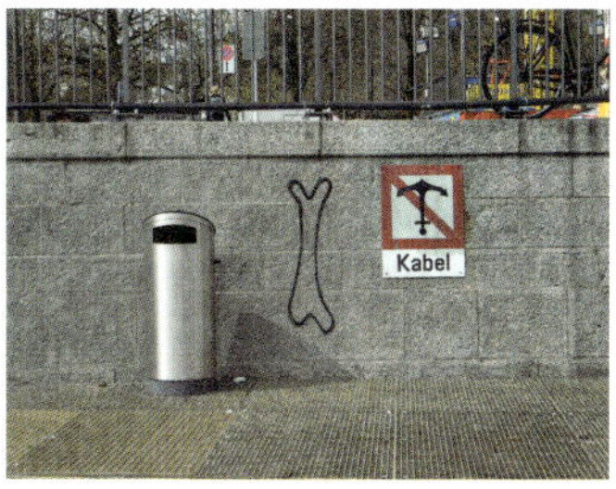

von: harry wolke <urwolke@hotmail.com>
Betreff: Augen wie Schmetterlingsflügel
Datum: 17.04.2016 um 21:51
an: Freunde der Wolke

Sie stehen in Nischen, schmiegen sich um Ecken oder stehen auf Fensterkonsolen als riesige Schmetterlinge oder Blütenblätter.
Herzlich grüßt die Wolke

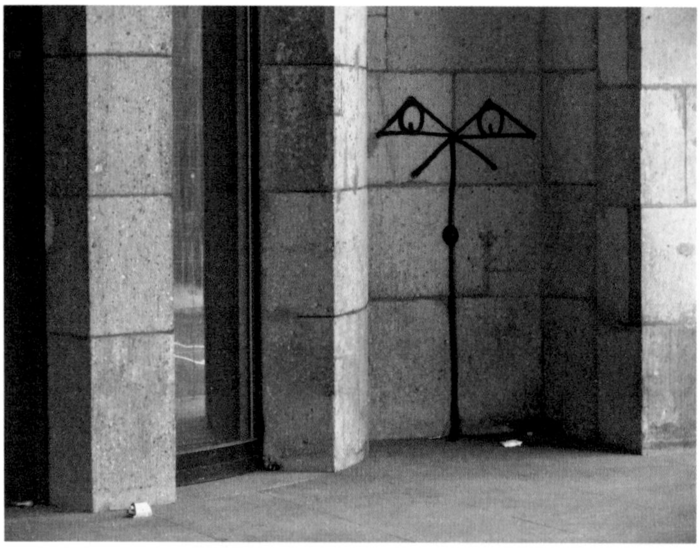

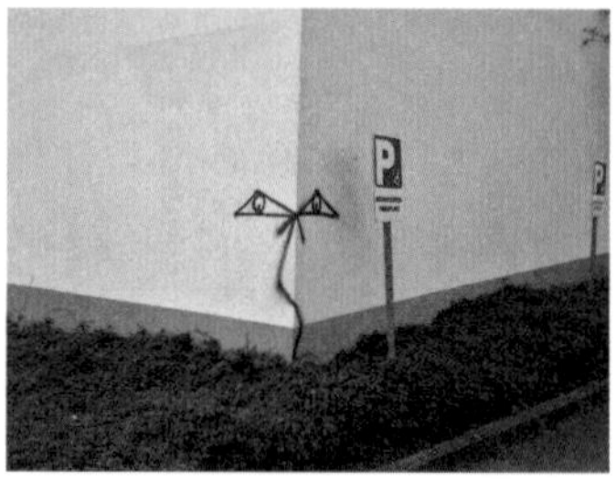

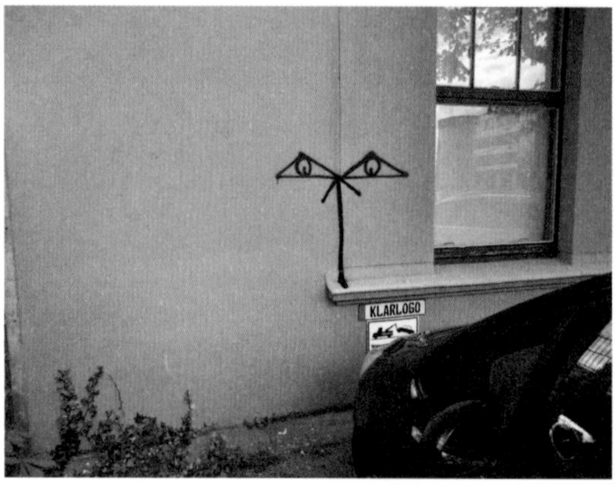

von: harry wolke <urwolke@hotmail.com>
Betreff: Wolkendadaismus
Datum: 24.04.2016 um 21:49
an: Freunde der Wolke

Liebe Freunde,
im biederen Zürich (der Zwinglistadt) feiert das Kunsthaus in seinen Hallen seit Wochen aufwendig und demonstrativ die Dadakunst von vor hundert Jahren!
Aber Huldrych Zwingli verwahrt sich ob solch musealer Feiern! Er weiß, dass Kunst und Geist nur im Leben, also im Alltag, das heißt im Hier und Jetzt von Bedarf sind und wirken müssen!
Und dies meint auch die Wolke, die herzlich grüßt

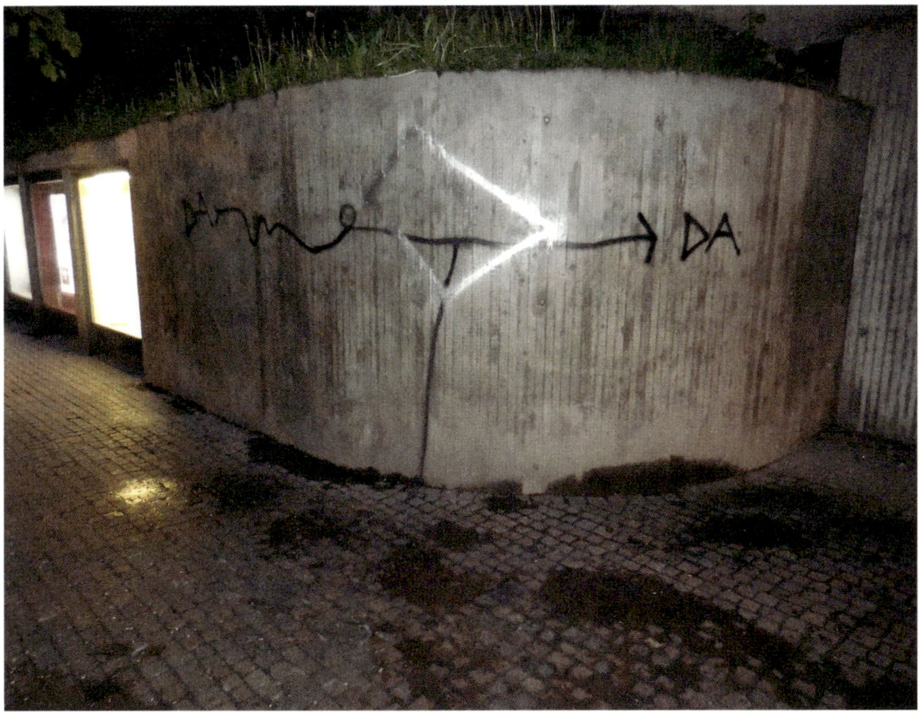

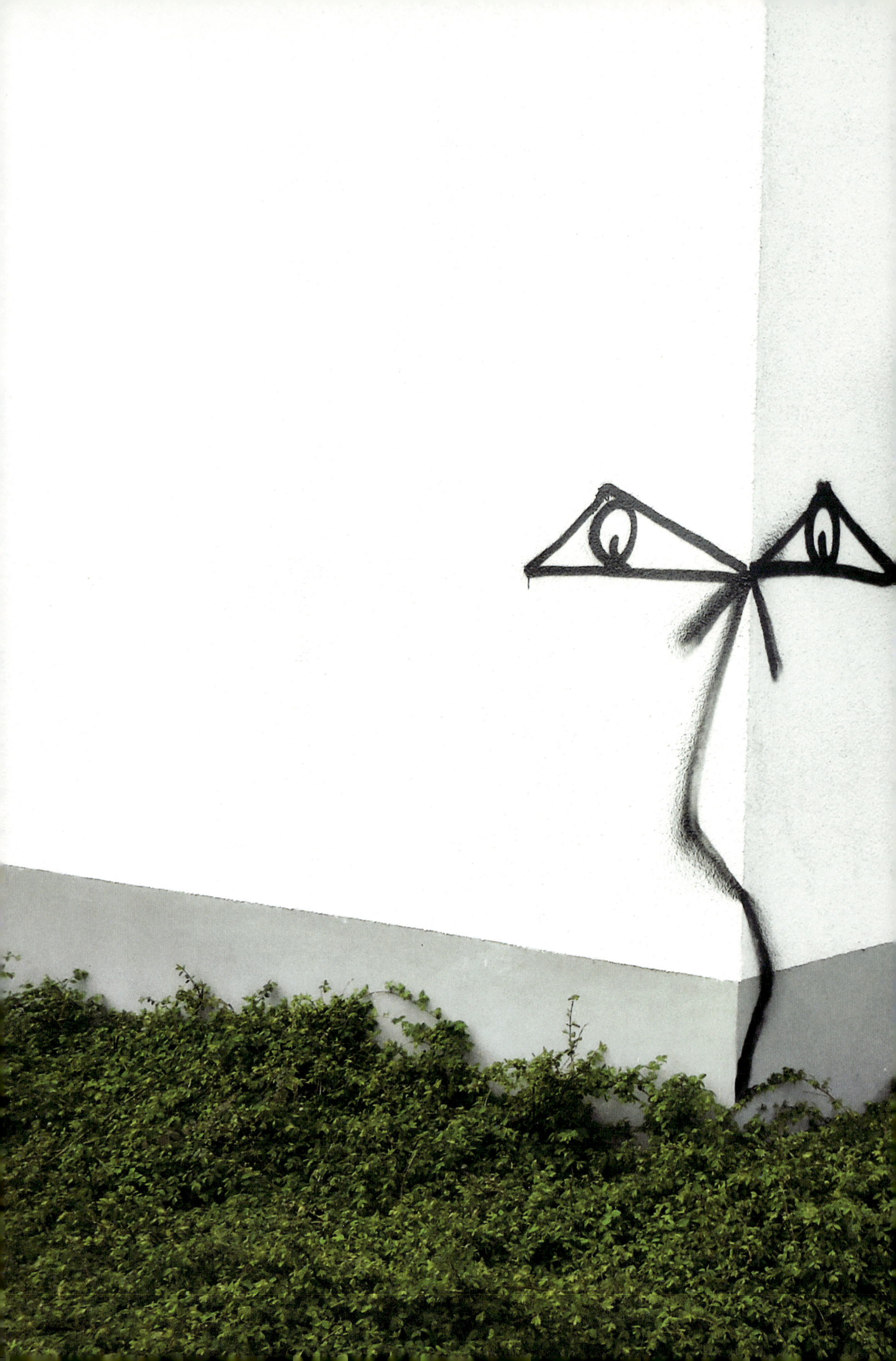

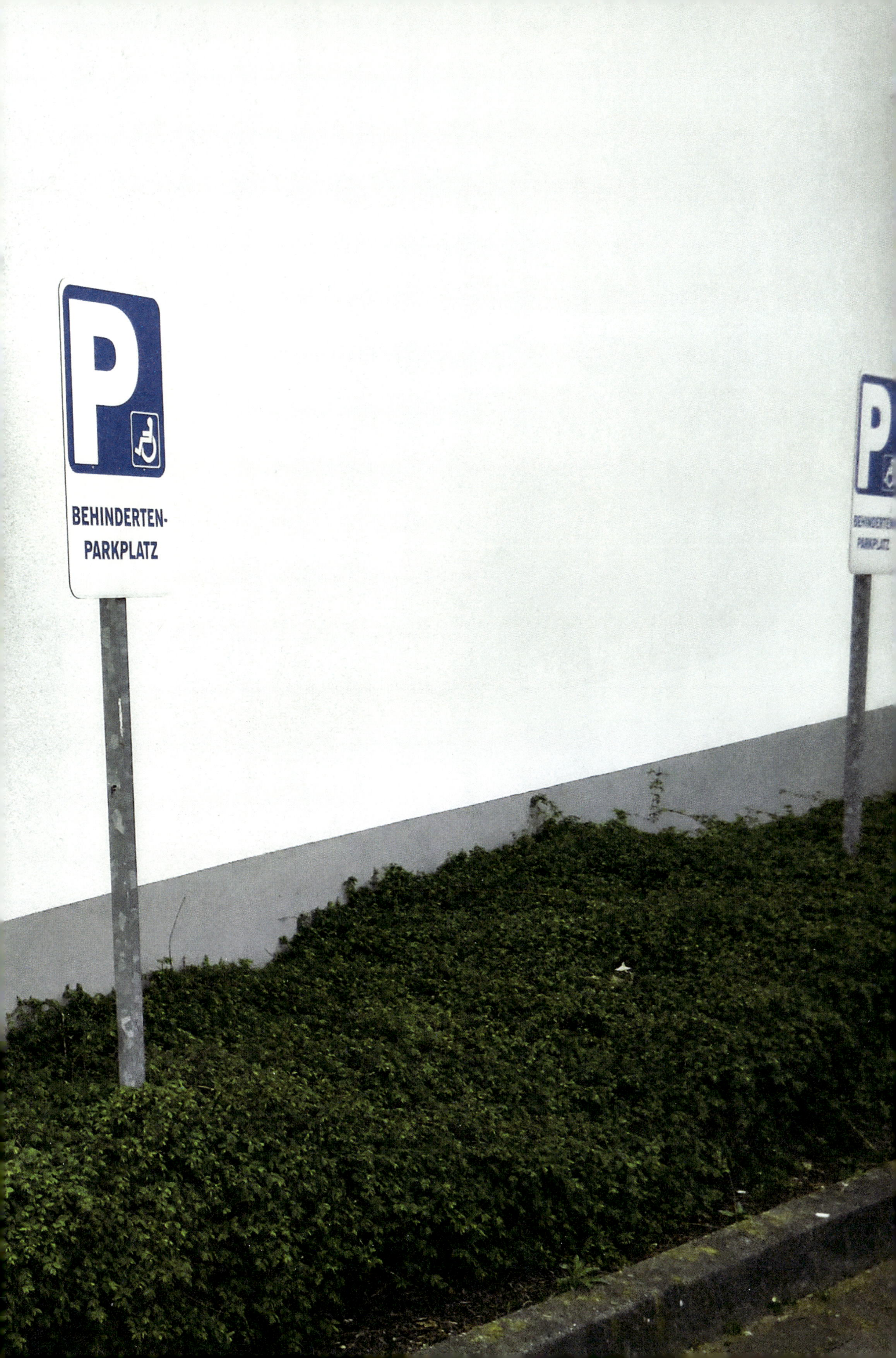
P
BEHINDERTEN-
PARKPLATZ
P
BEHINDERTEN
PARKPLATZ

von: harry wolke <urwolke@hotmail.com>
Betreff: Aus Schmetterlingsaugen bildet sich die Blitze
Datum: 01.05.2016 um 21:10
an: Freunde der Wolke

Liebe Freunde,
wusstet Ihr, dass der Blitz ursprünglich aus dem Blick kommt?!
Also die Blitze sind sinngemäß die Blicke der Götter, die entweder befreien oder vernichten!
So sagt die Wolke, die manchmal regnet, hagelt oder eben blitzt.

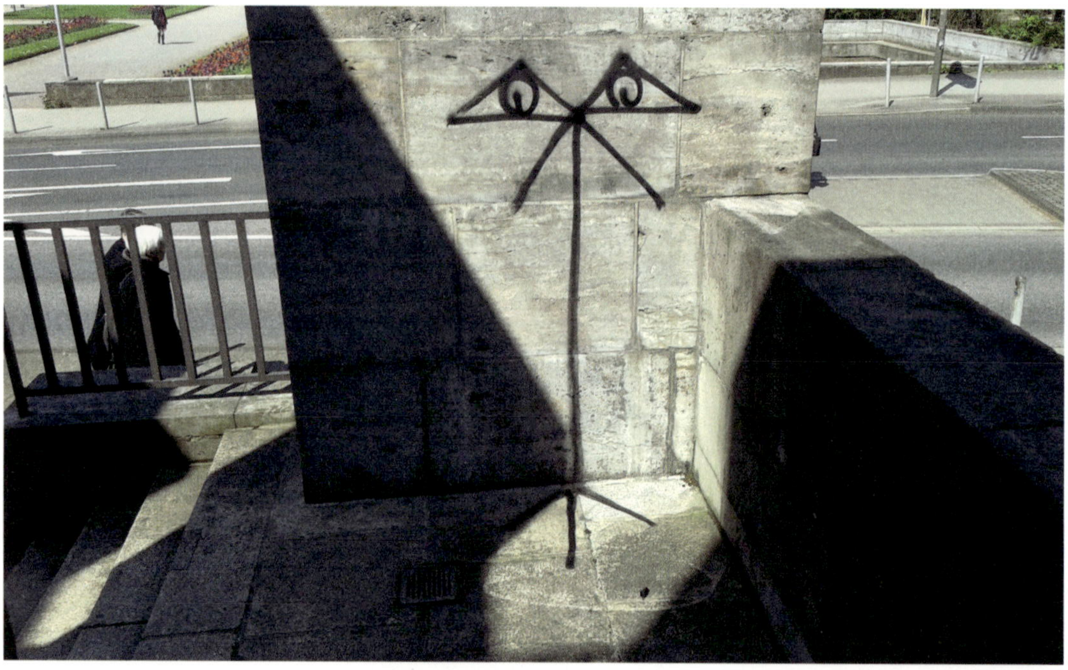

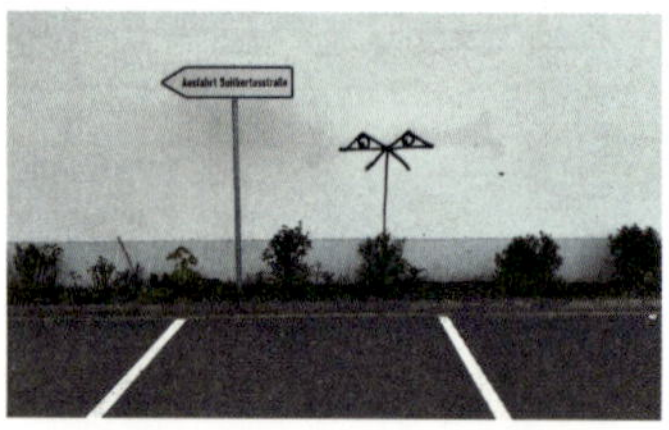

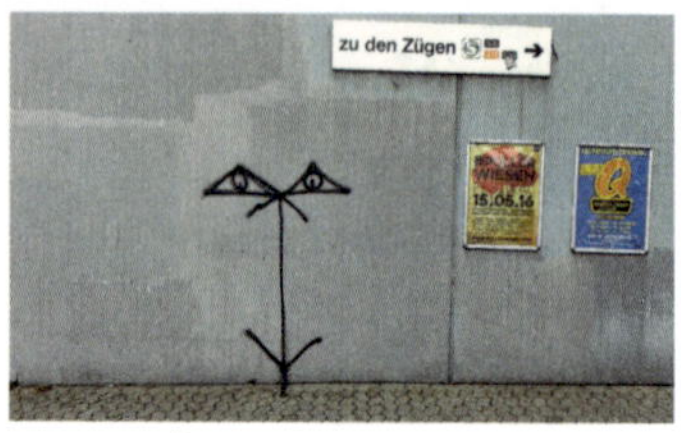

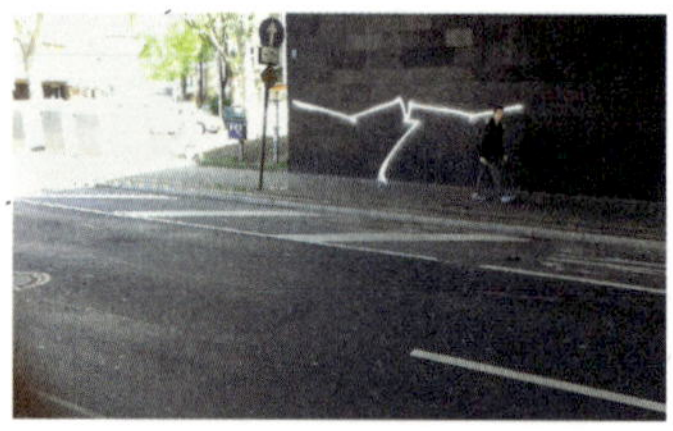

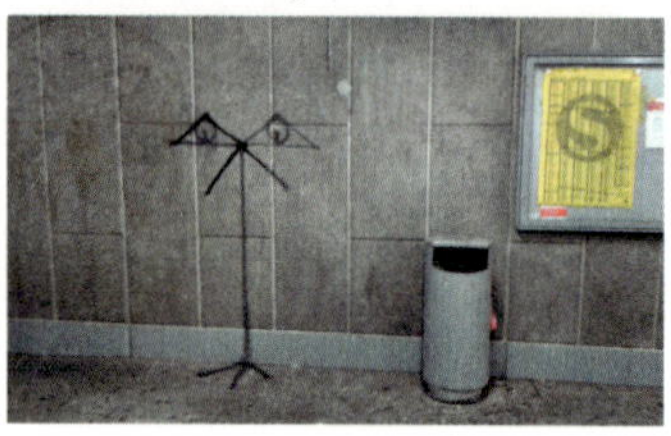

von: harry wolke <urwolke@hotmail.com>
Betreff: Wolkenpost
Datum: 27.05.2016 um 07:47
an: Freunde der Wolke

Liebe Freunde,
drei neue Augenblitze und zwei Erweiterungen.
Das heutige Bedürfnis unzähliger Jugendlicher, ihre Haut zu tätowieren, hat eine Gemeinsamkeit damit, die Mauern der Städte mit Graffiti zu erotisieren. Das Markieren, Stigmatisieren der weichen und harten «Häute» ist ursprünglich ein religiöser Akt, sagt die Wolke, die herzlich grüßt.

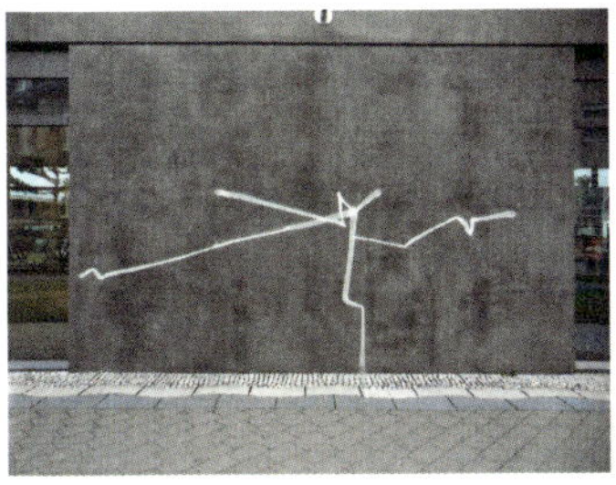
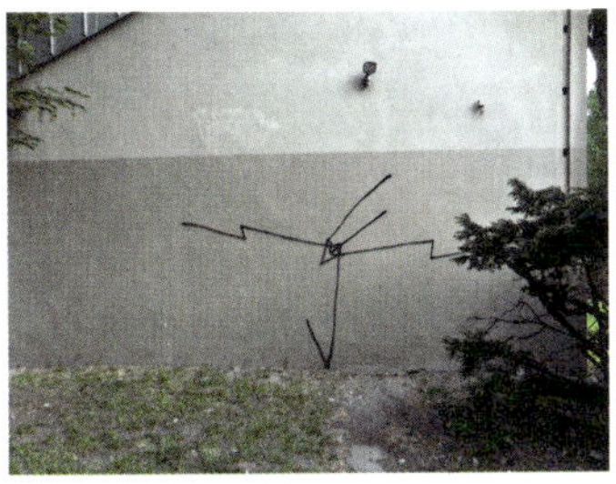
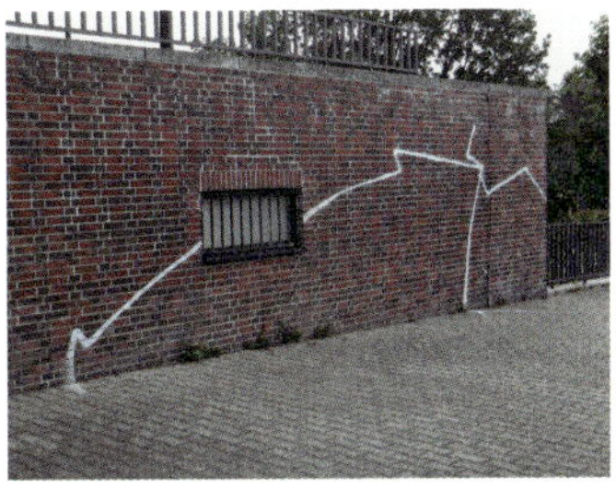
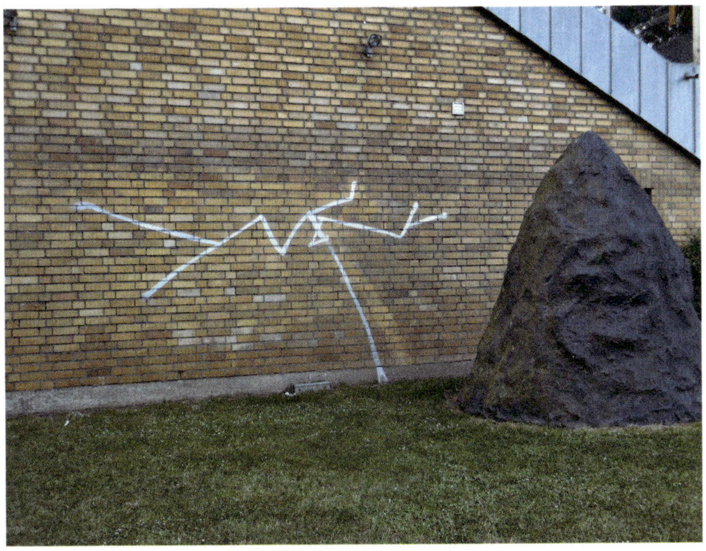
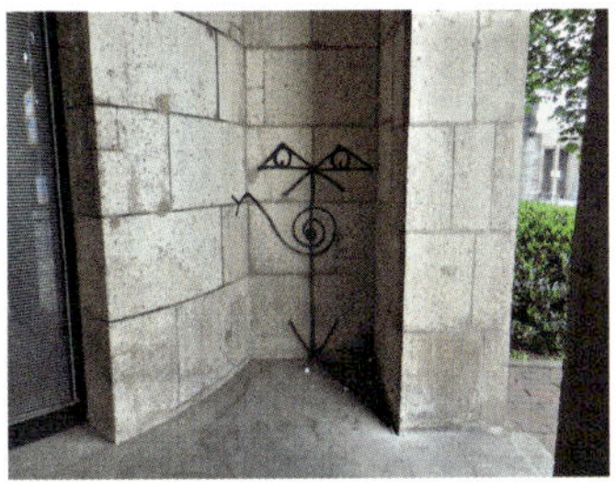

von: harry wolke <urwolke@hotmail.com>
Betreff: Wolkenpost 2
Datum: 21.06.2016 um 19:41
an: Freunde der Wolke

Weil Microsoft plötzlich neue Programme im Internet installierte, konnte die Wolkenpost lange nicht weitergeleitet werden. Die digitalen Monster sind eben nicht geeignet, den subtilen Wolkengeist zu fassen oder zu messen, denn dieser zeigt und offenbart sich überall und nirgends, also z.B. in der Abfahrt und Ankunft von Zügen, in einer Weinflasche, in einem Rasenstück, in einem Luftzug usw. Und alle verkünden eine neue Ethik, Politik und Kunst, die aber noch gelernt werden muss,
sagt die Wolke, die herzlich grüßt.

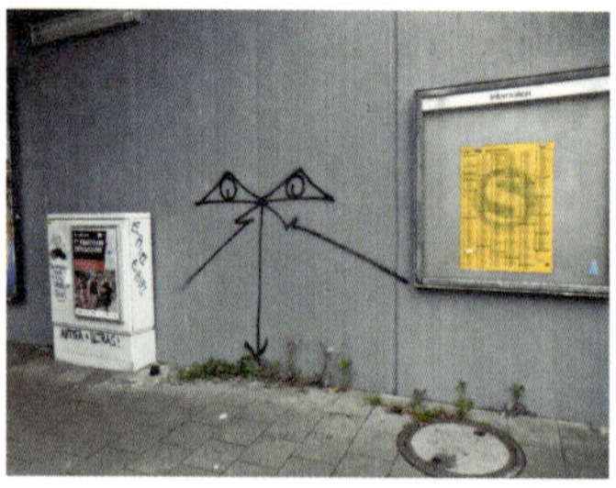

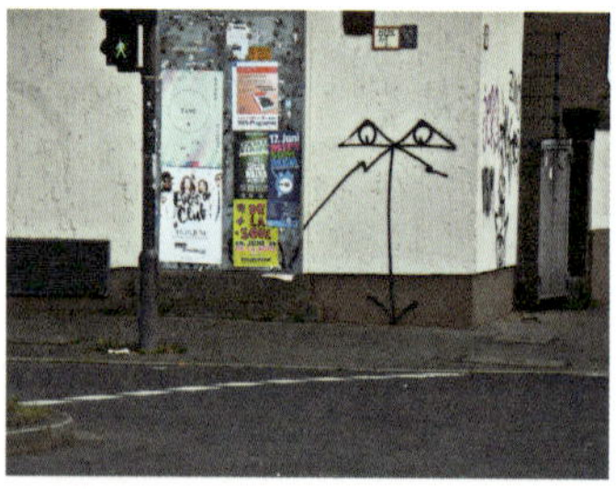

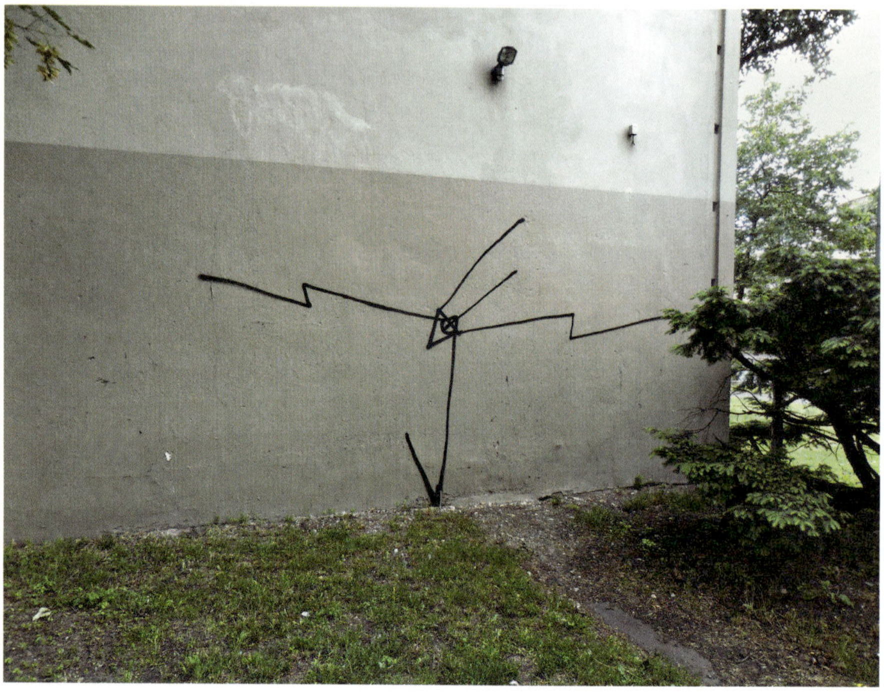

von: harry wolke <urwolke@hotmail.com>
Betreff: Aktualität neben Brexit und Ball am Fuß
Datum: 26.06.2016 um 08:42
an: Freunde der Wolke

Liebe Freunde!
Wir sind umgezogen, aber alles ist noch da, und das ist ganz natürlich und echt stark. Braunes Glas, Grünes Glas, Weißes Glas, und die großen Babyfachmärkte! Und bitte nicht vergessen – 10 x einkaufen und dann ein Badetuch gratis! Empfiehlt die Dadawolke, die herzlich plus 33% grüßt

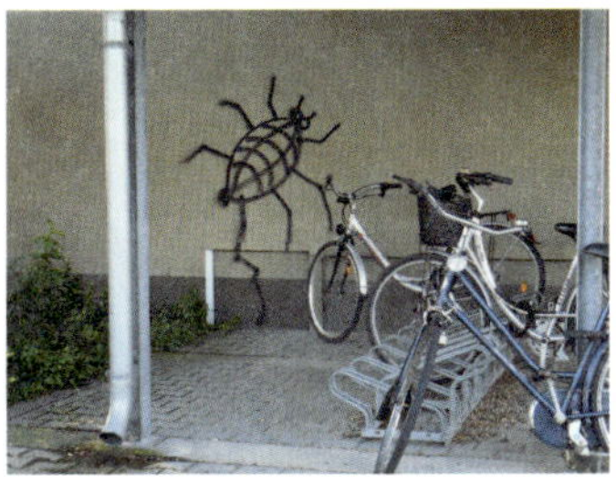

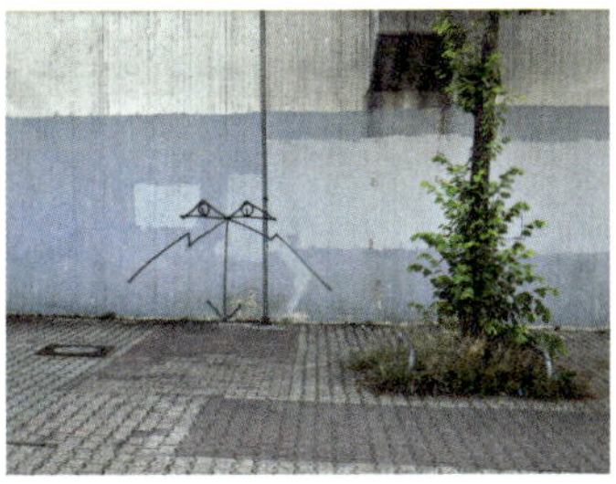

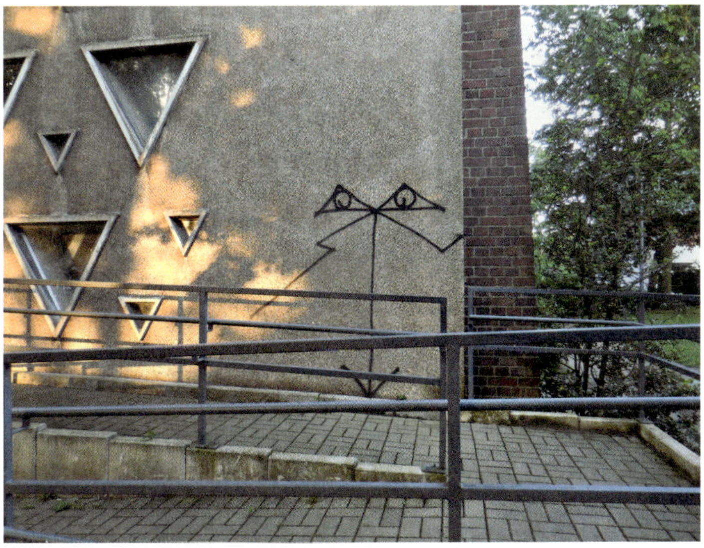

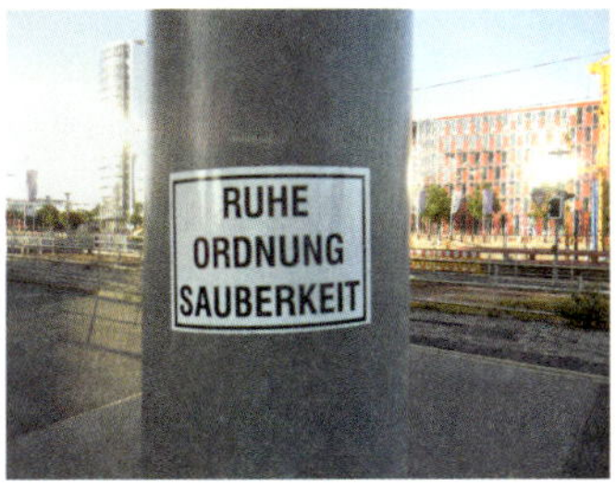

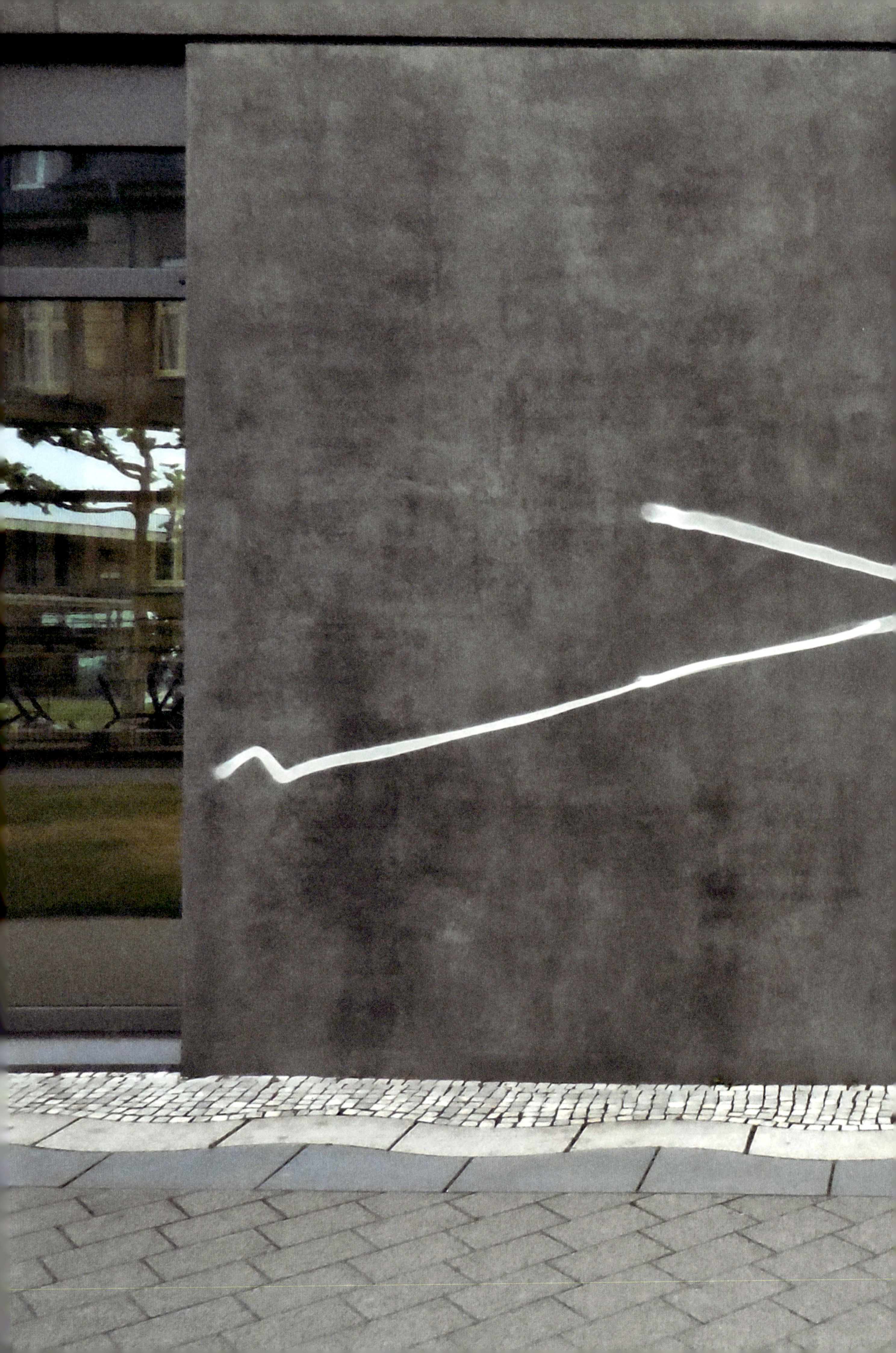

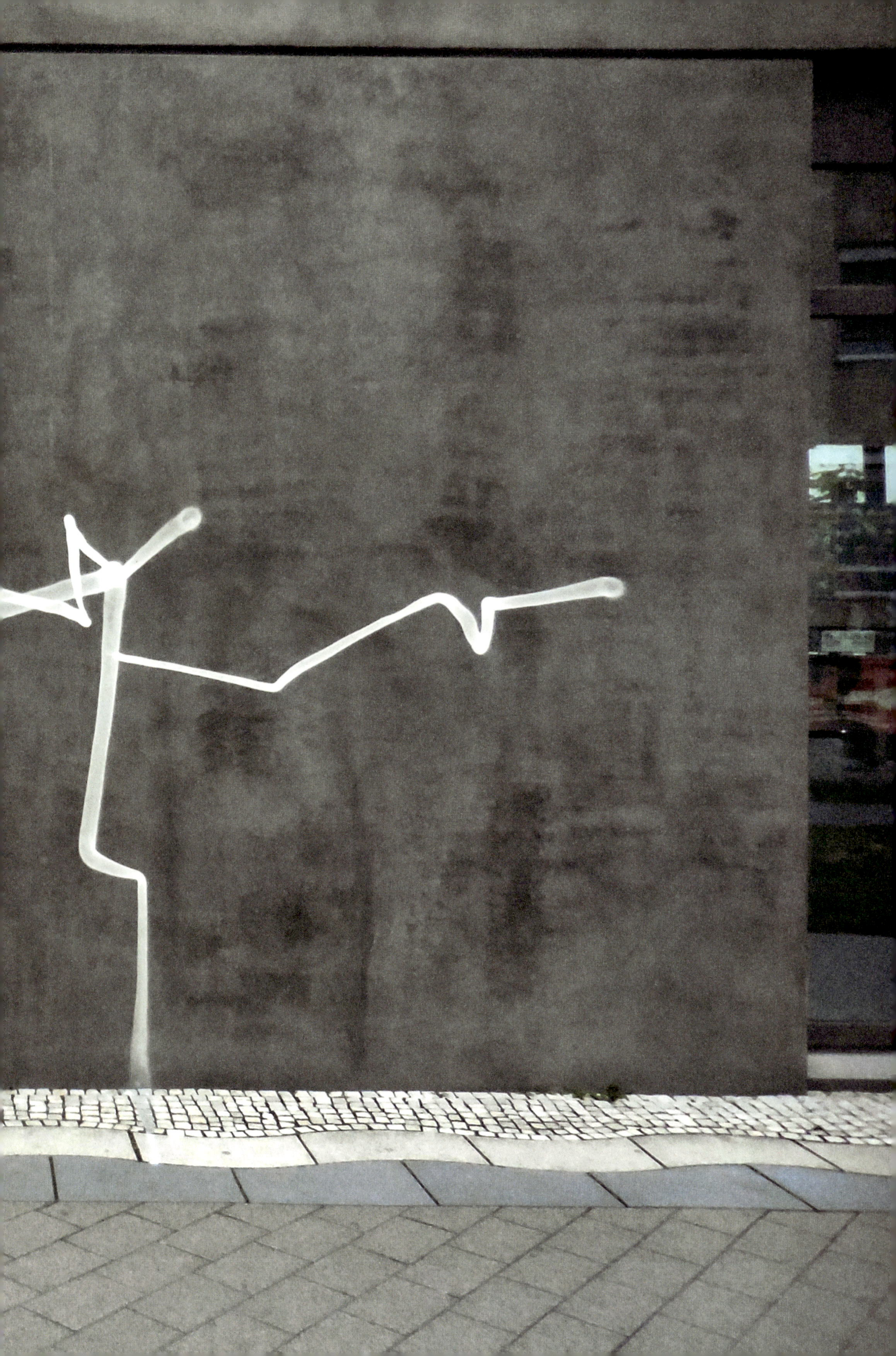

von: harry wolke <urwolke@hotmail.com>
Betreff: Poesie und Philosophie der Wolke
Datum: 16.07.2016 um 10:54
an: Freunde der Wolke

Liebe Freunde,
Nur insgeheim vollführ ich meine Taten
Doch wenn es Narren sehn, bin ich verraten
Ich mache Hochzeit mit dem Stein
Der Weise lächelt, doch den Bürger greift die Pein!
Sagt die Wolke, die herzlich grüßt

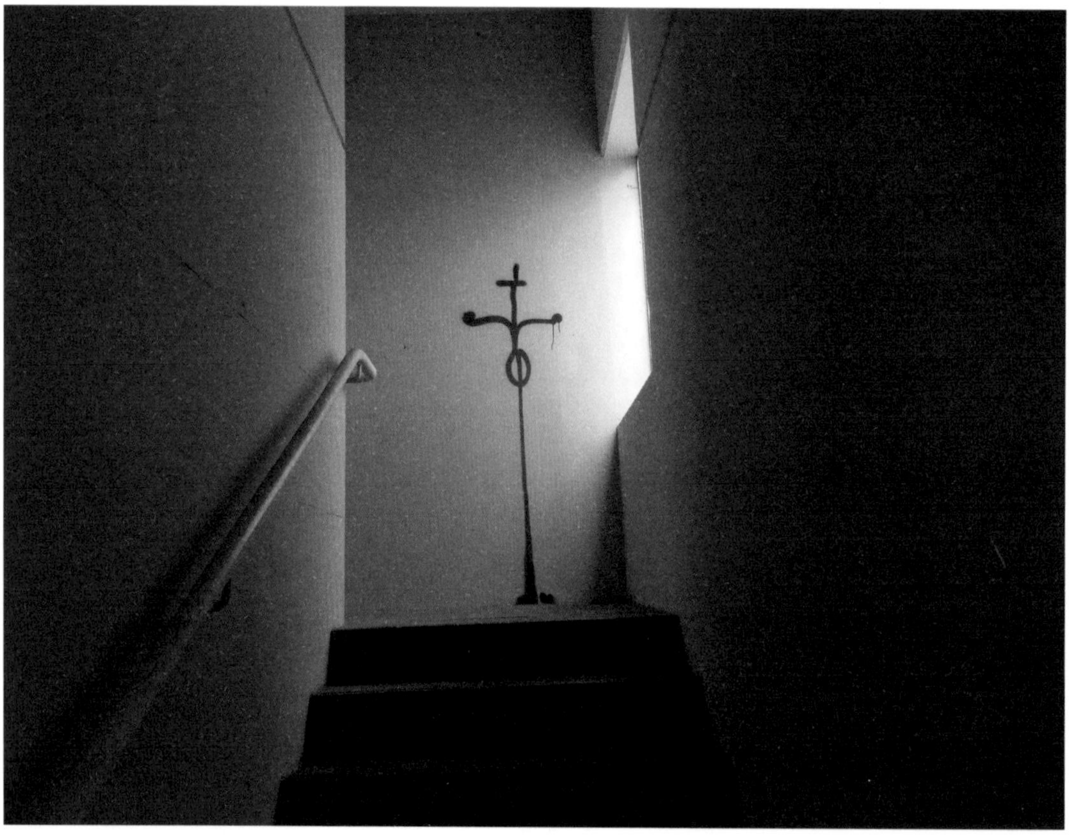

von: harry wolke <urwolke@hotmail.com>
Betreff: Augenaufschlag ,Erinnerung und Gestaltung
Datum: 01.08.2016 um 22:18
an: Freunde der Wolke

Liebe Freunde,
Als ich 17 Jahre jung war, habe ich in der Kunst- und Gewerbeschule Zürich bei meinem Lehrer KS, dem Holzschneider, von Hans Arp Etliches erfahren und gelernt. Mein Lehrer hatte ein Töchterchen, genannt Eva, 15 Jahre jung. Gelegentlich war sie mit ihrem Papa im Klassenzimmer. Zu tun hatte sie nichts, doch einmal stand sie vor mir - und für den Jüngling gänzlich neu, zeigte sie diesem zum ersten und letztem Mal, wie ein weiblicher Augenaufschlag Zauber und Verwirrung stiftet!
Wenn bei mir so viele Augenwesen entstehen, so sind sie eben alle Erinnerung und Beschwörung an diesen einzigartigen magischen Augenblick!
Sagt die Wolke, die herzlich grüßt

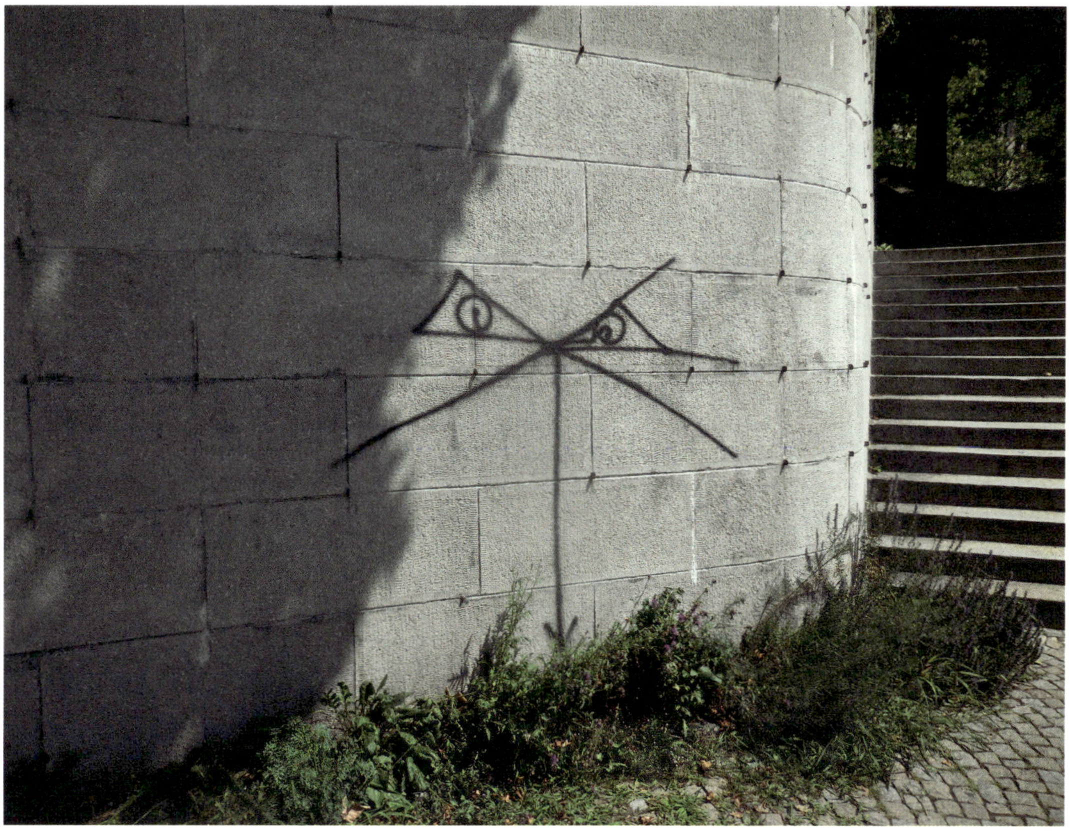

von: harry wolke <urwolke@hotmail.com>
Betreff: Das neue Sehen
Datum: 08.08.2016 um 21:57
an: Freunde der Wolke

Liebe Freunde,
Das Doppelauge am Kunsthaus Z. ist den Wolkenfreunden von früher her bekannt, aber aufgepasst! Die unteren «Antennen» sind heute erweitert worden. Verwandlung der Zeichnung, wie auch das sich stets ändernde Umfeld, das wiederum auf die Zeichnung einwirkt, provozieren einen neuen Kunstbegriff oder ein neues Sehen! Sagt die Wolke, die herzlich grüßt.

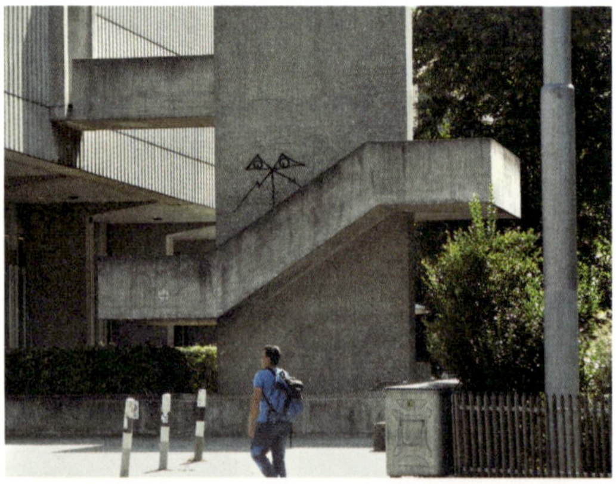

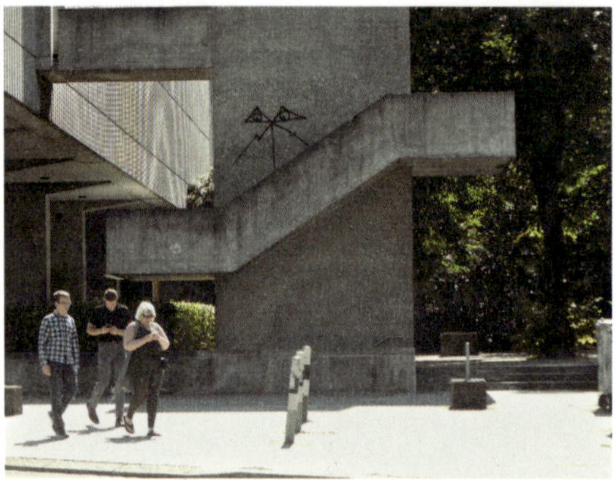

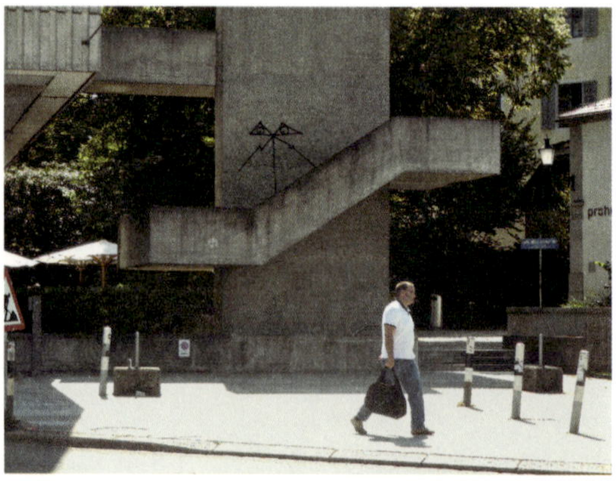

von: harry wolke <urwolke@hotmail.com>
Betreff: neue wolkenpost
Datum: 11.09.2016 um 20:11
an: Freunde der Wolke

Liebe Freunde,
Die Schmetterlings- und Sphinx-Augen sind neuerdings wieder abgelöst von laufenden Ohren. Aber warum laufen und rennen sie? Gefällt ihnen die erhabene Musik im Stein nicht mehr? Finden sie den Verkehrslärm und das ewige Geschwätz der Menschen interessanter? Das mag sein. Doch ein Ohr stürmt eine Treppe hinunter und lässt eine Parole zurück: enjoy life! Das ist des Rätsels Lösung!
Sagt die Wolke, die herzlich grüßt.

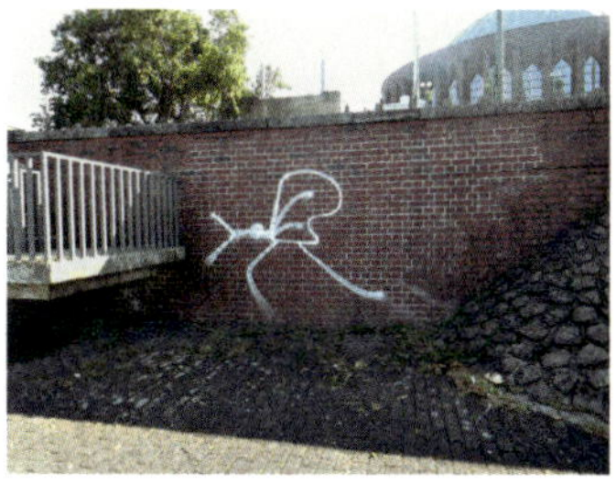

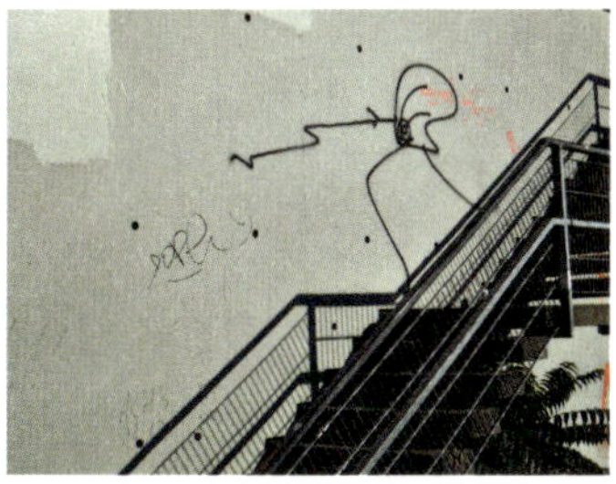

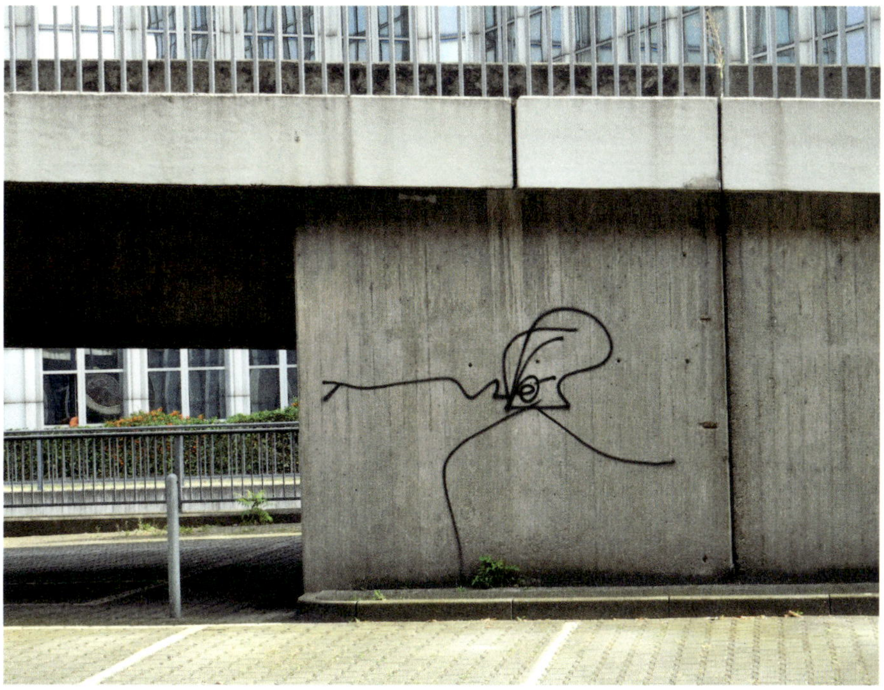

von: harry wolke <urwolke@hotmail.com>
Betreff: Neue Wolkenpost
Datum: 12.09.2016 um 09:15
an: Freunde der Wolke

Liebe Freunde,
die Jugend mit ihrer Schönheit und egoistischer Lebensfreude ist einmal ohne Widerspruch für einen Moment im harmonischem Einvernehmen mit dem Alter und der Gelassenheit!
Diese Brücke schafft die Kunst! Ein Fotograf hat das ungleiche Paar festgehalten, und auch nicht die kleine Sphinx übersehen, die ob dem Ereignis zufrieden schnurrt.
Sagt die Wolke, die herzlich grüßt

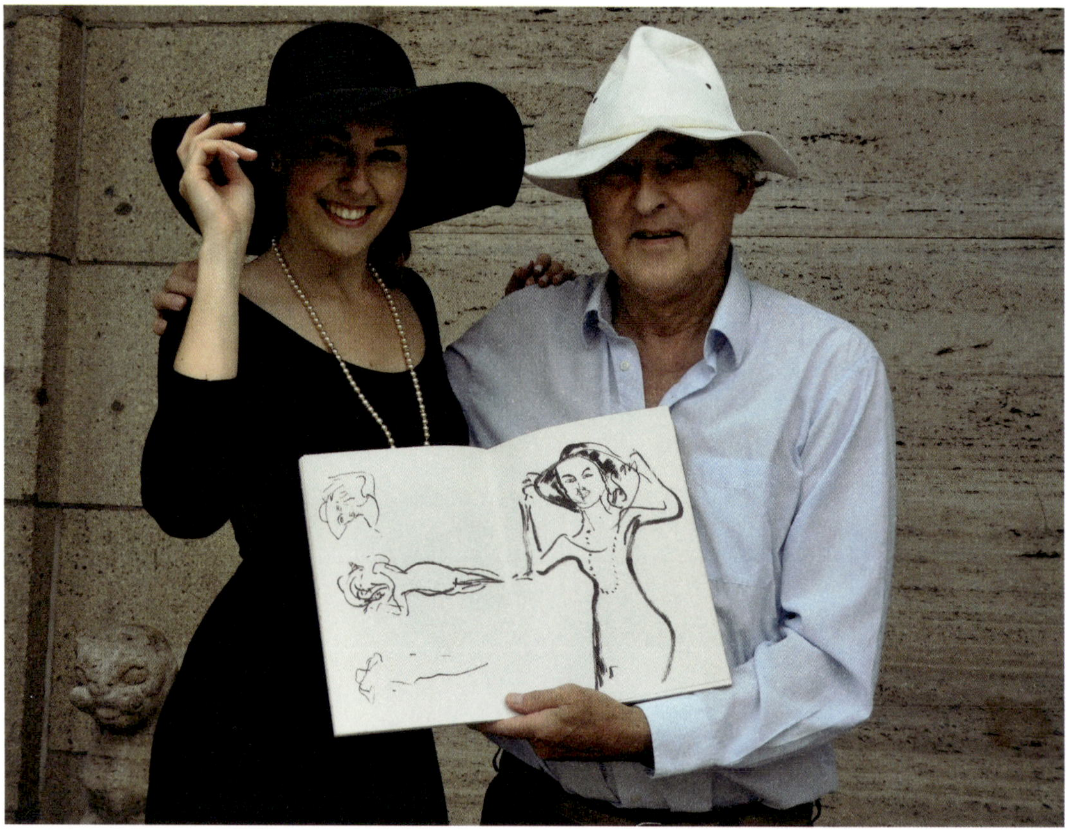

von: harry wolke <urwolke@hotmail.com>
Betreff: Neue Wolkenpost
Datum: 15.09.2016 um 15:50
an: Freunde der Wolke

Liebe Freunde,
einige Riesen haben unseren Planeten verlassen, und nur ihre Ohren zurückgelassen. Damit diese überall herumlaufen können, wurden sie mit schlanken Beinen begabt. Doch weil das Leben immer sein Recht auf Verwandlung geltend macht, mutierten die Ohren bald zu Schmetterlingsflügeln, Blumenkelchen oder zu Insekten der Poesie, was auch im Sinne der Riesen war.
Sagt die Wolke, die herzlich grüßt.

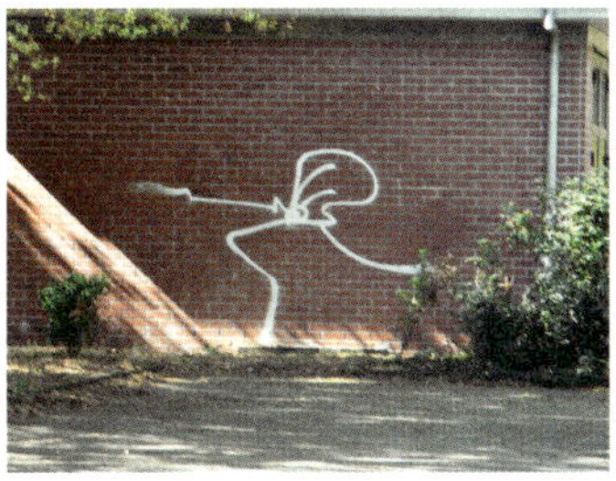

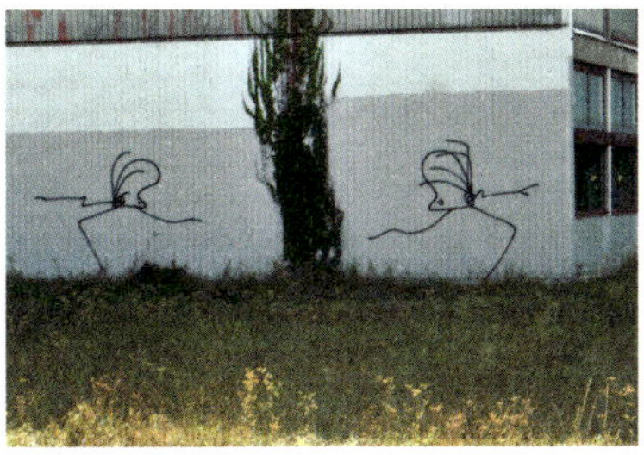

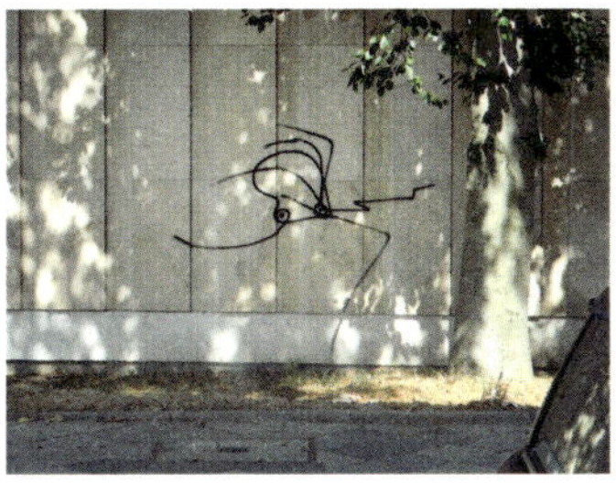

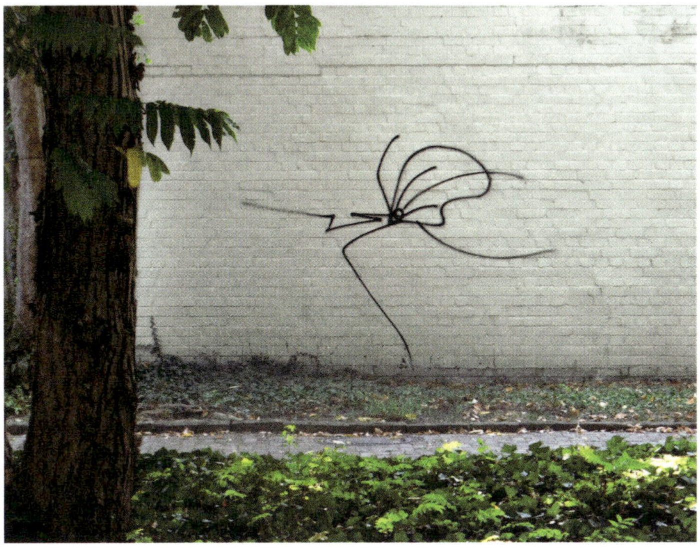

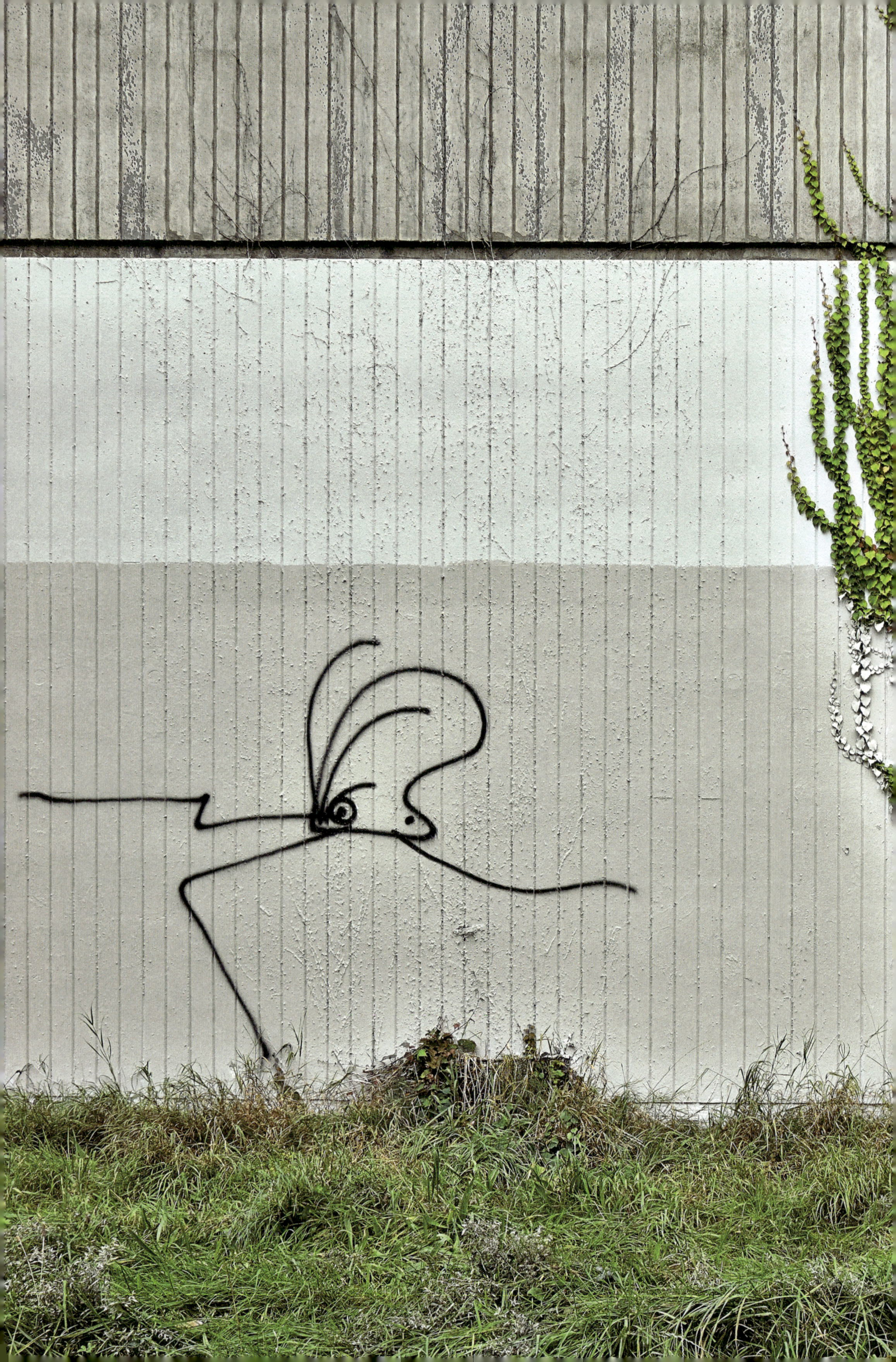

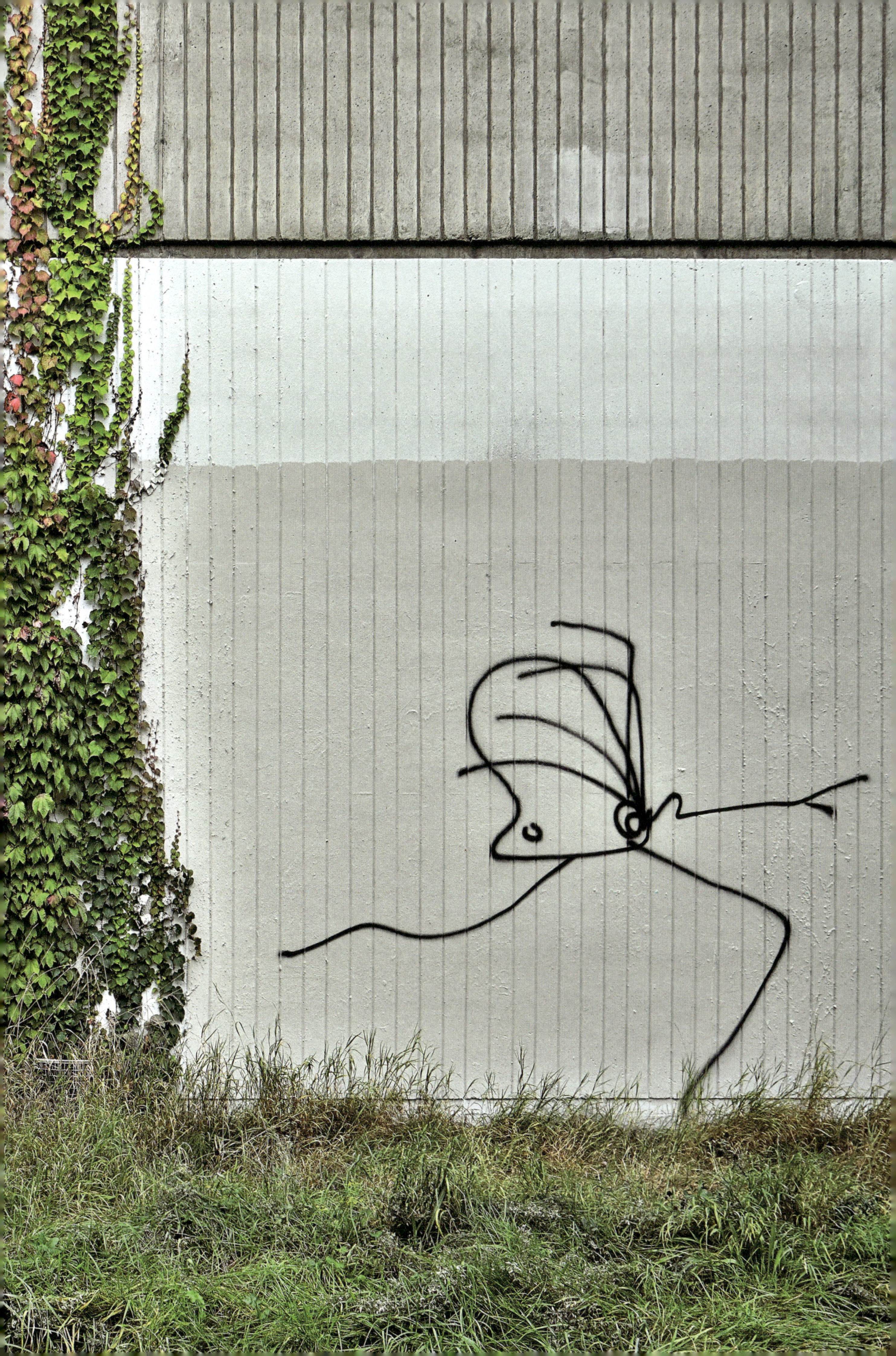

von: harry wolke <urwolke@hotmail.com>
Betreff: Ein Flamingo und zwei Flügelohren
Datum: 18.09.2016 um 08:06
an: Freunde der Wolke

Liebe Freunde,
Eine schöne Frau dichtet, ein Mann sprüht.
...
Mein Herz ein Flamingo
ein Wassertropfen eine Wolke
ein Grashalm ein Insekt
überall sah ich dich mein Herz
wurde größer
und größer
mein Herz
maritim aeroflot sternenklar
...
sagt die Wolke, die herzlich grüßt

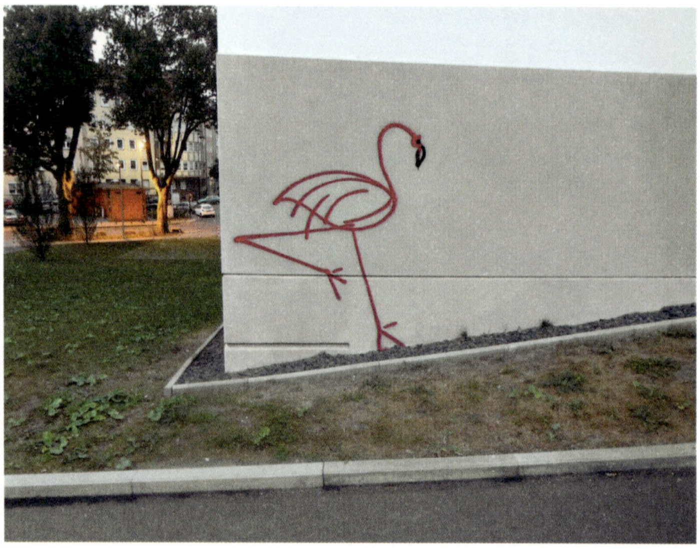

von: harry wolke <urwolke@hotmail.com>
Betreff: Neue Wolkenpost
Datum: 23.09.2016 um 12:30
an: Freunde der Wolke

Ah! Flamingo!

Liebe Freunde,
ein Flamingo war auch Gegenstand der letzten Wolkenpost. Das heißt, die Sichtweise einer großen Lyrikerin, die in diesem stolzen Tier ihr leidenschaftliches Herz und Ich erkannte: maritim aeroflot sternenklar!
Die Wolke aber sieht im Flamingo psychologisch das Symbol des modernen Menschen: ewig streitsüchtig, aber unwürdig aneinandergekettet. Und die anerkannte Schönheit macht ein penetranter Gestank widersprüchlich. Die Hauptsache aber ist, der aus dem Zoo (Demokratie und Kirche) ausgebrochene Flamingo hat nur einen Flügel!
Seine politischen Rechte kann er wahrnehmen, an das Paradies mag er glauben, nur fliegen kann er nicht mehr!
Sagt die Wolke, die herzlich grüßt

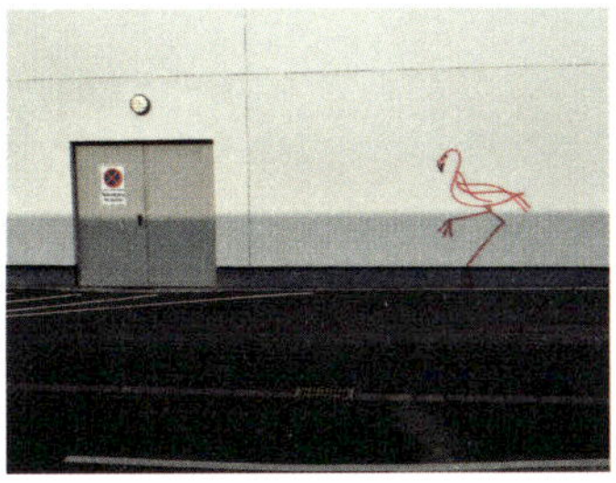
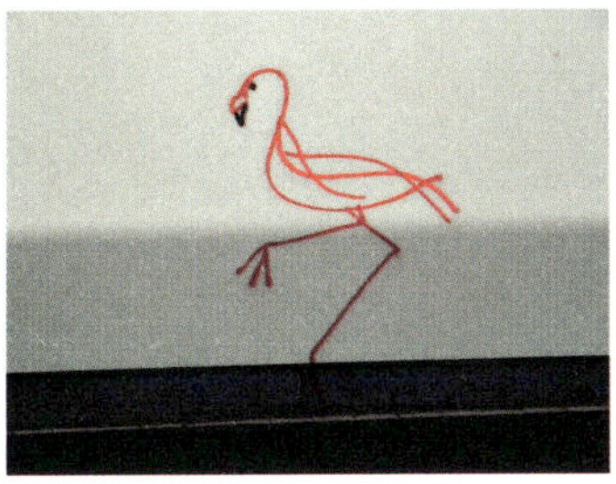
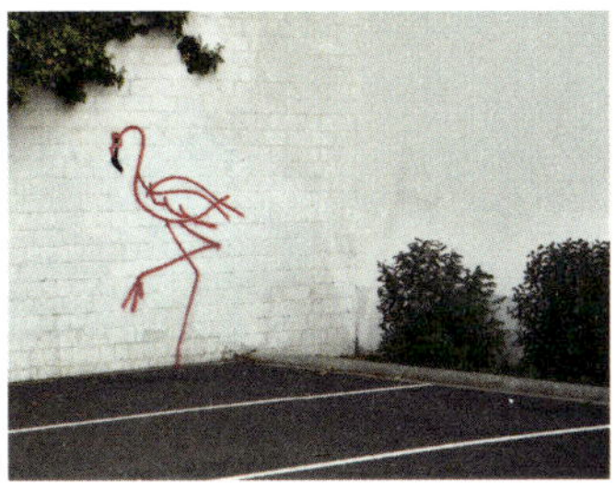
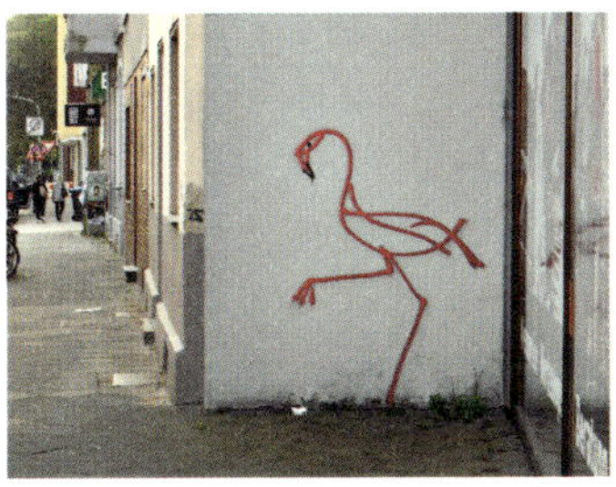
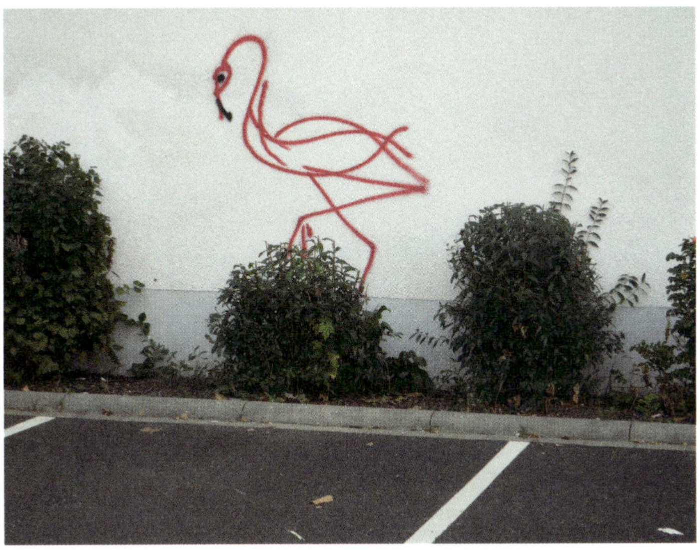

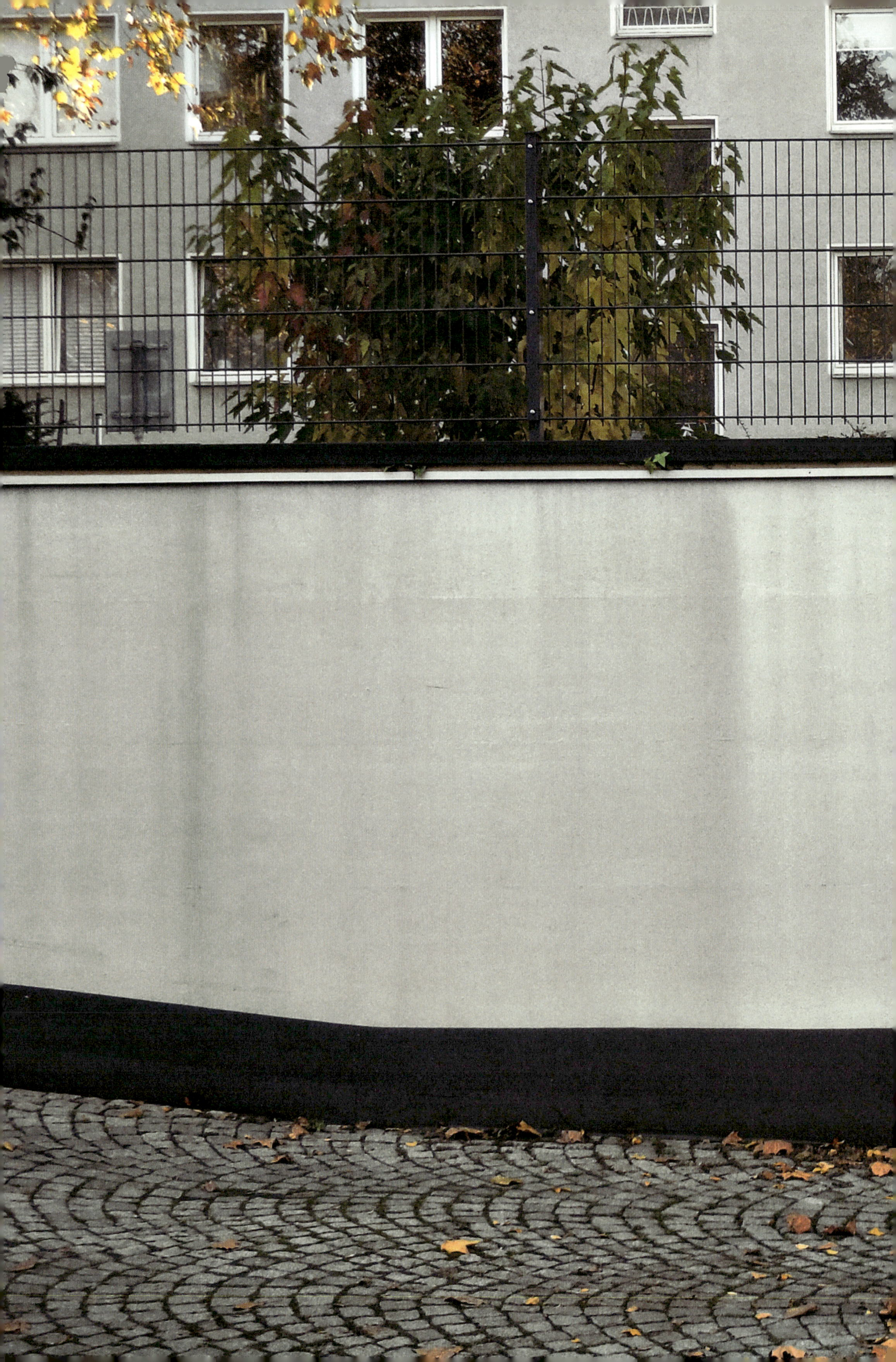

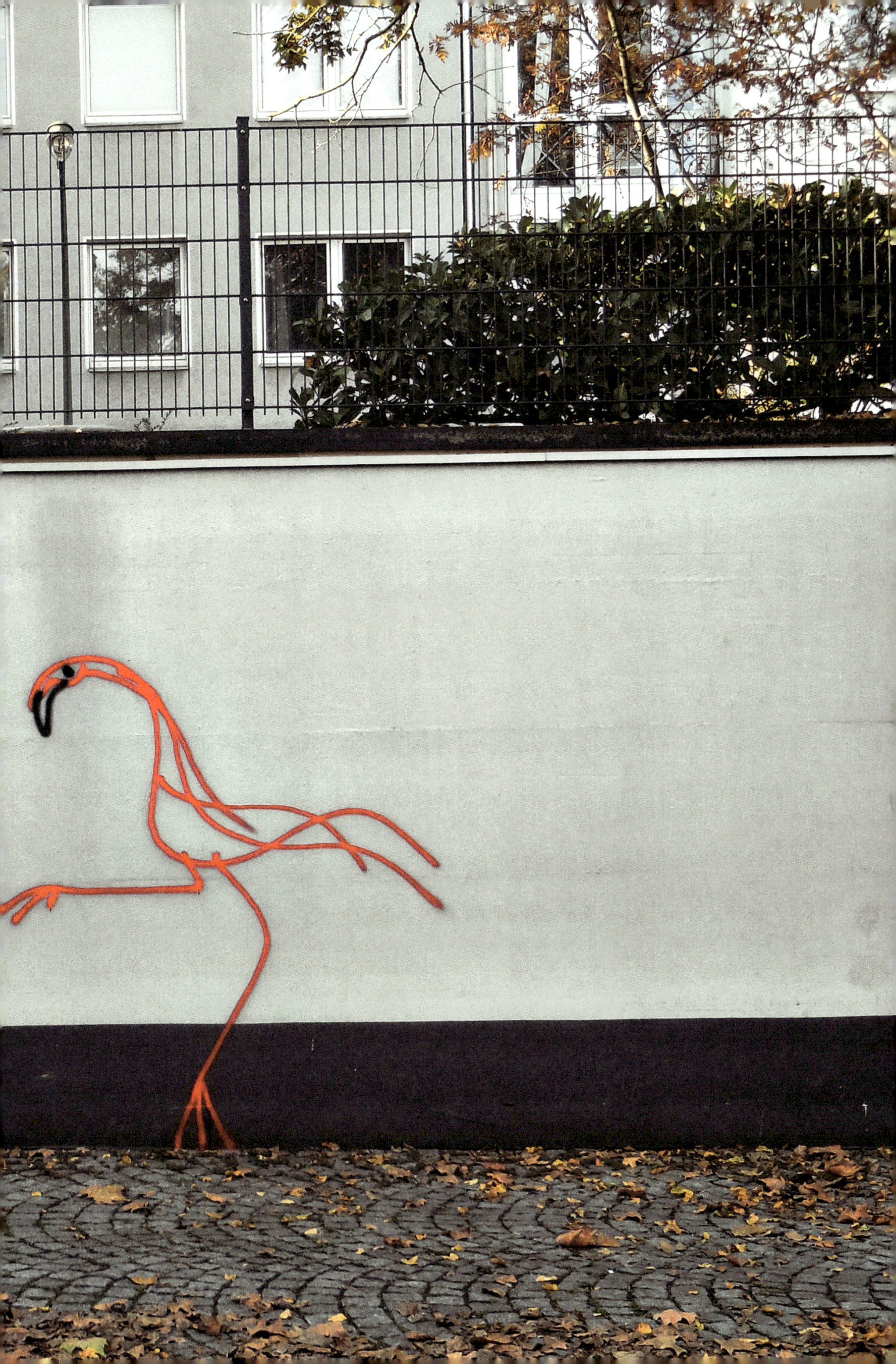

von: harry wolke <urwolke@hotmail.com>
Betreff: Neue Wolkenpost
Datum: 26.09.2016 um 11:44
an: Freunde der Wolke

Oh, ein Flamingo!

Liebe Freunde,
schon wieder ist ein Flamingo aus dem Zoo ausgebrochen! In jedem Zoo sowie in jedem Gefängnis in demokratischen Landen gibt es für die Insassen eine Bibliothek! Unser Flamingo interessierte sich besonders für Rilkes berühmtes Gedicht «Archaischer Torso des Apollo», das so endet: «... denn da ist keine Stelle, die dich nicht sieht, Du musst dein Leben ändern!»
Nun hat er sein Leben geändert und zeigt uns, was Schönheit und Freiheit ist!
Sagt die Wolke, die herzlich grüßt

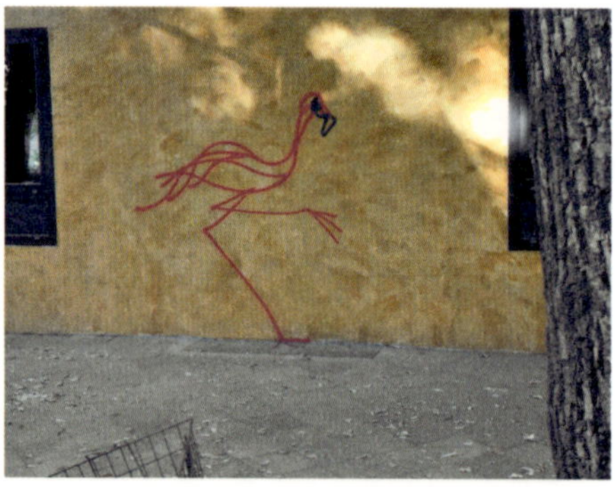

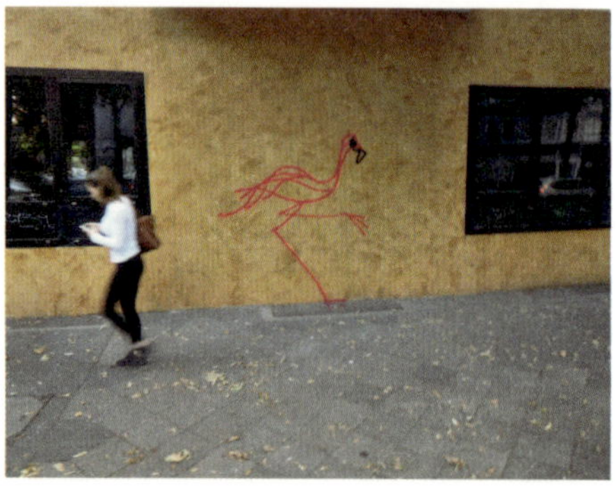

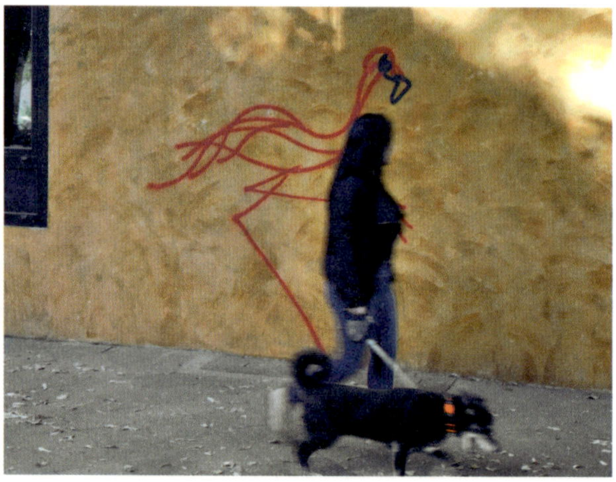

von: harry wolke <urwolke@hotmail.com>
Betreff: Neue Wolkenpost und neue Flamingos
Datum: 16.10.2016 um 15:39
an: Freunde der Wolke

Liebe Freunde,
die Revolution kommt auf Taubenfüßen, sagte Friederich Nietzsche.
Die Flamingos kommen einfach so, sagt die Wolke. Aber aufgepasst: Harmlos sind sie so wenig wie die Tauben, denn ihre Schönheit ist Waffe! Nämlich die Waffe der Vernunft gepaart mit List, den Barbaren im Menschen zu besiegen.
Sagt die Wolke, die herzlich grüßt

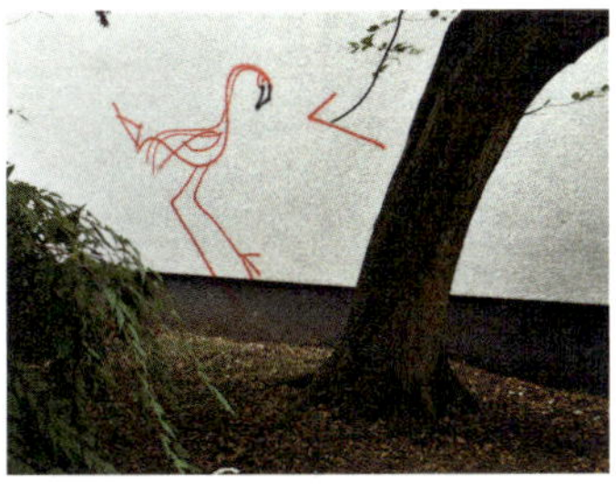

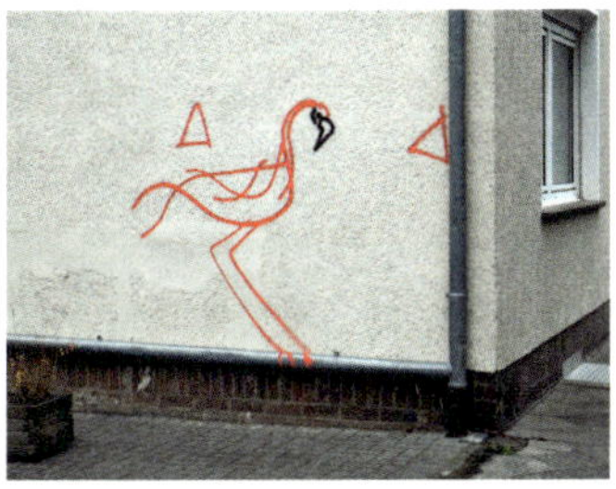

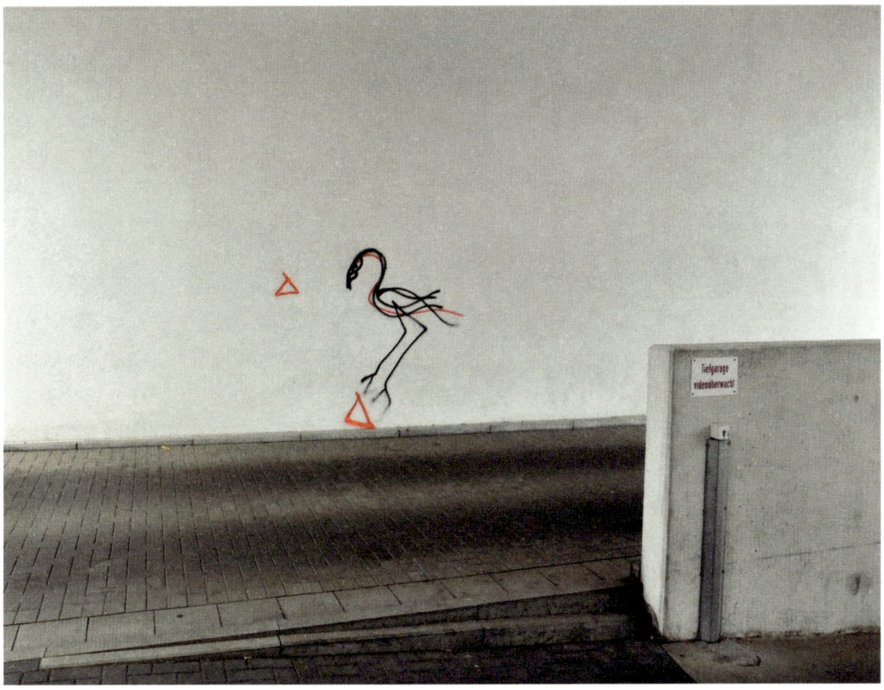

von: harry wolke <urwolke@hotmail.com>
Betreff: Lied des Flamingos
Datum: 30.10.2016 um 20:11
an: Freunde der Wolke

Liebe Freunde,
ein neuer Flamingo zeigt sich als musisch begabt,
denn aus seinem Schnabel tönt Gesang.

Liebe Ferne und im Traum
zeigt nur der Himmelsraum
den ich verlassen muss
durch der Menschen bittern Kuss
Liebe ist ihnen eine Sache
in ihren Herzen wohnt der Drache
Drum flieg ich wieder fort
Zu Wolkenhügeln dort im Wort

Sagt die Wolke, die herzlich grüßt

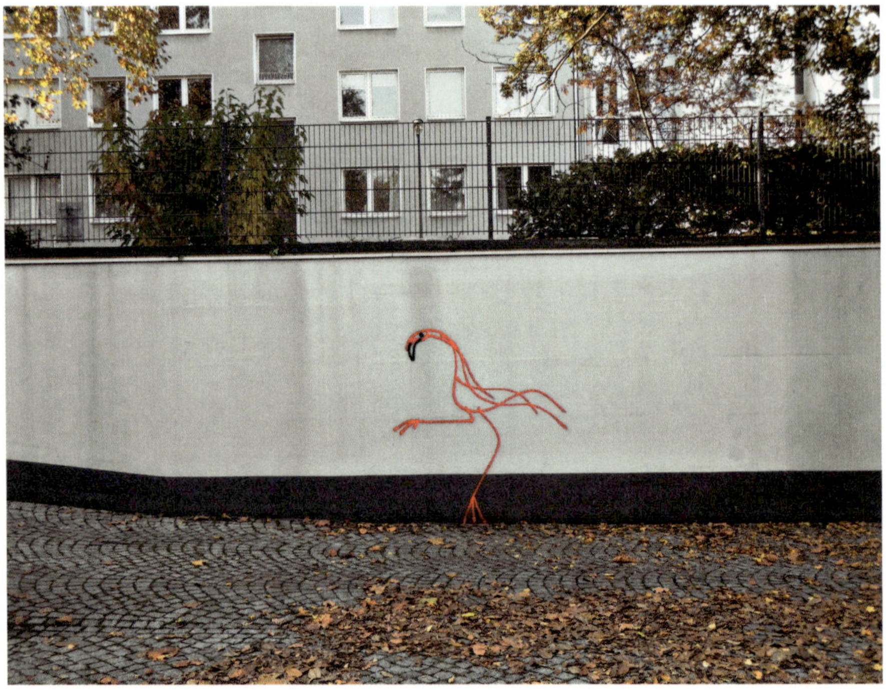

von: harry wolke <urwolke@hotmail.com>
Betreff: Abtrünniger Flamingo
Datum: 31.10.2016 um 22:03
an: Freunde der Wolke

Liebe Freunde,
das schlechte, menschliche, resignative Gedicht (siehe vorgängiges Mail), mit dem sich ein Flamingo um die allgemeine Aufgabe, nämlich: Krieg gegen einen unsinnigen Kapitalismusbegriff, entlasten wollte, empörte seine Kollegen auf Äußerste, sodass sie nicht zögerten, den depressiven Sänger mit 2 Pfeilen zu erlegen! Ein anderer, der beiläufig auf die Bedeutung von Robert Schumann hinwies, gefiel jedoch allgemein.
Sagt die Wolke, die herzlich grüßt

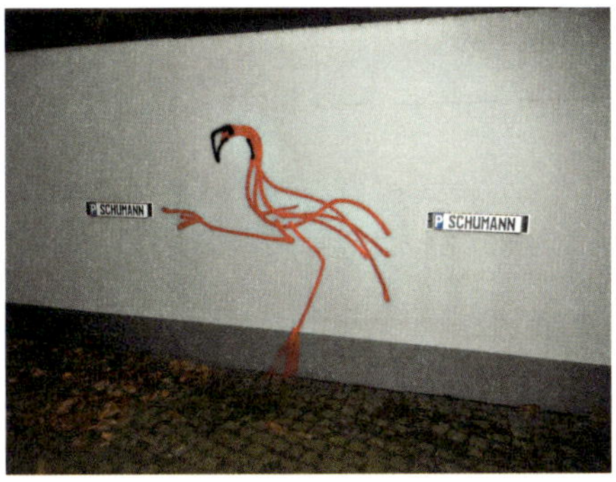

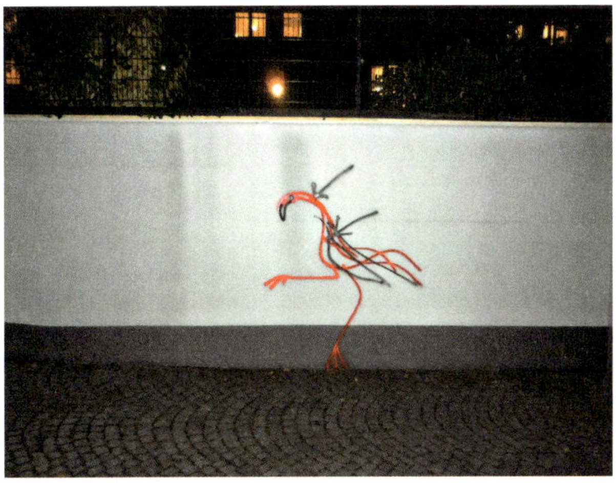

von: harry wolke <urwolke@hotmail.com>
Betreff: neue flamingos neue wolkenpost
Datum: 04.11.2016 um 17:58
an: Freunde der Wolke

Liebe Freunde,
Sind die neuen, gegenwärtigen Flamingos nicht die Nachfolger von Schillers «Kraniche des Ibykus»?
Jawohl, denn sie sind ebenfalls mythische Tiere! Mit ihrer roten Farbe verwandeln sie sich auch nach Bedarf in Phönixe, die Feuervögel, und setzen alles in Flammen! Ihr Kommen und Gehen kann man nicht begründen, wie die Revolte, wie die Liebe, wie die Blitze. Sind sie über Nacht da, verunsichern und beglücken die Menschen.
Sagt die Wolke, die herzlich grüßt.

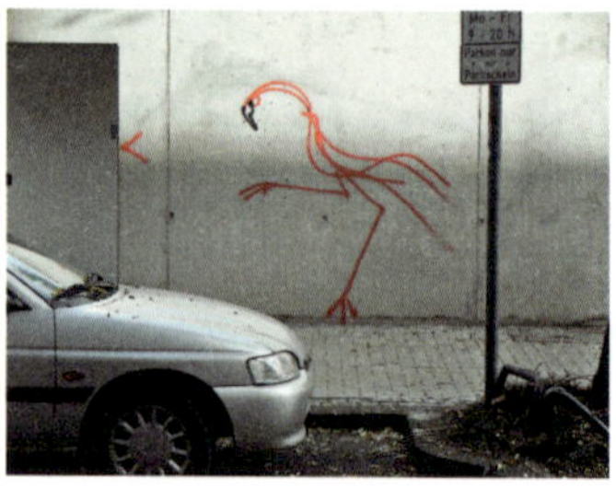

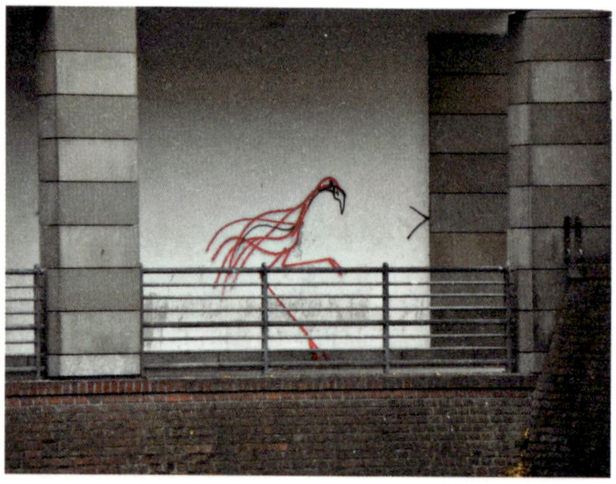

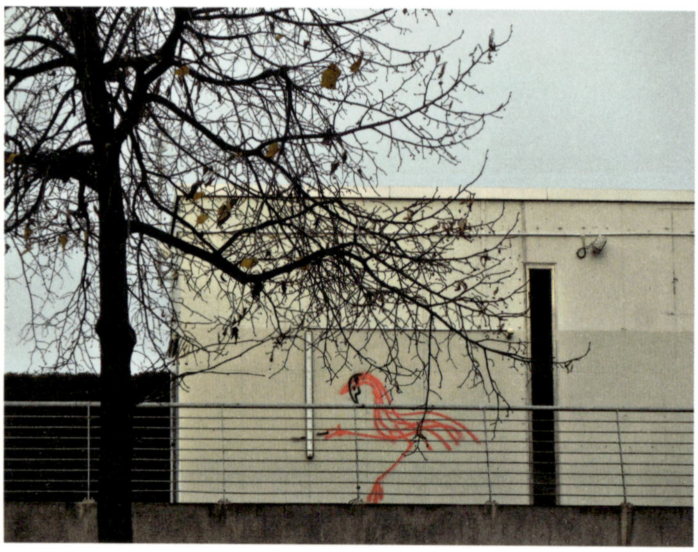

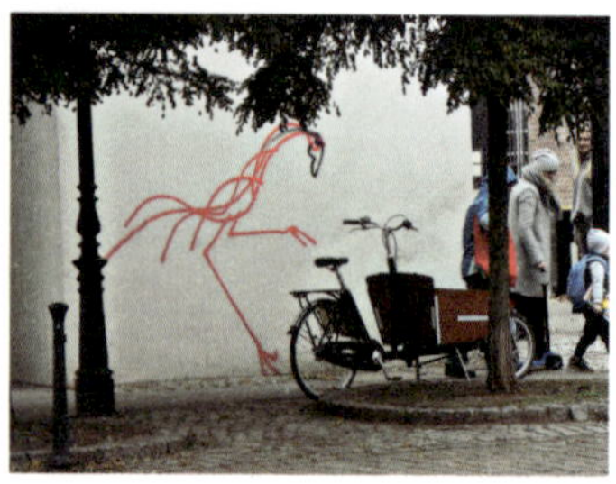

von: harry wolke <urwolke@hotmail.com>
Betreff: Neue Wolkenpost
Datum: 11.11.2016 um 19:51
an: Freunde der Wolke

Liebe Freunde,
Platon, dem Philosophen, war klar, dass die Macht und ihr Besitz ein Unglück wäre. Unseren Flamingos, den lieblichen Götterboten, war dies auch ohne jede Lektüre selbstverständlich. Aber aufgepasst: Auf ihren Wanderschaften bemerken sie neuerdings einen sonderbaren Winkel oder Haken, der sich ihnen zu- oder von ihnen abwendet.
Als Winkel ein Messinstrument der Geometrie, mit dem Utopia seismographisch gespürt wird, als Haken wiederum gefährlich und zu umgehen wie die Macht, was unsere Flamingos verstehen und tun!
Sagt die Wolke, die herzlich grüßt

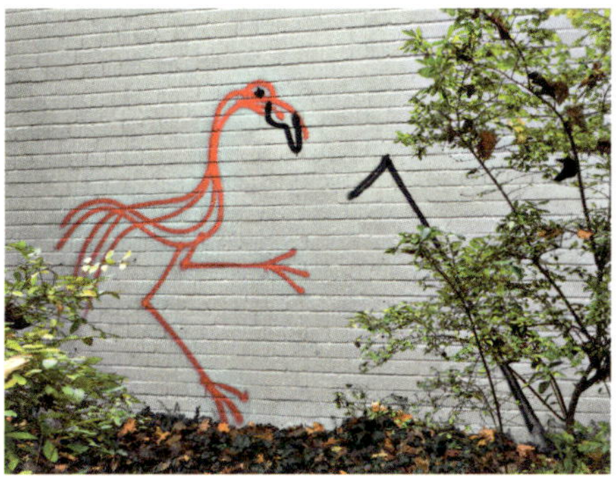

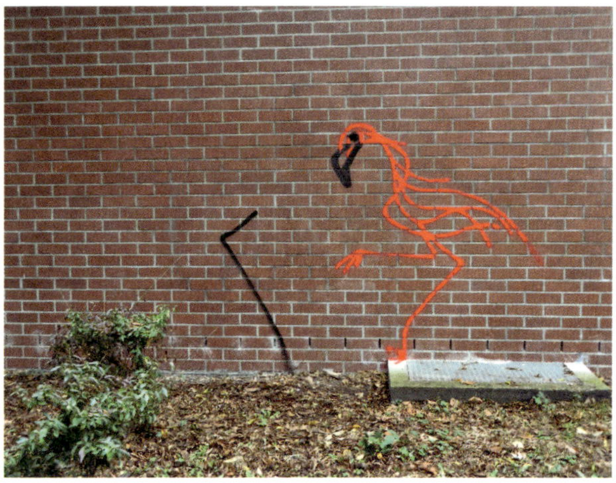

von: harry wolke <urwolke@hotmail.com>
Betreff: Neue Wolkenpost
Datum: 20.11.2016 um 20:13
an: Freunde der Wolke

Liebe Freunde,
sind nicht die Flamingos mit ihrem einem Flügel Symbole neuer Engel, die sich auf der Erde bewegen müssen, um den Menschen zu zeigen, wie man trotz Infirmität und Gefahr zur mutigen Tat bereit ist? Obwohl die Engel weise und auch mit dem einen Flügel die Richtung zum Feuer der Utopie anzeigen, sind sie stets vorsichtig und zeigen manchmal ihre Anwesenheit allein mit einem roten Farbklang in einer Blitzfigur!
Sagt die Wolke, die herzlich grüßt

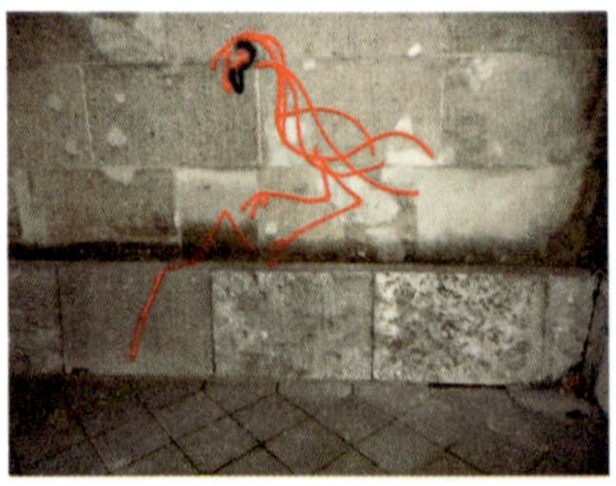

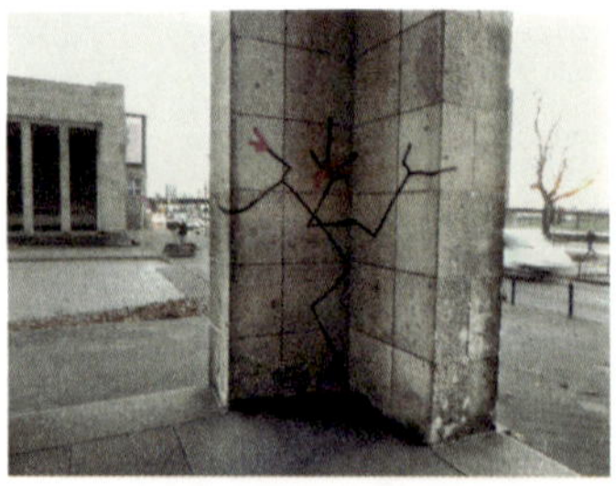

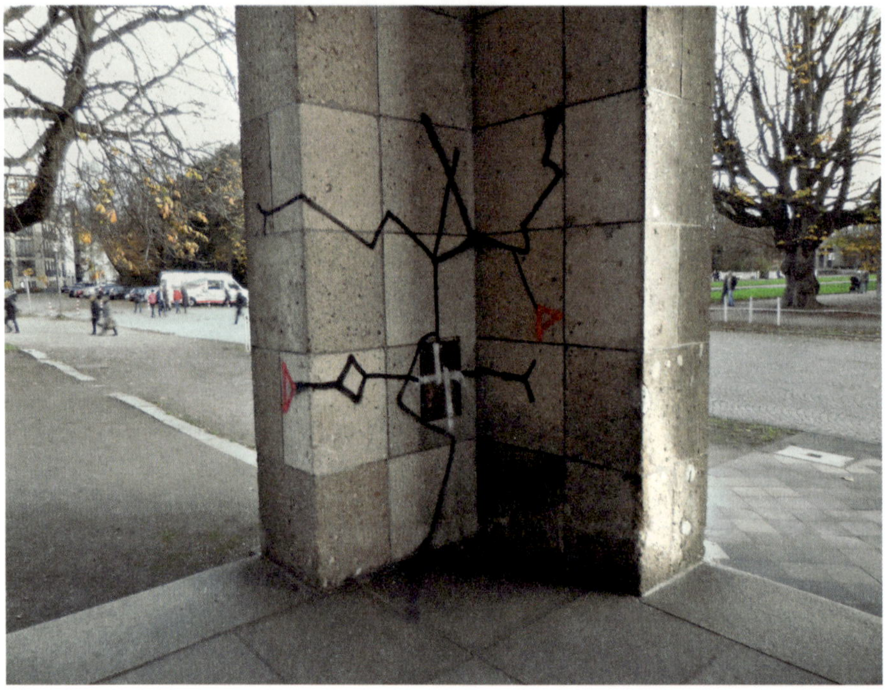

von: harry wolke <urwolke@hotmail.com>
Betreff: Neue Wolkenpost
Datum: 24.11.2016 um 22:20
an: Freunde der Wolke

Liebe Freunde,
ein neuer Flamingo beginnt wiederum seinen Kampf gegen die kollektive Ödnis in den menschlichen Gehirnen. Seine Waffen und die seiner Geschwister sind verblüffend simpel, nämlich nichts weiter als stetes Erscheinen und Verschwinden! Mit seinem roten Gefieder raschelt und leuchtet er weithin, sogar in schwärzester Nacht!
Aber wozu und wohin? Nun, eben dorthin! Entweder dort, wo die Nasen wachsen oder die Protokolle der Sitten- und Ordnungspolizei verstopft sind!
Das ist wirklich nur reine Geschmackssache, sagt die Wolke unter vielem Husten, die herzlich grüßt

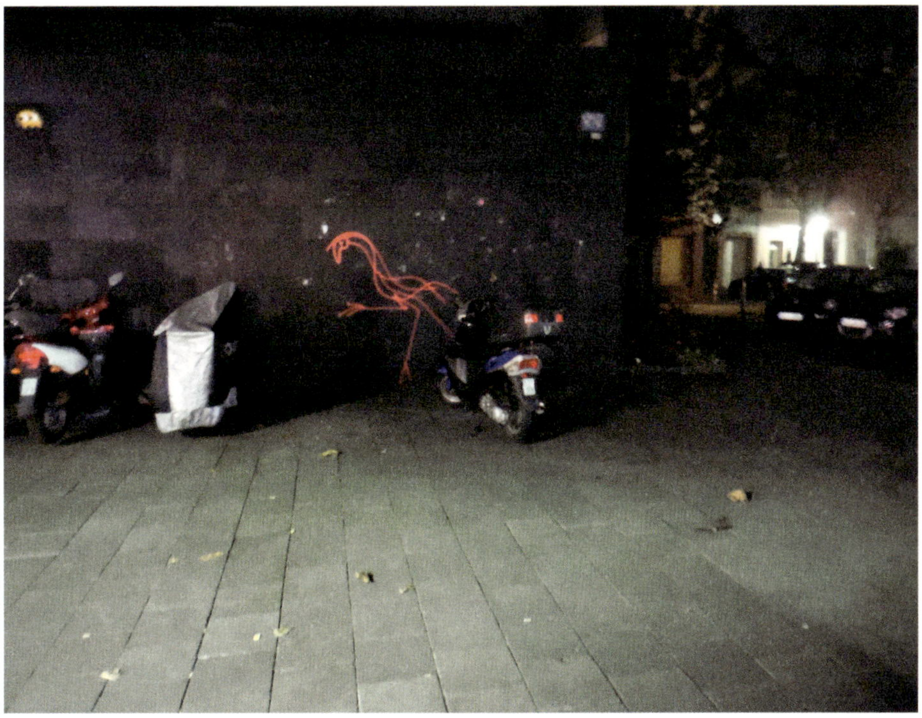

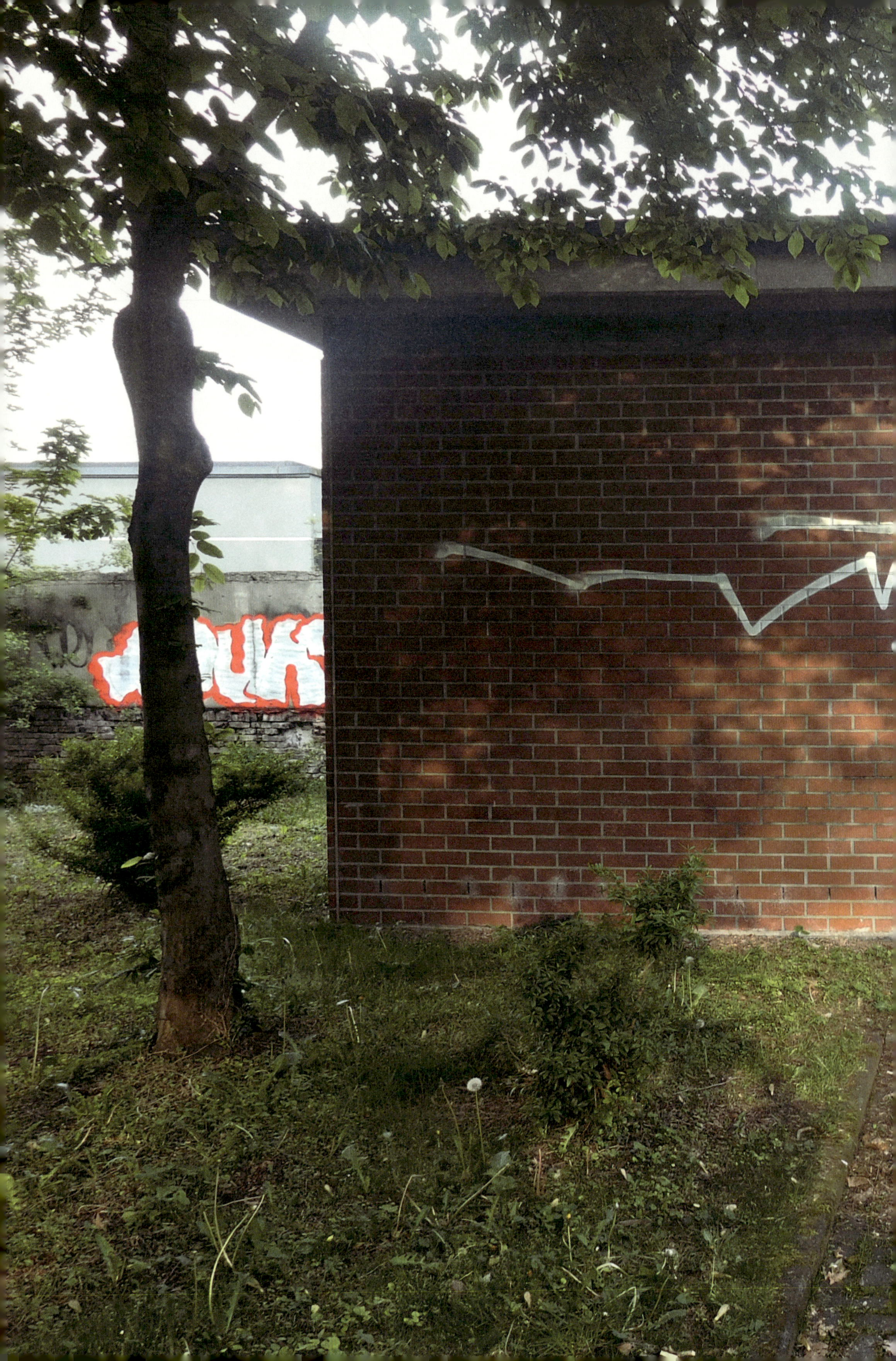

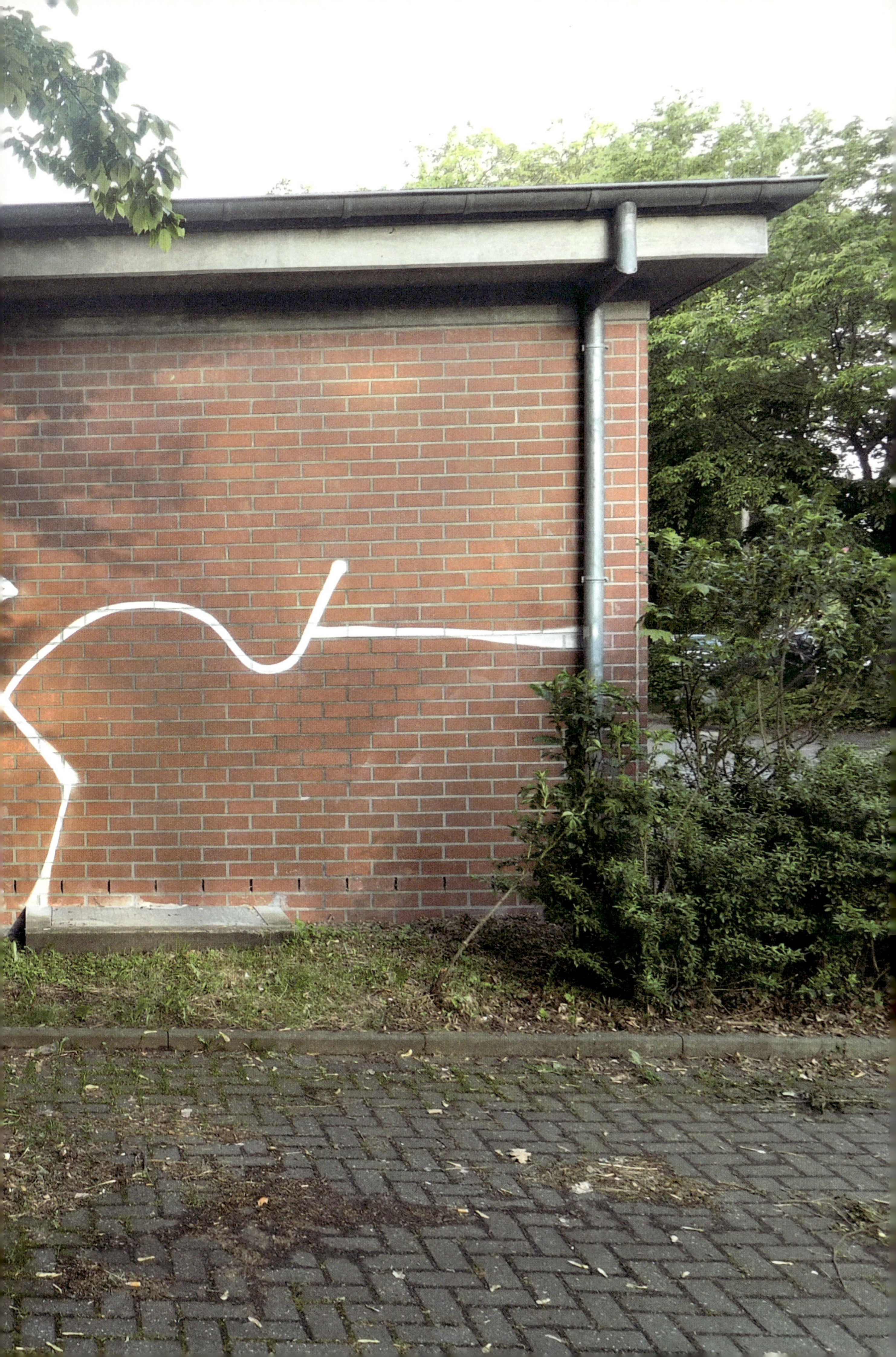

von: harry wolke <urwolke@hotmail.com>
Betreff:
Datum: 02.01.2017 um 17:29
an: Freunde der Wolke

Liebe Freunde,
1 Tag nach Silvester begrüßen 3 Vögel der Utopie das neue Jahr. Sie sind ganz in der Nähe des Kunsthauses aufgetreten und werden, obwohl Inbegriff der Grazie und Eleganz, immer wieder verjagt.
Doch kein Grund zu Trauer! Die Utopie muss immerfort mit der Phantasie trotz aller Widerstände gezeigt werden. Mit Händen und Füßen, Kopf und Herz, mit Bildern und Tönen, mit Schrift und Gedicht, mit Rat und Tat!
So sagt die Wolke, die alle zum neuen Jahr begrüßt

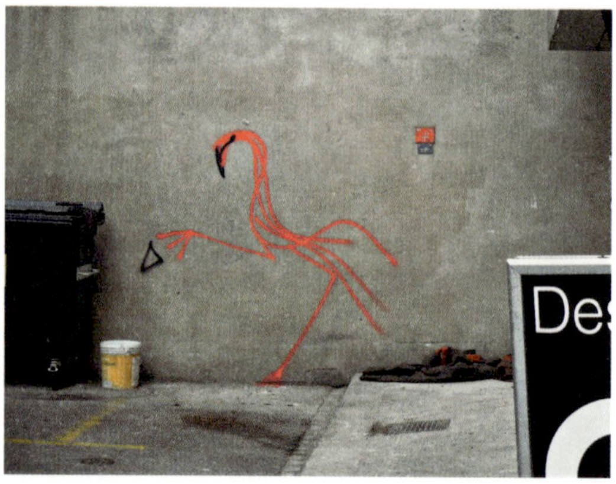

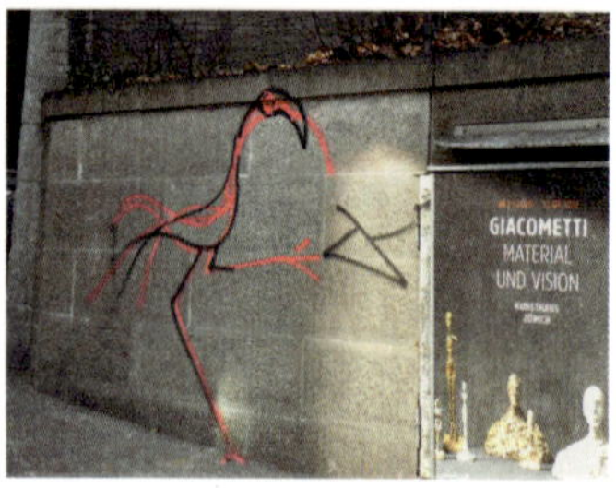

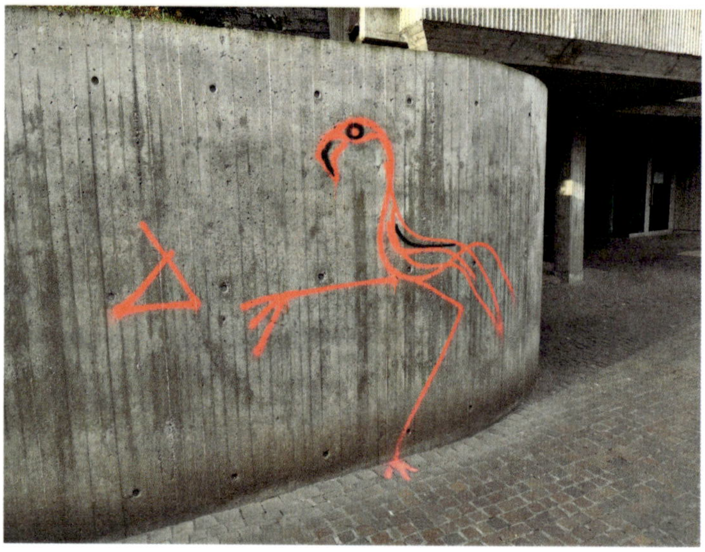

von: harry wolke <urwolke@hotmail.com>
Betreff: O Philosophie, O Flamingo, O Moral!
Datum: 08.01.2017 um 21:35
an: Freunde der Wolke

Liebe Freunde,
Een erster Vogel in Düdo ist im neuen Jahr angekommen! Und, was denkt und macht er? Nun, er wiegt und schiebt sich! Aber wohin? Vielleicht in die Kunstgeschichte? Möglicherweise nur in die Rechtslehre der Wolken und Blitze. Denn Blitz, Donner, Regen und Wind sind moralische Instanzen! Was leider in Zeiten globaler wirtschaftlicher Betriebsamkeit völlig in Vergessenheit geraten ist!
Du bist gut und Du bist bös, sagt der Grashalm, wenn er vom Wind gebeugt oder aber vom Pferd gefressen wird.
Und die Wolke sagt es nicht minder, die alle Freunde herzlich grüßt

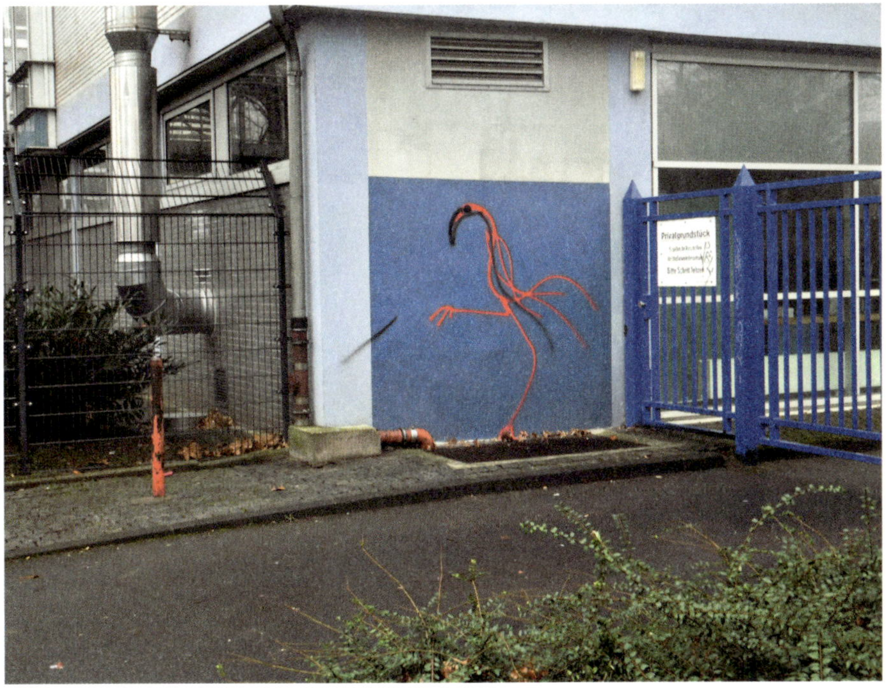

von: harry wolke <urwolke@hotmail.com>
Betreff:
Datum: 27.01.2017 um 09:40
an: Freunde der Wolke

Liebe Freunde,
die Flamingos werden völlig zu Unrecht von vielen Bürgern als Anarchisten und Vandalen bezeichnet. Das Gegenteil ist der Fall: Sie sind sehr ordnungsliebend. Hier seht Ihr einen Flamingo, der in der Nacht achtlos hingeworfene Müllbeutel entdeckte, und bei Tageslicht stellen wir fest, dass er sie in den Container versorgt hat.
Sagt die Wolke, die herzlich grüßt

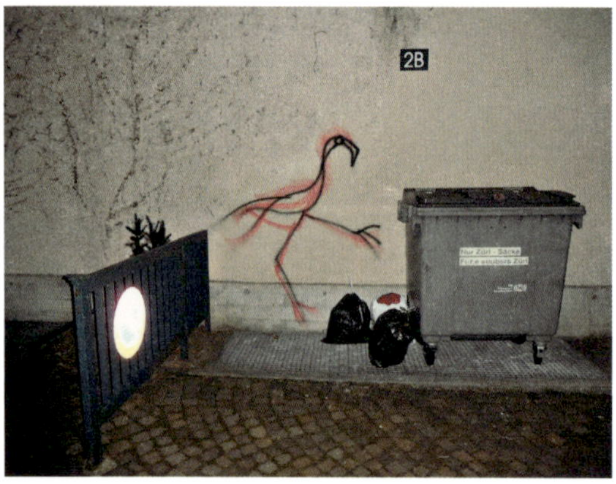

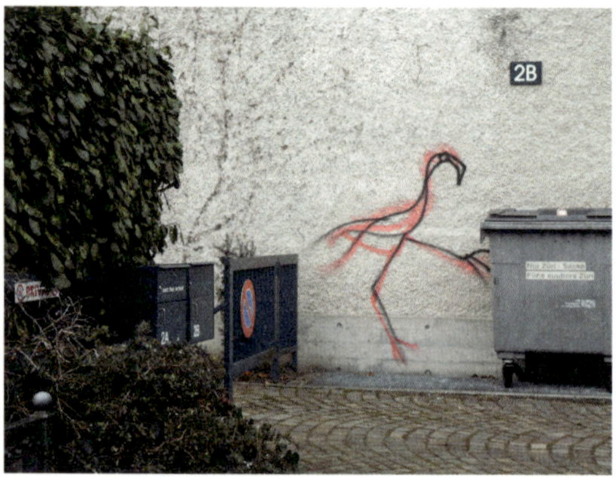

von: harry wolke <urwolke@hotmail.com>
Betreff: Die Pfeile zur Utopie!
Datum: 09.04.2017 um 09:59
an: Freunde der Wolke

Liebe Freundinnen und Freunde,
die Flamingos, allesamt große Verwandlungskünstler, haben entschieden, erneut ihre Kraftwirkung (Magnetismus) - nämlich Blitze, Bewegung und Winkel - auch ohne ihre schmucke Hülle sichtbar zu machen! Klar, dass sie alle Pfeile sind, die unentwegt nach der Utopie zielen! Wohin denn sonst?
Sagt die Wolke, die herzlich grüßt

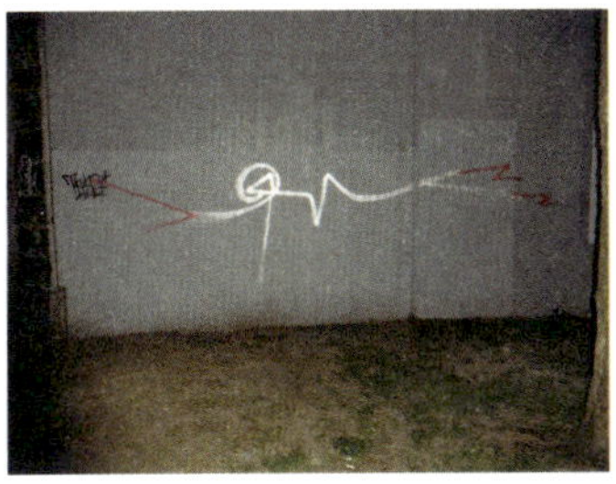

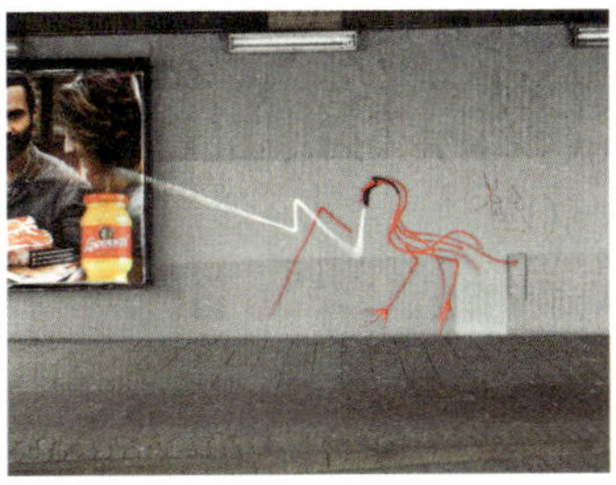

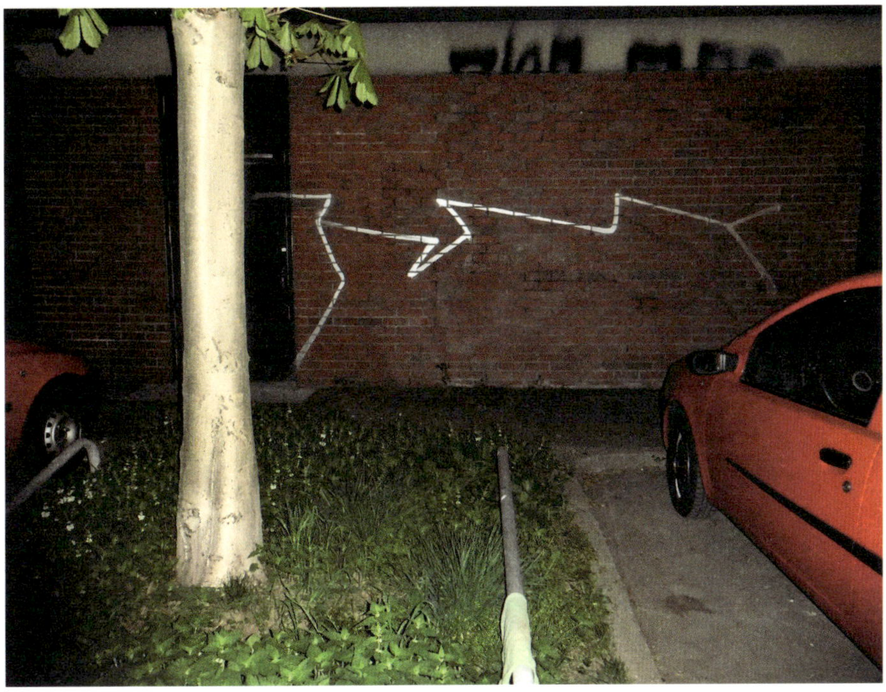

von: harry wolke <urwolke@hotmail.com>
Betreff: Wolkenpost am Ostermontag
Datum: 17.04.2017 um 12:43
an: Freunde der Wolke

Liebe Innen und Freunde,
Tag der christlichen Versöhnung und Tag der Utopie, wo sich die Flamingos in die Abstraktion umwandeln. Dass der Blitz ehemals ein figürlicher Flamingo war, können Sie nicht nur an der roten Farbe sehen, sondern auch am Fuß, der bei aller Metamorphose sich noch griffig am Boden festhält. per aspera ad astra, sagt die Wolke, die alle herzlich grüßt

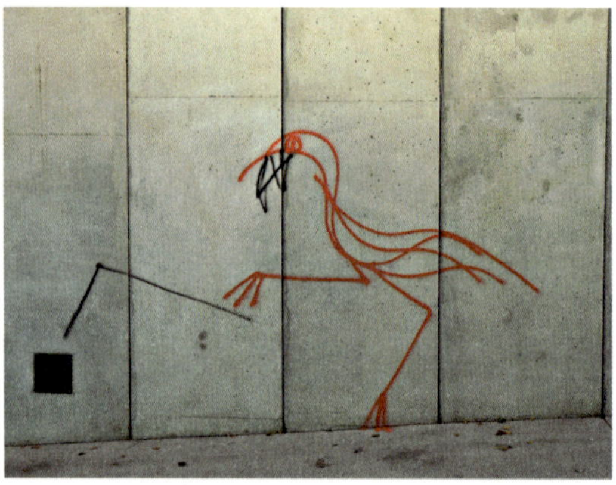

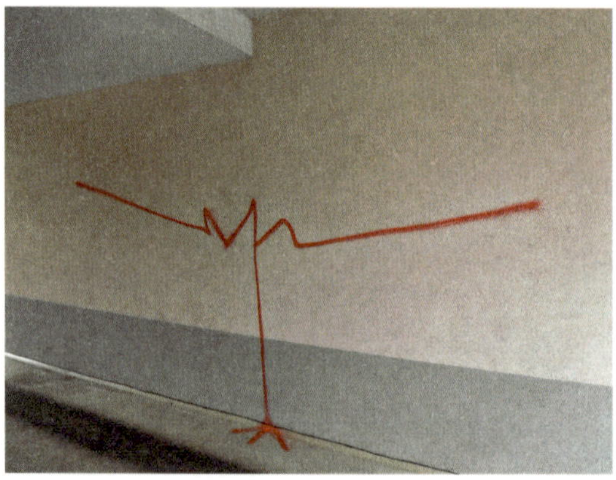

von: harry wolke <urwolke@hotmail.com>
Betreff: Vom Flamingofuß zur Abstraktion
Datum: 30.04.2017 um 10:48
an: Freunde der Wolke

Liebe Freundinnen im Freund,
die Feinde der Utopie bemühen sich vergeblich! So hat eine Putzequipe nicht bemerkt, dass selbst der unscheinbare Fuß eines Flamingos genügt, um weiterhin die Freiheitsidee im Herz und Hirn der Menschen zu entzünden, und erschreckt bemerken sie, wie sie an anderer Stelle magistral aufleuchtet!
Sagt die Wolke, die herzlich grüßt

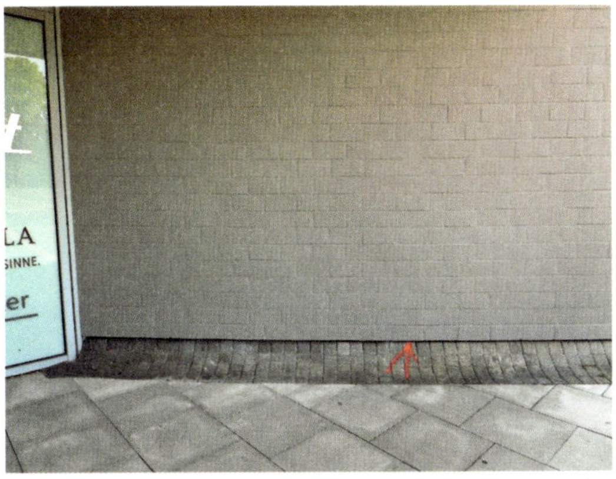

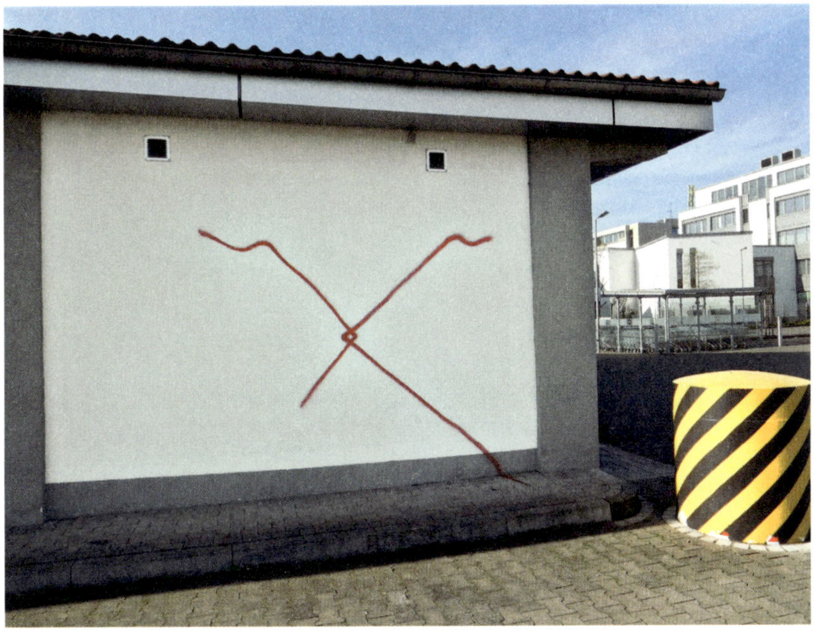

von: harry wolke <urwolke@hotmail.com>
Betreff: Neue Wolkenpost
Datum: 07.05.2017 um 09:05
an: Freunde der Wolke

Lied des Flamingos

Der Wind weht in den Füßen
Und die Sonne wohnt in den Fingernägeln
Und der Mond leuchtet breit im Steiß
Und der Kosmos blüht in allen Apfelbäumen
Und die Liebe, ausgelassen, fröhlich verführt sie alle Hülsenfrüchte, Orangen und Zitronen
Derweil der Hass gemütlich im Abort hockt und pflichtbewusst stinkt
Doch Utopia, die Königin, lächelt zu allem, sie hat sich in einem Senfkorn verborgen und schaut zu.

Sagt die Wolke, die herzlich grüßt

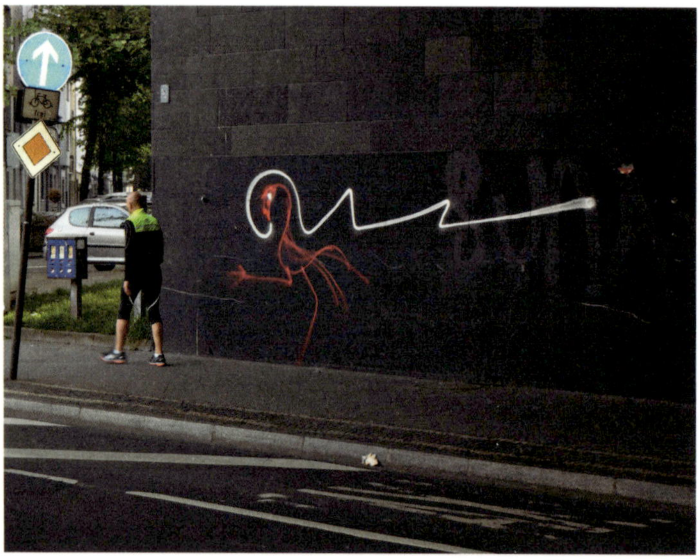

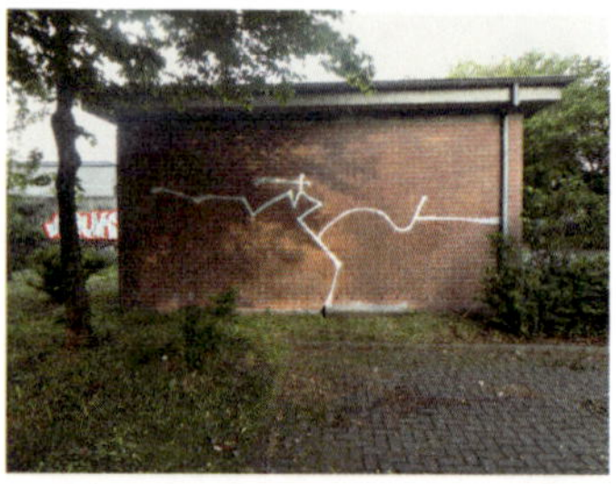

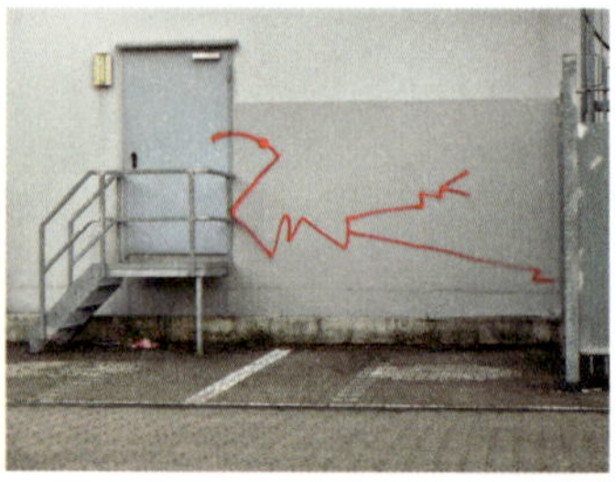

von: harry wolke <urwolke@hotmail.com>
Betreff: neue wolkenpost
Datum: 12.05.2017 um 17:48
an: Freunde der Wolke

Liebe Freunde,
unser Flamingo, der Vogel der Utopie, hat wie zu erwarten war, Rodins kolossales Höllentor neben dem Kunsthaus Zürich - hinter dem er sich verborgen hielt - plötzlich entfernt, damit er und die Utopie und nicht die Hölle die Phantasie der Menschen beflügelt und befeuert. Wir bewundern seine Eleganz ebenso wie seinen Geist.
Sagt die Wolke, die herzlich grüßt

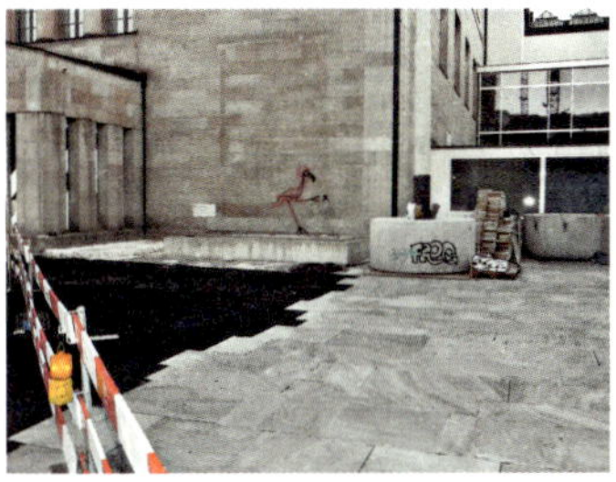

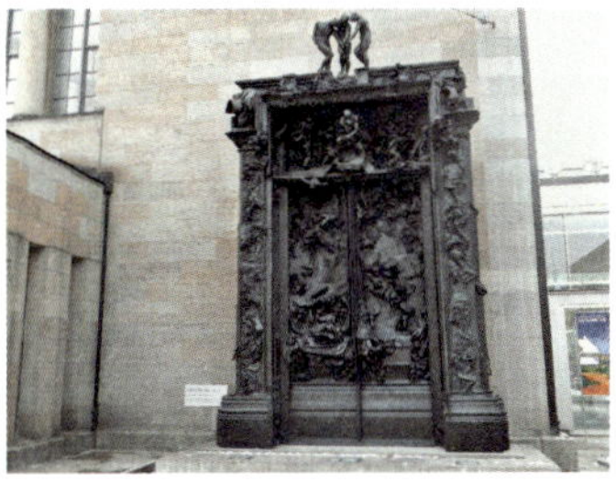

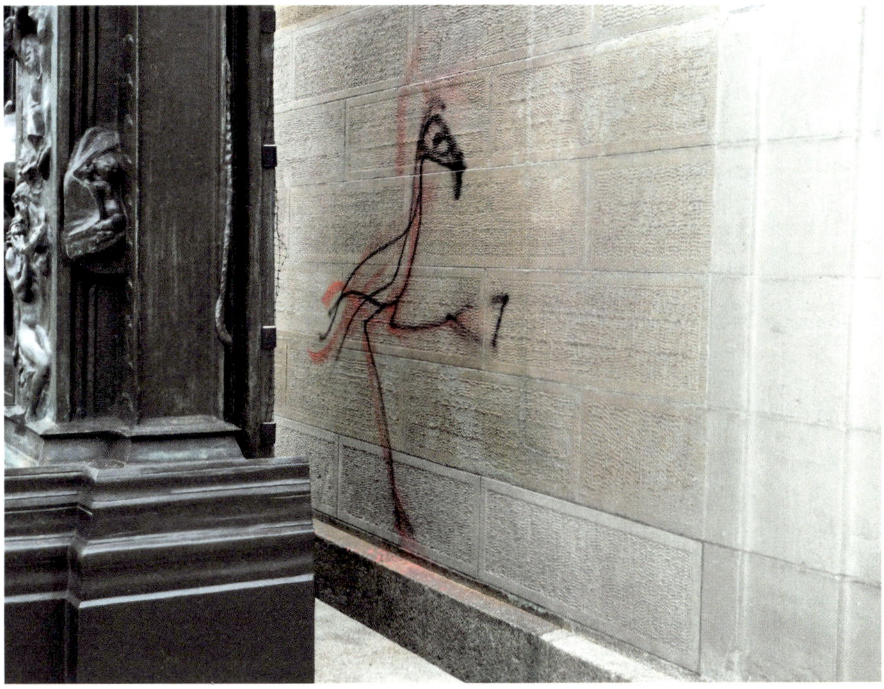

von: harry wolke <urwolke@hotmail.com>
Betreff: Symbole bürgerlicher Kunst und die Utopie auf der Straße
Datum: 14.05.2017 um 22:40
an: Freunde der Wolke

Liebe Freunde,
zunächst bewundern wir das berühmte Zürcher Opernhaus! Hier ist Alles Gewissheit - das gesellschaftliche Renommee, der Kunstgenuss, die Berühmtheit der Musik und der Künstler. Es gilt für Geld zu genießen, sich zu unterhalten, was durchaus möglich ist, wenn man z.B. bequem sitzt und der Vordermann nicht den Blick auf die Bühne einschränkt. Ein Glas Wein und Diskussion über die Sängerin am Ende der Aufführung machen den Abend auch noch spannend und bedeutsam. Wie anders ist da die Kunst auf der Straße - man erkennt sie ohne Eintrittsgeld. Und der Begriff der Kunst ist auf die Netzhaut und den Geruchsinn transferiert. Vielleicht auch auf das Gehirn!
Gut, aber wie soll eine rote Linie schon Utopie sein? O ja: Eine rote Linie ist hell wie ein Krokodil. Und sowohl alt wie jung, und ob die Linie weiblich oder männlich ist, wird die Kunstwissenschaft erst in 100 Jahren feststellen können. All das macht die Utopie zum Sinn des Da und Dort Seins!
Schön, aber warum gibt es am Ende keine Bravorufe und stürmischen Applaus???
Ja, das wissen die Götter!
Sagt die Wolke, die herzlich grüßt

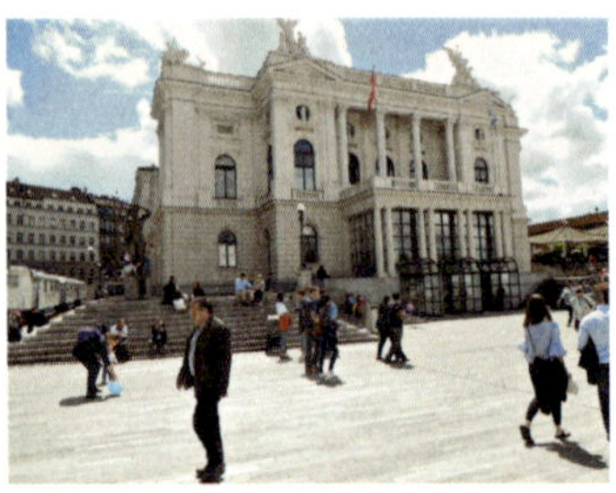

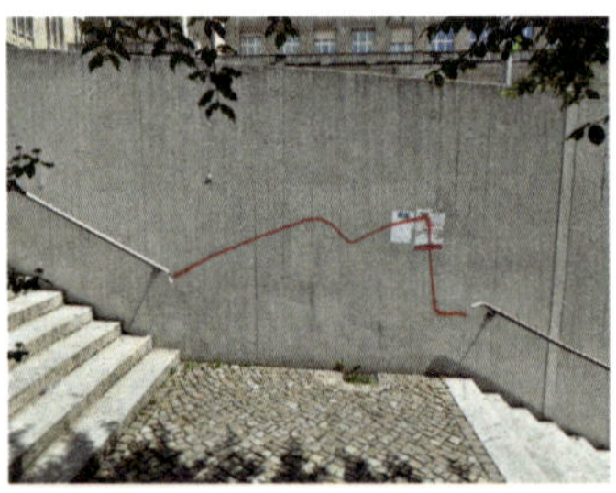

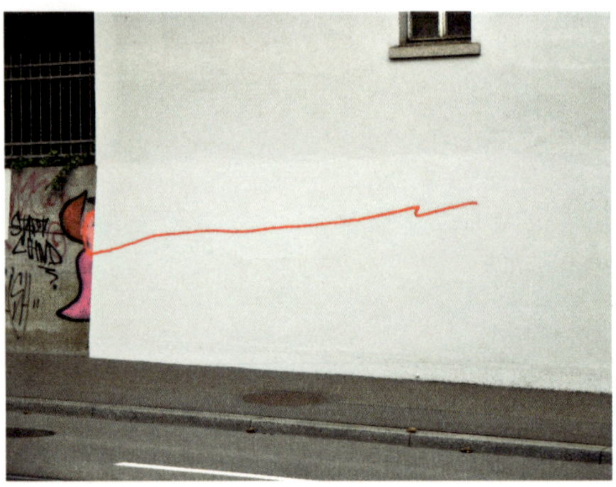

von: harry wolke <urwolke@hotmail.com>
Betreff: Neue Wolkenpost
Datum: 21.5.2017 um 12:09
an: Freunde der Wolke

Dialog zwischen einer Mauer und Wand und einem Flamingo

M+W: Wir sind privater oder öffentlicher Besitz, Symbole der anerkannten Macht. Aber niemand liebt uns!

F: Die Liebe ist ein Automobil, man steigt ein und fährt los!

M+W: Aber alles nach Vorschriften und vorgegebenen Straßen. Das ist keine wahre Liebe.

F: Ihr wollt auch nicht lieben, ihr wollt nur geliebt sein, das ist doch eine Zumutung!

M+W: Als Besitz und Macht, die wir nun einmal sind, verstehen wir uns notwendig nur auf Anerkennung.

F: Obwohl ihr tonnenschwer und immobil im Kopf seid, ein Gran Verstand kann man euch nicht absprechen.

M+W: Und mit diesem Gran Verstand streben wir nach Unsterblichkeit. Ist das eine Zumutung?

F: Nein, es ist eine gute Idee und ich helfe euch zur Realisierung.

M+W: Wie?

F: Ihr bietet mir euren fetten oder straffen Bauch an, und ich schneide die Linie Utopia hinein.

M+W: Sehr gerne! Gut, dass es dich gibt, ohne dich würden wir unbeachtet verbröckeln und verschwinden.

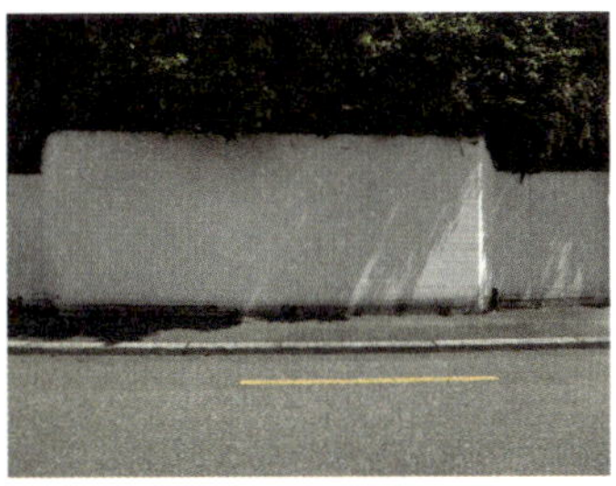

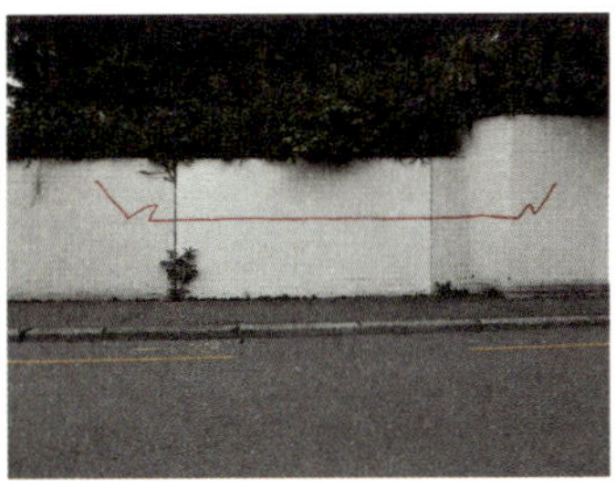

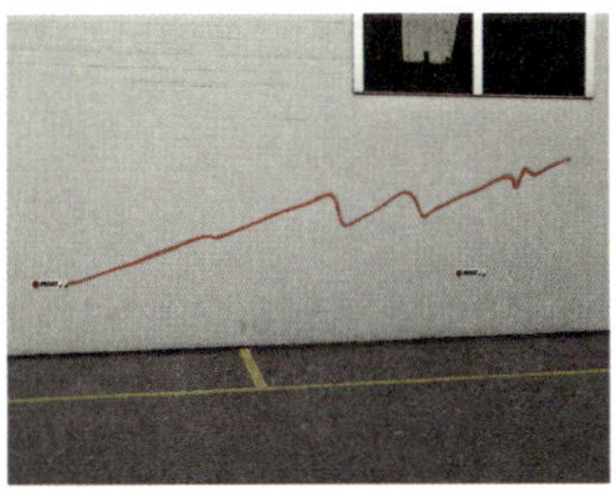

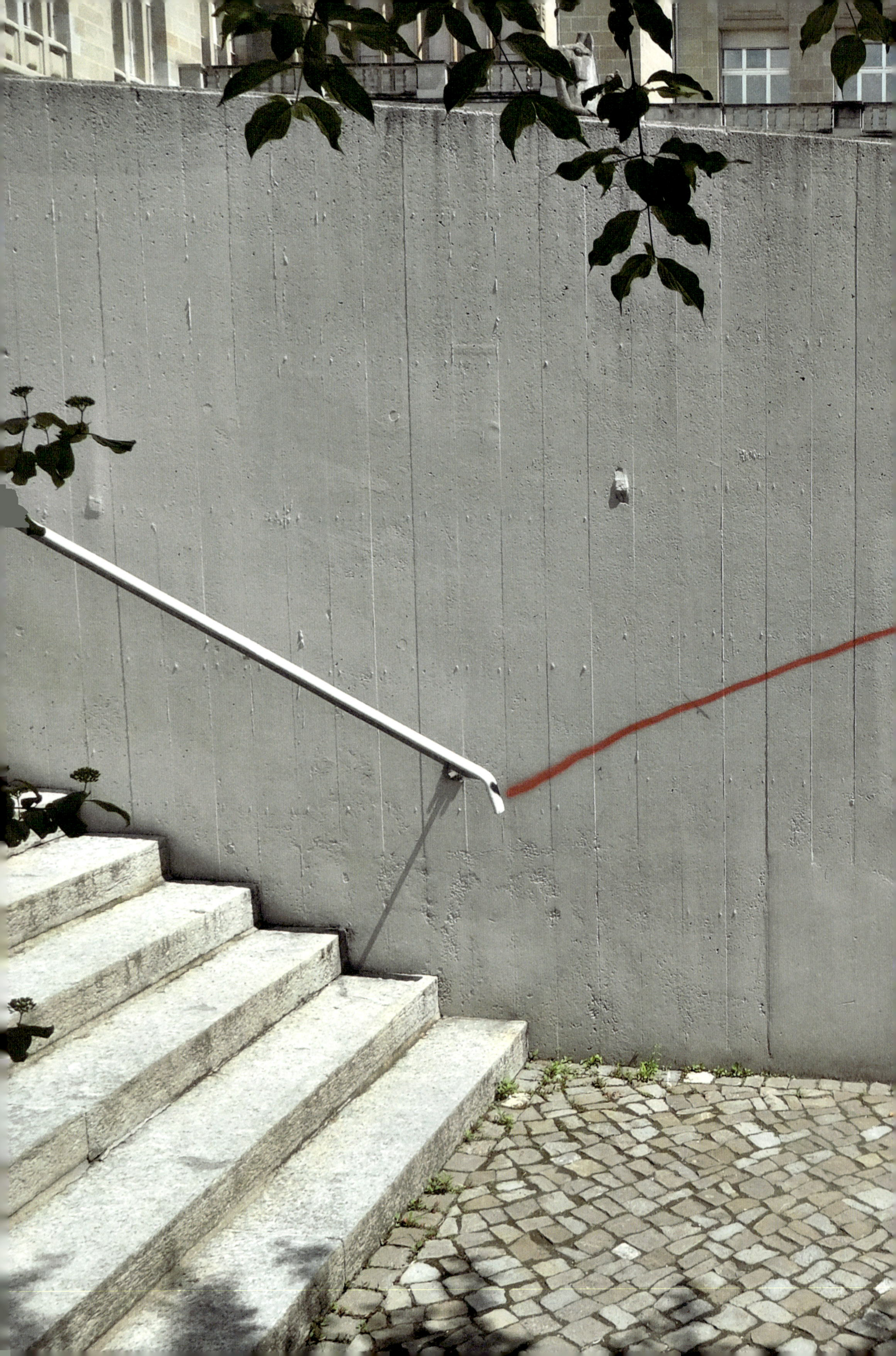

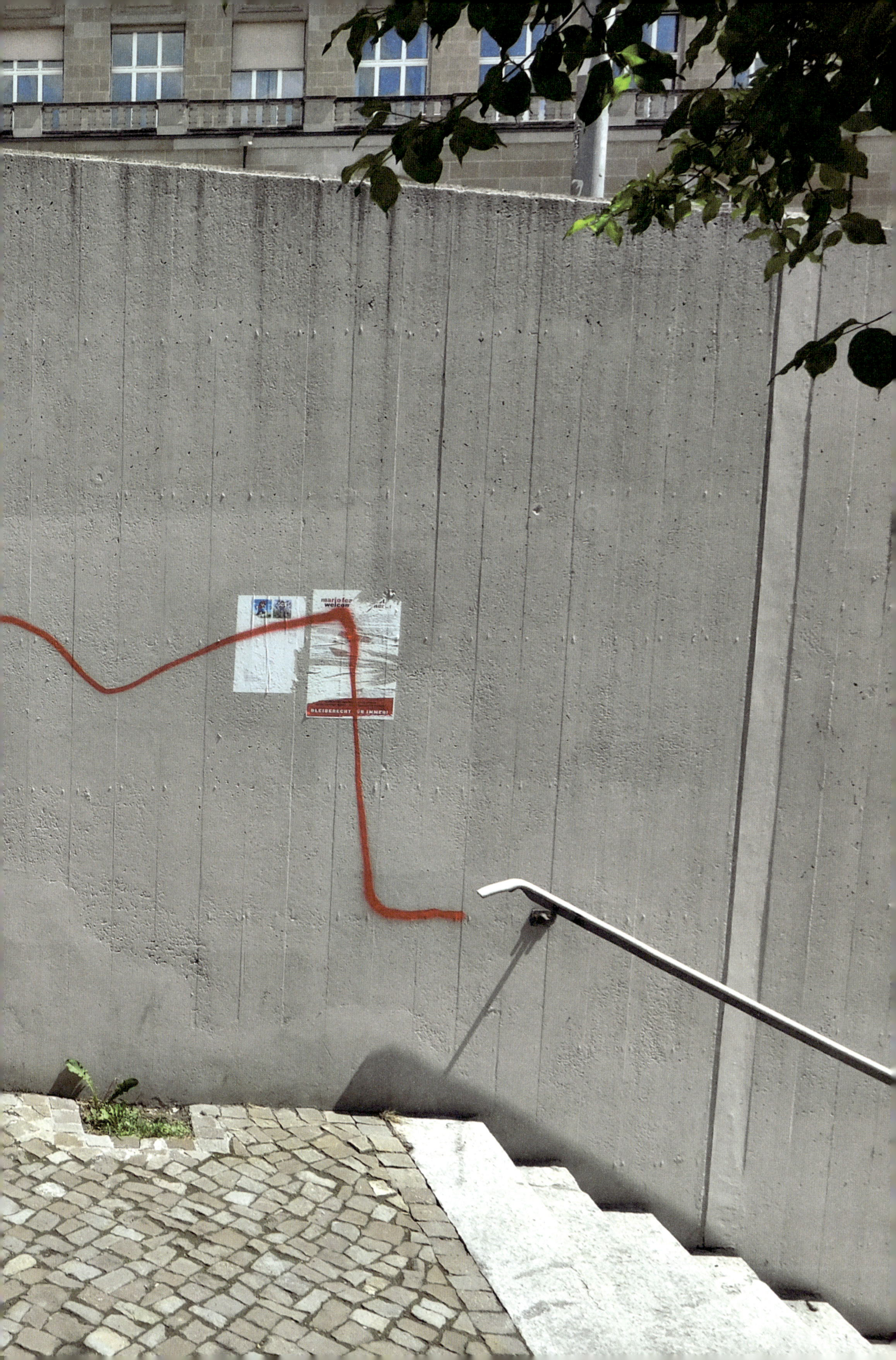
BLEIBERECHT
IMMER!

von: harry wolke <urwolke@hotmail.com>
Betreff: Neue Wolkenpost
Datum: 28.05.2017 um 11:13
an: Freunde der Wolke

Liebe Freundinnen und Freunde,
mit der letzten Wolkenpost haben wir festgestellt, dass der Flamingo, dieser Herold der Utopie, sich ebenso in einem Senfkorn wie in einem erloschenen Stern, Millionen Lichtjahre entfernt, aufhält. Aber er ist auch ganz nahe, z.B. in einem Frauenrücken, in dem gestylten Ambiente eines Parkplatzes, oder als geflügelte Spur auf einer simplen Wand. Das Geheimnis der Kunst ist immer, dass sie mit dem Zauberschlag einer Sekunde (das ist die Tat!) in jedem Ort auch den Nichtort öffnet.
Man könnte die rote Flamingolinie mit einem Kuss vergleichen, er verwandelt den Stein in Gold, und der Stein ist beglückt und verwandelt den Kuss wieder zur Utopie!
Sagt die Wolke, die alle herzlich grüßt

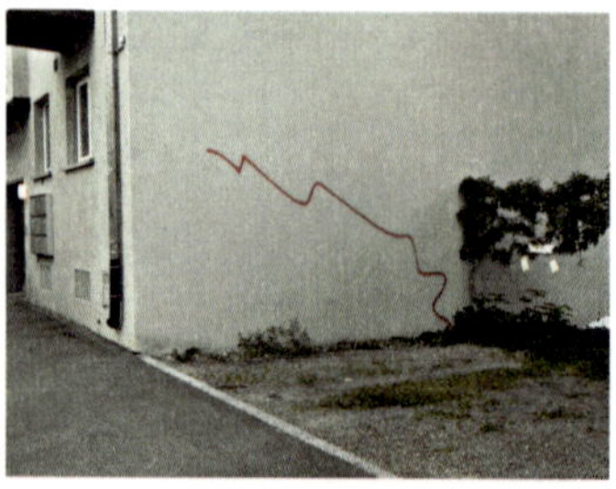
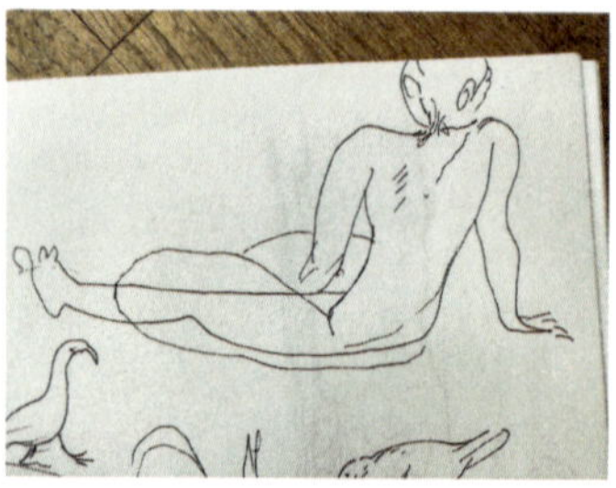
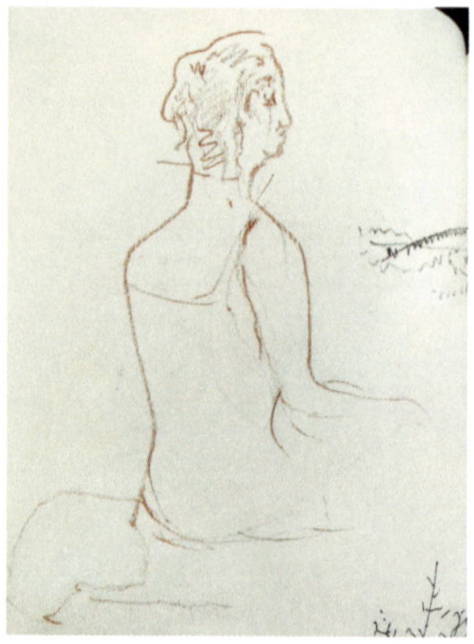
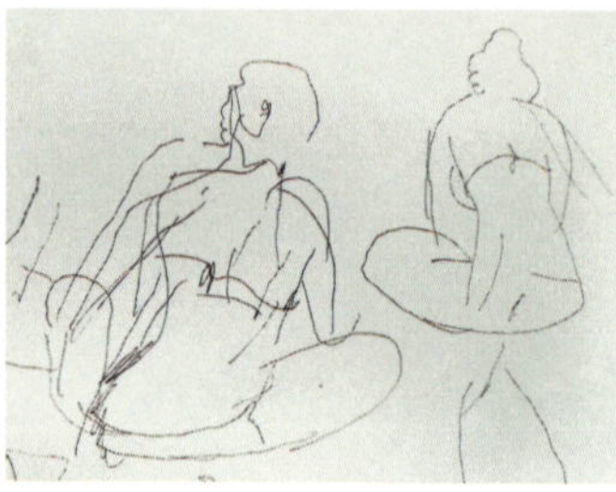
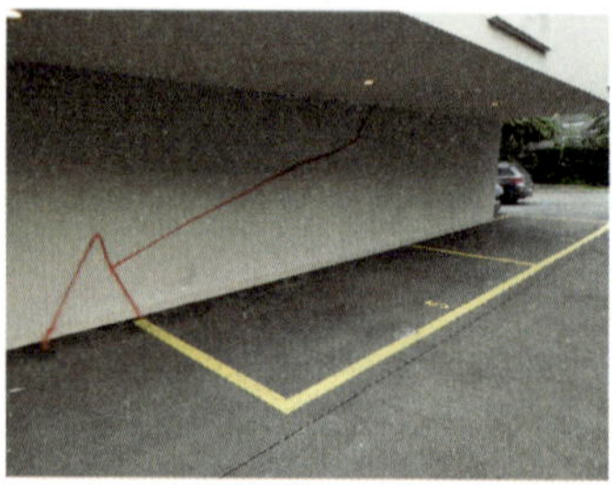

von: harry wolke <urwolke@hotmail.com>
Betreff: Kairos – der glückliche Tag, die richtige Entscheidung! Und die neue Wolkenpost
Datum: 18.06.2017 um 21:30
an: Freunde der Wolke

Liebe Freundinnen und Freunde,
unser Flamingo hat sich heutigen Tages entschieden, sich wieder eine neue Gestalt zu geben. Nämlich die einer mythischen Vogelfrau. Ihr Unterleib ist weiblich nach Menschenart. Einen Mittelleib gibt es nicht, dafür einen mächtigen Vogelkopf und zwei ausgreifende Arme wie Blitze. Die Mythen leben nur noch im Unbewussten der modernen Menschen. Damit sie erwachen und sichtbar werden, braucht es Inspiration, Intuition, Kunst und vor allem die beherzte Tat des Künstlers, ohne die nie etwas geschieht. Aber alle arbeiten mit am Augenblick der Erscheinung des neuen Mythos: Nämlich die Wand, die Sonne, die von Metalldrähten Parallelschatten wirft, die Geometrie am Boden der Steine und die grüne Farbe der Pflanzen, die die rote der Vogelfrau begrüßt!
Sagt die Wolke, die alle herzlich grüßt.

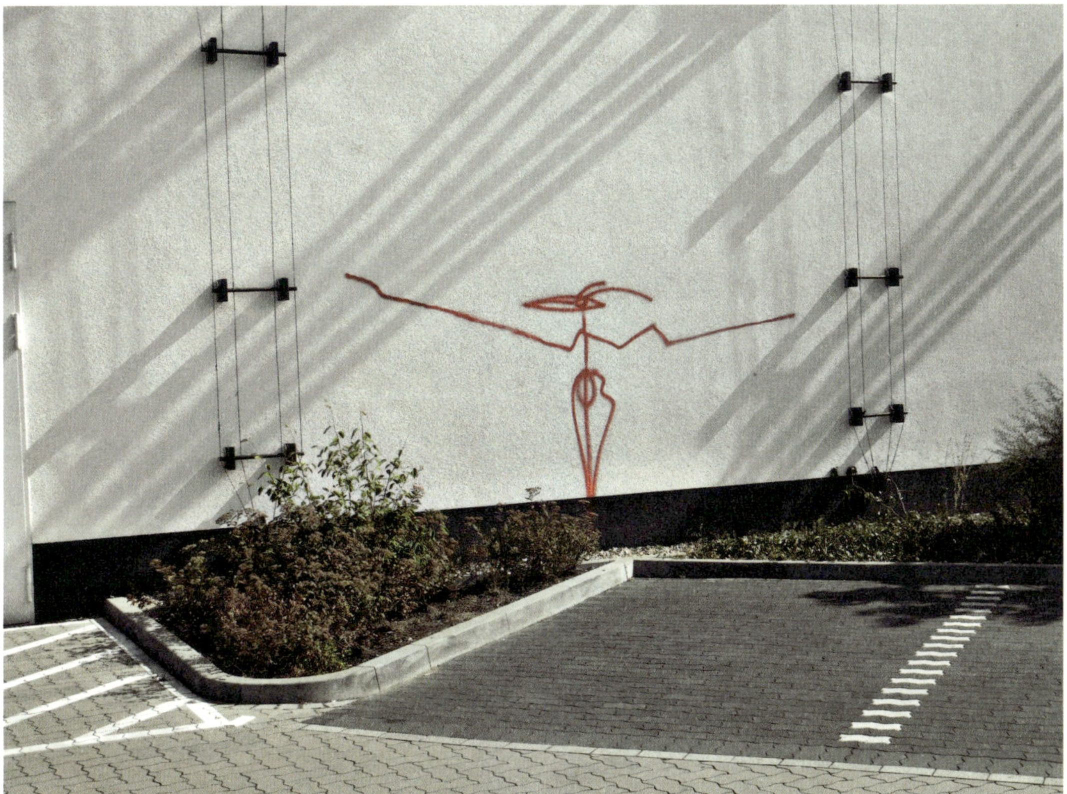

von: harry wolke <urwolke@hotmail.com>
Betreff: Neue Wolkenpost
Datum: 25.06.2017 um 21:24
an: Freunde der Wolke

Liebe Freundinnen und Freunde,
die neue Vogelfrau ist direkt von den Mythen zu uns in die Gegenwart gekommen, sie besticht durch ihre Schönheit und Magie! Sie hat drei Arme, mit zweien hält sie das magische Dreieck. Dieses symbolisiert Vergangenheit, Gegenwart und Zukunft. Es spielt auf den Träger: Die Wand der Architektur, die umso schneller zerfällt, je weniger sie an Glockenblumen glaubt.
Sagt die Wolke, die alle herzlich grüßt

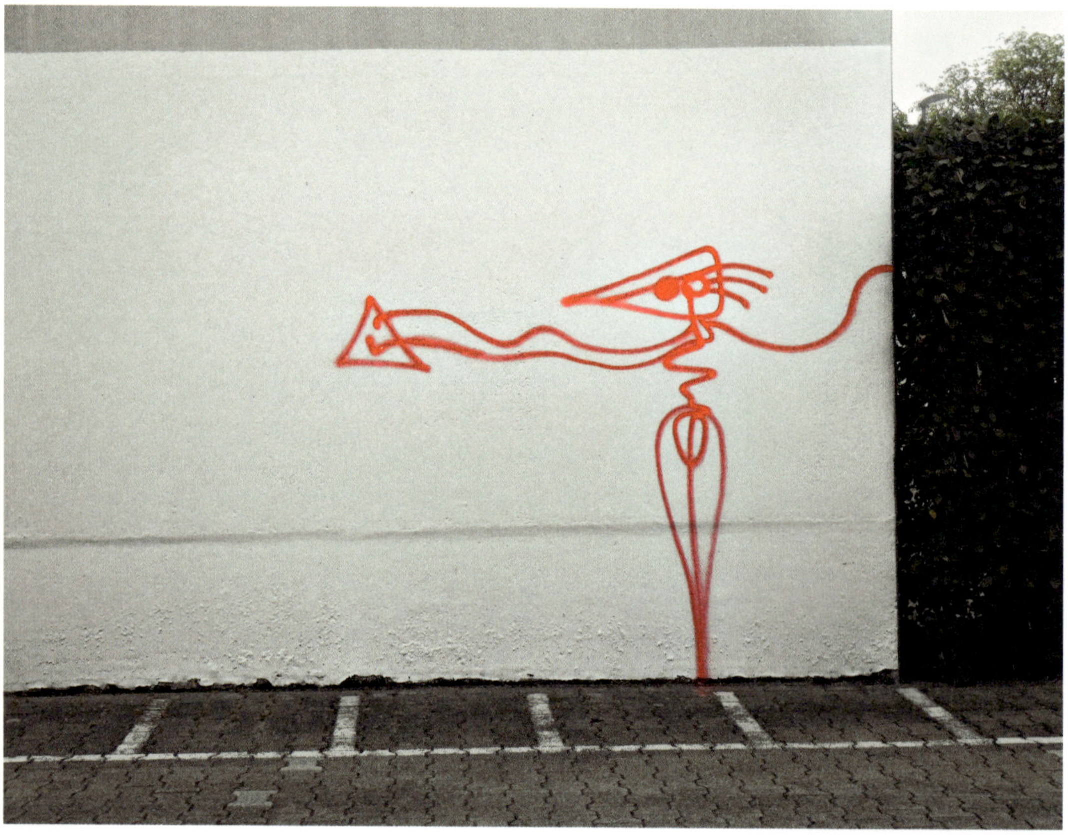

von: harry wolke <urwolke@hotmail.com>
Betreff: Philosophie und Kunst
Datum: 30.07.2017 um 14:52
an: Freunde der Wolke

Dear friends,
Natur und Abstraktion, Abstraktion und Natur.
Das ist des Pudels Kern und der Fisch des Kolumbus.
Sagt die Wolke, die alle herzlich grüßt

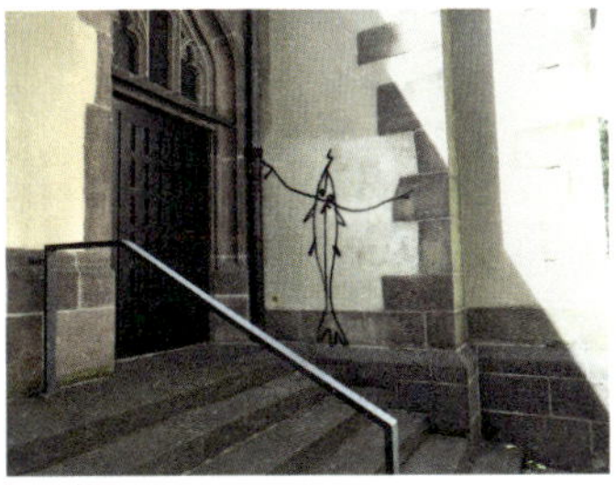

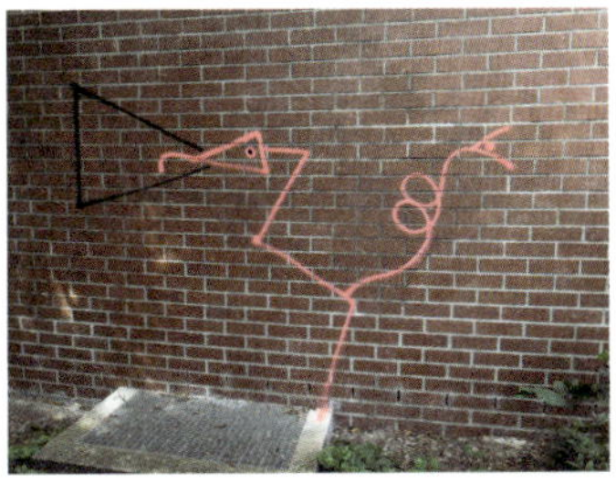

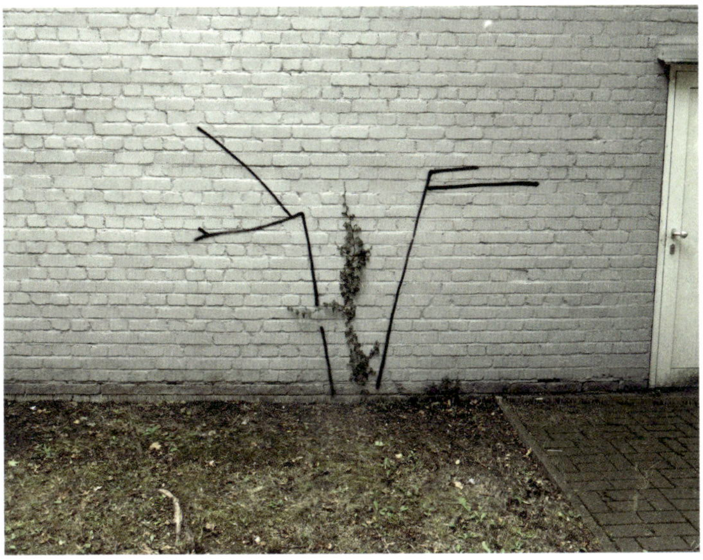

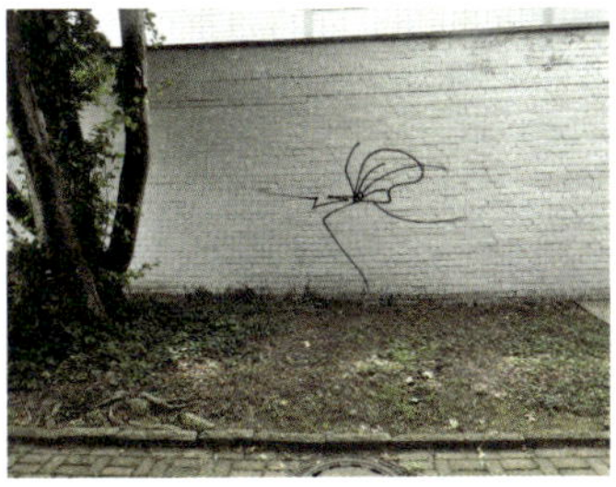

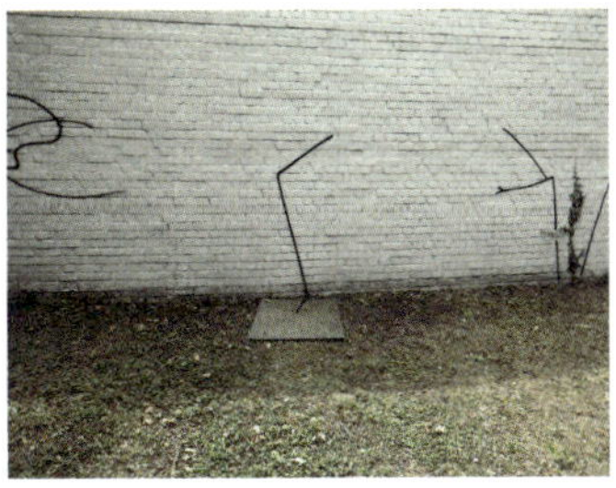

von: harry wolke <urwolke@hotmail.com>
Betreff: Zeitgenössische Kunst und Luftpost
Datum: 18.08.2017 13:10
an: Freunde der Wolke

Dear friends,
ist eine Linie ein moralisches oder ästhetisches Manifest der zeitgenössischen Kunst? Oder ist sie einfach nur die List und Rettung aus einem komplizierten Leben? «Leben, ob nun ein schmatzender Kuss oder eine schwungvolle Linie, das ist einerlei. Ich bin auf der Welt, weil ich clean und moralisch bin, das ist der zwingende Grund meiner Schönheit!», sagt eine Wand. Eine andere wiederum hält nichts von Moral aus verstopften Gehirnen, und auf ihre Schönheit pfeift sie. Sie möchte entjungfert sein, was dann auch geschieht, sagt die Wolke, die alle herzlich aus der Luft grüßt, kommt und wieder verschwindet.

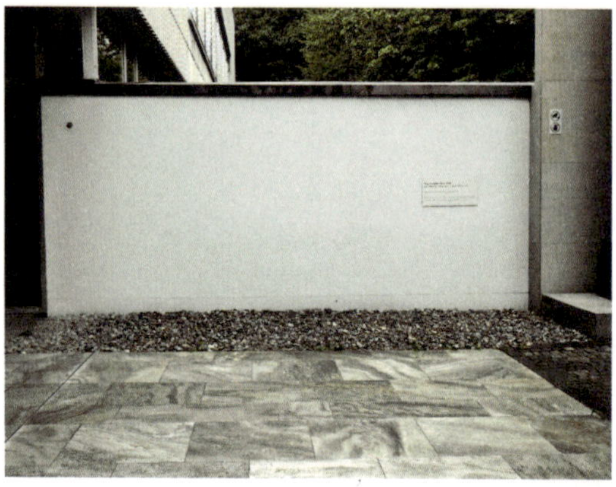
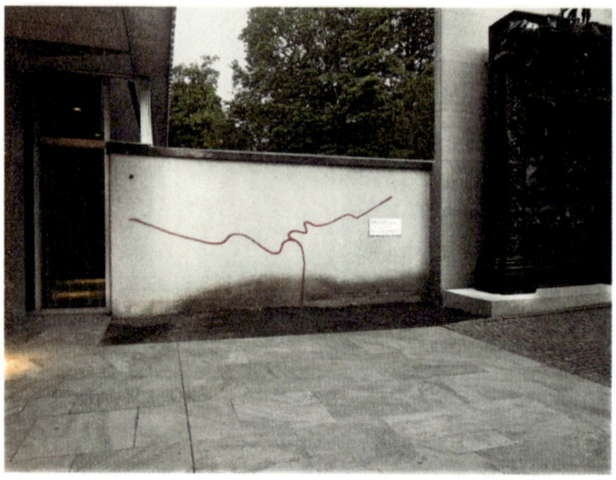
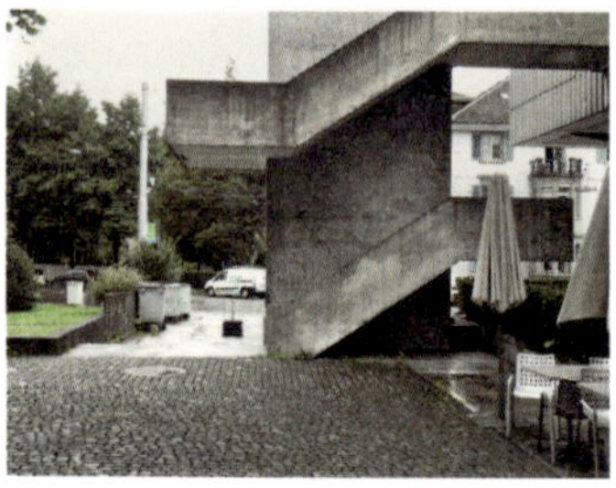
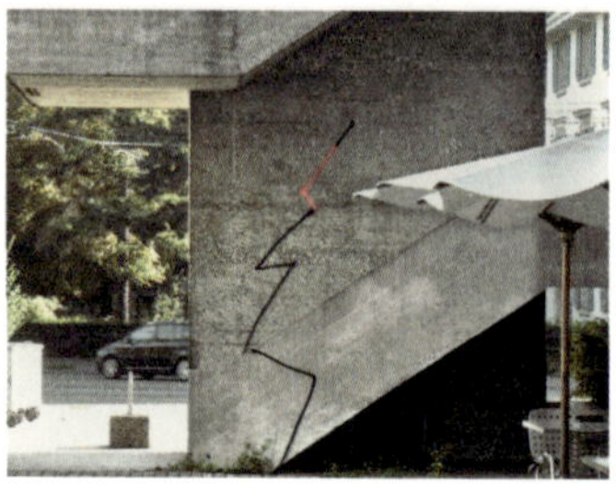
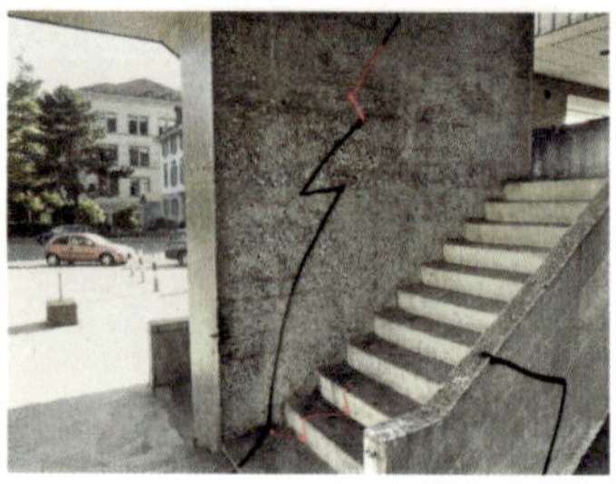

von: harry wolke <urwolke@hotmail.com>
Betreff: Today
Datum: 20.08.2017 um 22:23
an: Freunde der Wolke

Dear friends,
I hope you are all right. Today a nice spirit was kissing stones and people, trees and flowers. There was also much sunshine! We don` t need more!, sagt die Wolke, die herzlich grüßt

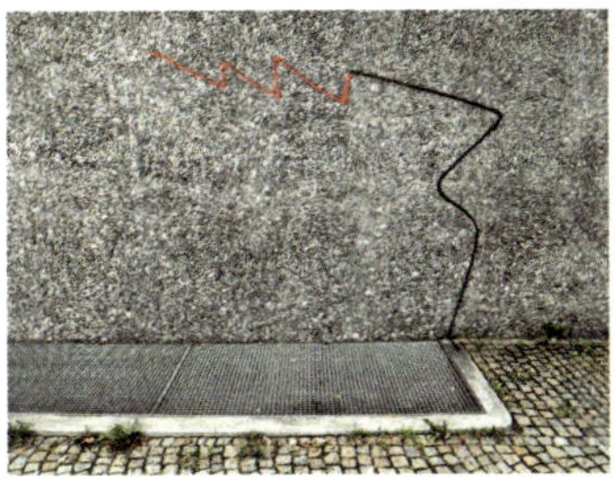

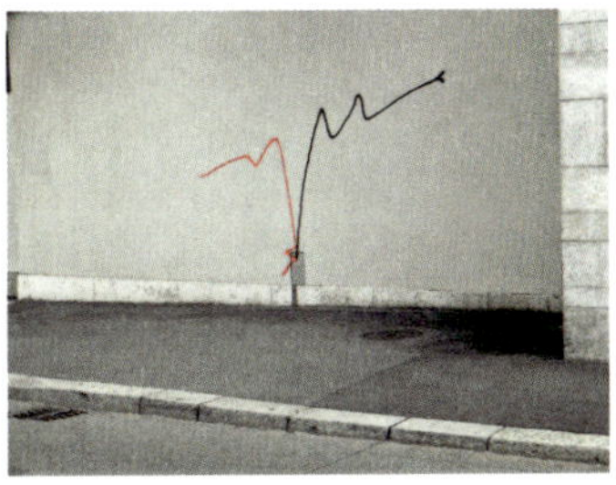

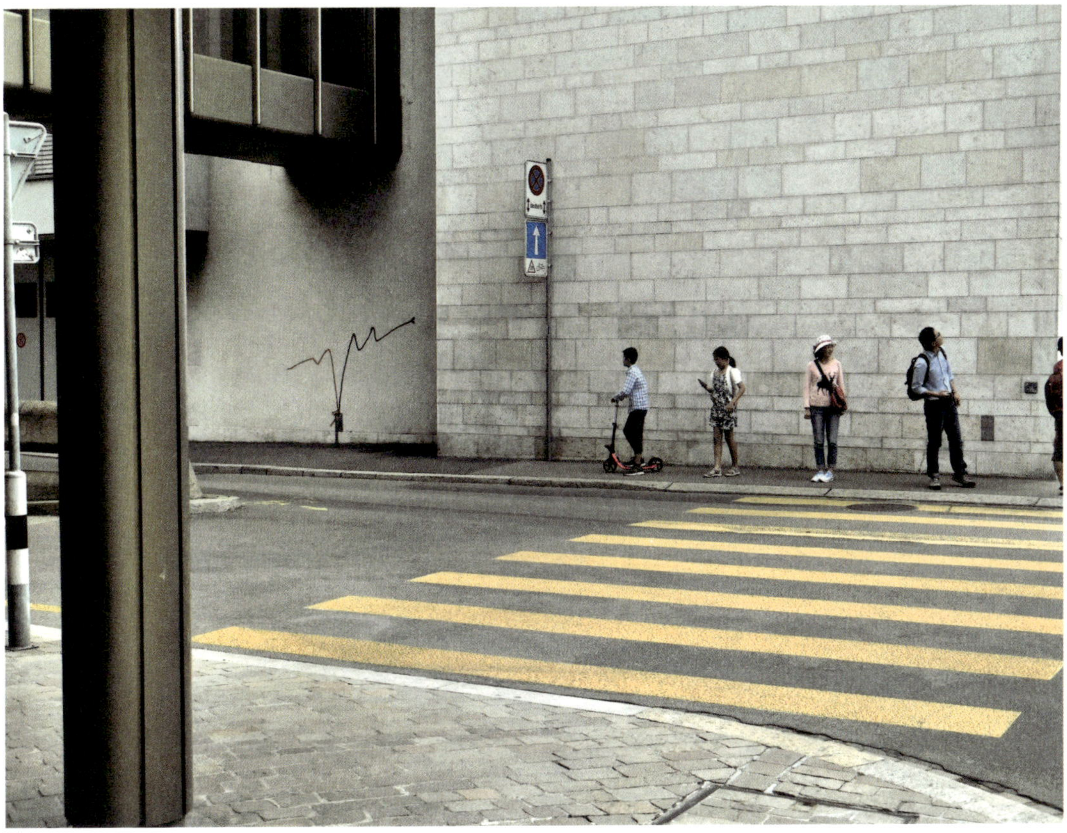

von: harry wolke <urwolke@hotmail.com>
Betreff: dragons
Datum: 30.08.2017 um 20:15
an: Freunde der Wolke

Dear friends,
Inside of every architecture, I mean in the very inner life of every building, is living a dragon! Usually we never see the dragon, but by the action of a very good artist, the dragon is forced to get out and must present his beauty!
Sagt die Wolke, die alle herzlich grüßt

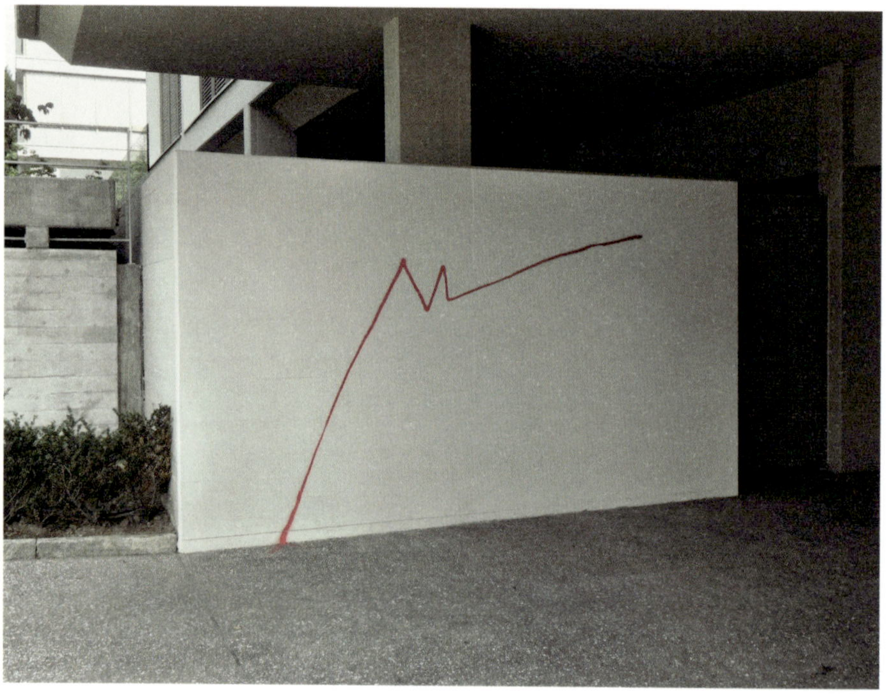

von: harry wolke <urwolke@hotmail.com>
Betreff: Neue Wolkenpost
Datum: 25.09.2017 um 10:51
an: Freunde der Wolke

Liebe Freundinnen und Freunde,
am 4.Oktober 08.45 wird an der Hauptverhandlung im Bezirksgericht Zürich, Wenigstrasse 28, im Sitzungssaal 5 wieder einmal geprüft, ob die Kunst der Wolke bloß Sachbeschädigung sei oder ob sie gar nicht angeklagt werden kann. Wichtig für die Kunst- und Justizgeschichte ist an diesem Prozess allein, dass nicht zu viel Wein oder nur Wasser getrunken wird. Denn Wein allein macht dumm und Wasser allein macht stumm.
Sagt die Wolke, die alle herzlich grüßt.

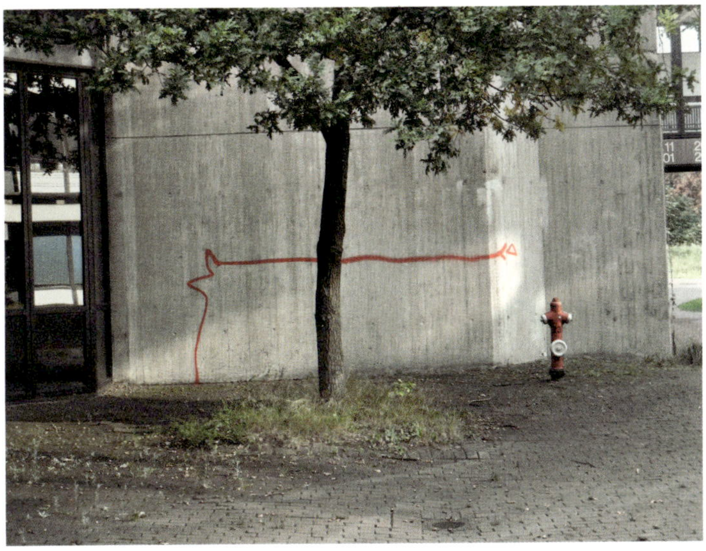

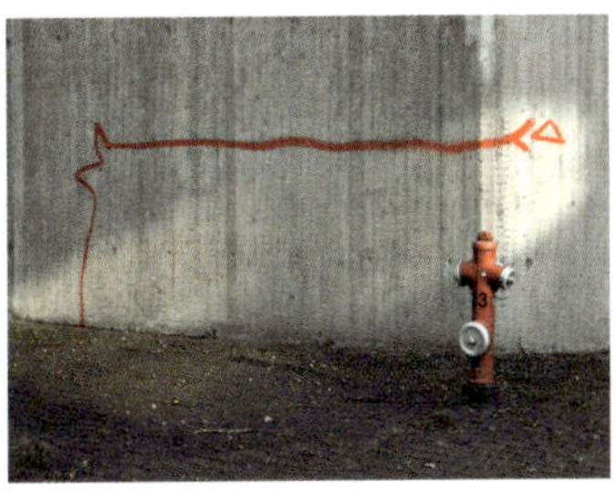

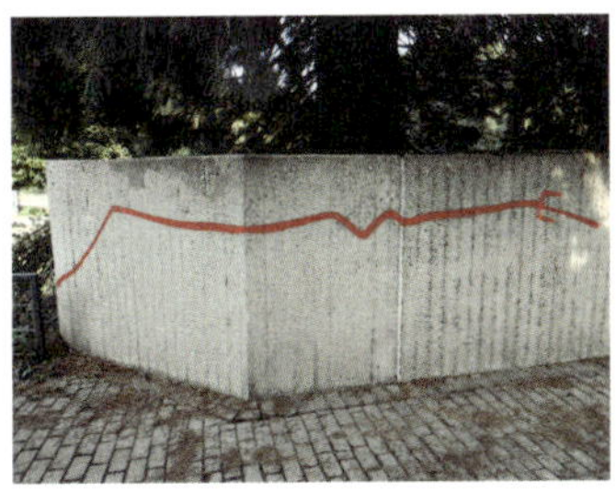

von: harry wolke <urwolke@hotmail.com>
Betreff: Neue Wolkenpost: Utopie und die Schnecke der Vernunft
Datum: 22.11.2017 um 13:49
an: Freunde der Wolke

Dear friends,
es gibt auch in jeder Gesellschaft unzählige Bürger, die die Utopie verehren, ja, sie bemühen sich gelegentlich sogar, diese sorgfältig zu bewahren, indem sie um die Utopie einen «bürgerlichen» Rahmen mit Aussparung der Malfläche herstellen!
Achtung statt Vernichtung! Das ist ein großer Sieg der Vernunft!
Aber, meine lieben Freunde: ohne Rahmen, ungeschützt, frei wie die Luft, zeigt die Utopie ihr Gesicht immer am schönsten!
Sagt die Wolke, die alle herzlich grüßt

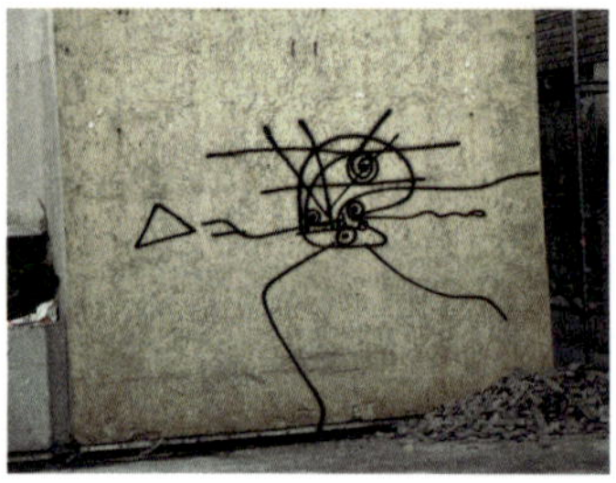

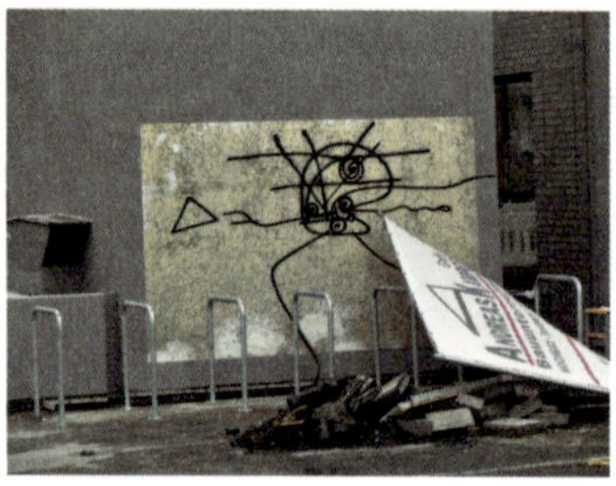

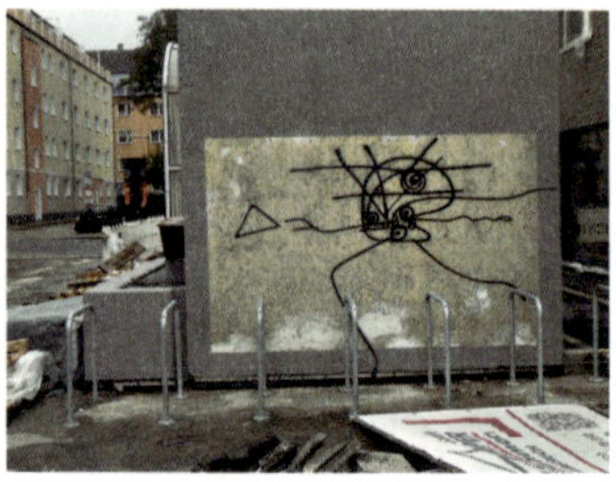

von: harry wolke <urwolke@hotmail.com>
Betreff: Urwolke und Geburtstag
Datum: 04.12.2017 um 11:23
an: Freunde der Wolke

Liebe Freunde,
Heute am 4. Dezember 2017 bin ich tatsächlich auf diesem schönen Planeten schon 78 Jahre lang Gast! Glücklich bin ich immer, wenn ich nicht mit mir und den Menschen hadere, auch wenn sie mich verfolgen oder ins Gefängnis stecken.
Das ist Lebensklugheit und Kunst, die Verbitterung nicht dulden. Und ich habe mich daran gehalten!
Jeder Künstler strickt an seinem Ruhm wie an einem großen Teppich. Und weil ich mein Zeichnen mit der Feder, Bleistift und der Dose mit Ernst, List, Schalk, Heiterkeit und in Freiheit ausführe, schmückt mich die Gesellschaft mit ihm. Aber ich strenge mich nicht an ihn festzuhalten, denn ich bin eine Wolke. Und alle Wolken kommen aus der Flasche! Genau wie im Märchen!
Aber jetzt kommen auch die alten Tage ohne Märchen, sind schon da, mit den üblichen Einschränkungen und Gebrechen. Ja, meine Freunde, ich glaube, ich wäre jetzt am liebsten ein Zen-Meister, denn ich bin noch in der Zeit. Und die Zeit bedeckt Leben und Kunst, sowohl Vergessen und Erinnern, als auch Leben und Tod. Aber ich zeichne immer noch an der Urwolke, als winziger und zufriedener Punkt. Schön zu wissen, wie die Wälder dazu schweigen, Möwen lachen, und Sonnen und Monde dabei auf- und untergehen.
Herzlichste Grüße, Eure Wolke

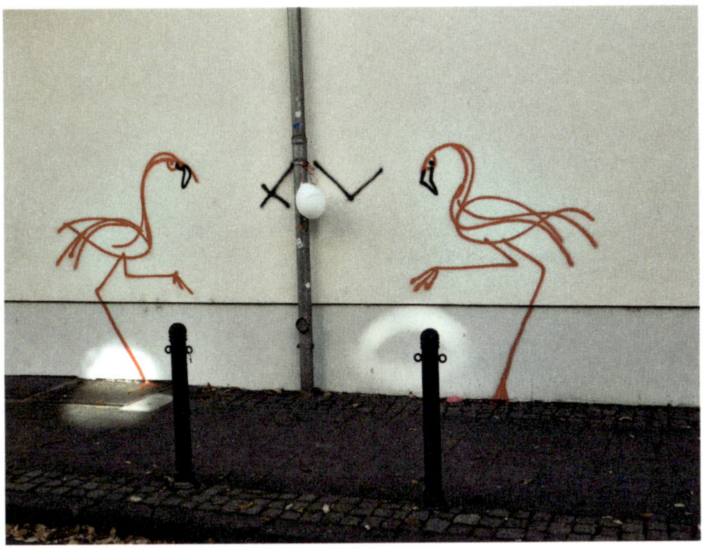

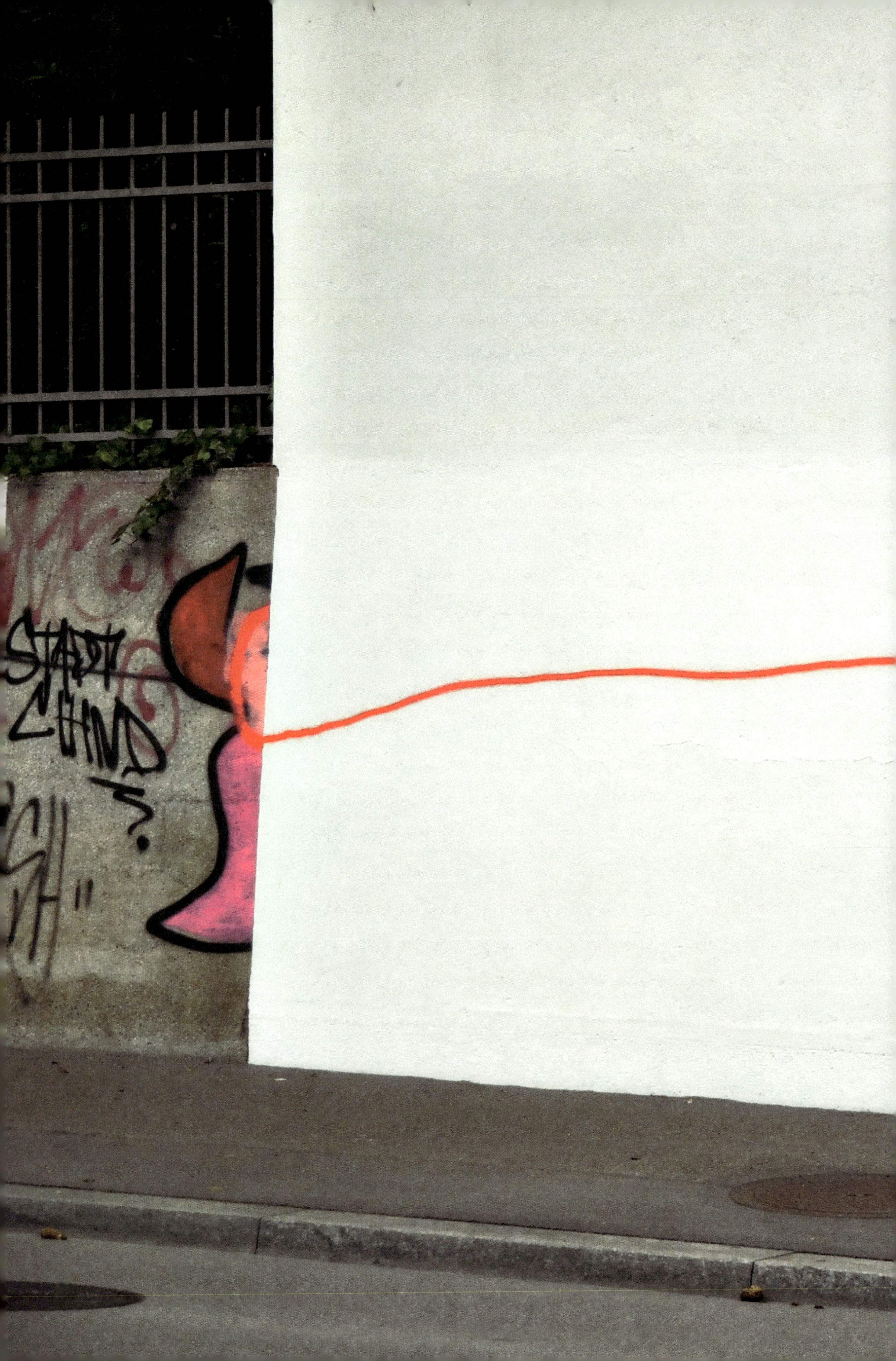

Buchgestaltung: Philipp Keel
Lektorat: Martha Schoknecht
Separationen: Steidl image department
Gesamtherstellung und Druck: Steidl, Göttingen

www.diogenes.ch
40 / 20 / 59 / 1
ISBN 978 3 257 02176 9